父辈的岁月影像

广东中共党史人物研究会 编

SPM 南方传媒 | 广东人民出版社
·广州·

图书在版编目（CIP）数据

父辈的岁月影像 / 广东中共党史人物研究会编. 广州 : 广东人民出版社, 2025. 4. -- ISBN 978-7-218-18490-6

Ⅰ. K820.865

中国国家版本馆 CIP 数据核字第 2025RN8636 号

Fubei De Suiyue Yingxiang

父辈的岁月影像

广东中共党史人物研究会　编

出 版 人：肖风华

责任编辑：周惊涛　陈其伟　谢　尚

责任技编：吴彦斌

出版发行：广东人民出版社

地　　址：广州市越秀区大沙头四马路10号（邮政编码：510199）

电　　话：（020）85716809（总编室）

传　　真：（020）83289585

网　　址：https: //www. gdpph. com

印　　刷：珠海市豪迈实业有限公司

开　　本：889毫米×1194毫米　1/16

印　　张：26. 75　　字　　数：750千

版　　次：2025年4月第1版

印　　次：2025年4月第1次印刷

定　　价：380. 00元

如发现印装质量问题，影响阅读，请与出版社（020-85716849）联系调换。

售书热线：（020）87716172

《父辈的岁月影像》编委

主编：陈春华　伍依丽　陈国汉

编委：林　益　胡　耿　邓北生　云奋生
陈芳芳　杨小斌　庄祝胜　祝曼曼

参与审稿者：叶浩豪　陈宪宇　张启良　秦华忆

编辑说明

选题缘起

父辈在长期的革命生涯中，对信仰执著追求的故事，是无数中国共产党人英勇奋斗的缩影，也是后代们永远的记忆。前些年，广东地区一批革命前辈的后代提笔撰文，共同努力，在省地方志办公室、省档案馆等有关部门及党史专家的支持帮助下，先后出版了几本书，受到广泛好评。2016年年初，在纪念性文章的基础上，大家又将诸多的照片集中起来，用图文并茂的形式，更加直观、生动地展现父辈的人生亮点。书名定为《父辈的岁月影像》（以下简称《影像》）。

以图为主

作者力求《影像》在以往出版几本书的基础上有新的亮点。大家通过各种渠道，想方设法把父辈的老照片搜罗出来，全书共1300多幅图片。这些有故事的老照片承载了时代的记忆，许多鲜为人知的照片是第一次与读者见面。在编辑中用简练的文字对图片内容延伸。

编撰特点

一是传主。全书收录了51位广东籍或在广东工作过，分别为土地革命或抗战时期参加革命的传主史料，从不同侧面展现了一批革命前辈在新民主主义革命时期和中华人民共和国成立后不平凡的经历。二是内容。每篇稿围绕题义，通过人物的主要经历或特定的方面、一些片断，以文引图，以图说文，来表现其革命足迹、人生亮点和精神特质。有的传主配偶也是抗战全面爆发前参加革命的，同篇一并进行了适当收录。三是编排。目录以父辈的姓氏笔画排序，每一人物包括了大事年表、开篇导语，而后以小标题分成几个部分。四是核实。各篇对重要图文出处进行了标注，力求史料真实准确。

姊妹篇作

《影像》继作者出版《父辈的足迹》《父辈的抗战往事》《父辈的中国梦》后，又是一部主题鲜明、内容丰富的红色历史读物。这几本书形成系列作品和姊妹篇，对广东的党史和革命斗争史研究有一定的参考价值。

编　者

2022年8月

序

由广东省一群老同志的后人供稿，经广东中共党史人物研究会编审的这本《父辈的岁月影像》（以下简称《影像》）即将出版，这对于弘扬革命传统、传承红色文化和丰富历史档案资料都具有积极的意义，对此我表示衷心的祝贺！

习近平总书记在纪念抗战胜利70周年大会上的讲话中引用了“靡不有初，鲜克有终”这句先人的教诲，要求我们不忘初心，牢记使命，弘扬伟大的民族精神。

共产党人的初心，就是自建党之初就树立的为国为民而终身奉献的精神。在我党的艰难历史进程中，涌现出无数志士仁人，前仆后继，以“一不怕苦、二不怕死”的精神闹革命，坚持初心，矢志不渝，创造出中华民族发展史上“惊天地，泣鬼神”的壮丽篇章！《影像》里的人物，就是这壮丽篇章中的一个个共产党人的缩影。

书中这几十位广东籍或在广东工作过的老同志，他们都是我熟悉的老战友、老同事、老熟人，有的是我的老领导。其中有参加万里长征的老红军，有驰骋疆场的八路军、新四军、华南抗日游击队的指战员，还有党的秘密工作者、国际主义战士……他们在战争年代里，出生入死，南征北战，为建立中华人民共和国作出了重要贡献；在和平年代，他们鞠躬尽瘁，忘我工作，为建设发展作出重要贡献。

这些老同志的后代，将珍藏多年的照片，汇集在《影像》中，实属难能可贵。每张照片都有一段令人难忘的记忆，记录了革命者的足迹，见证了一段艰辛探索中国革命发展之路的光辉历史，折射出共产党人的理想信念和精神风范，使我们看到了一个个跌宕起伏、精彩传奇的人生，展示出南粤儿女的荣光。

书中图文并茂的史料是宝贵的精神财富，读了给我们许多教育、启示。实践证明，我们党之所以能“跨过一道又一道沟坎，取得一个又一个胜利”，就在于共产党人坚持初心，不忘来的路，牢记去的路，不懈努力奋斗前行。

谨用此文，作为《影像》之序，以表达对已故的领导、战友和同事的缅怀之情和崇高的敬意！

吴南生

2017年1月11日

目录

大事年表

1917年	出生于广东东莞虎门南栅乡西头村。原名王卓培
1931年9月至1937年	在东莞中学读书，积极投身爱国进步活动
1937年年底	奔赴延安抗日根据地，先后在延安抗日军政大学、马列学院、中共中央党校学习和工作
1938年3月	加入中国共产党
1941年至1944年10月	任中共中央研究院哲学研究室研究员
1944年11月至1945年9月	以随军记者身份随王震359旅南下支队从延安到中原解放区，历任军区政治部宣传科长、部长
1945年	在南京梅园新村中共代表团任周恩来秘书，兼任新华社南京分社采访部主任
1946年至1949年	筹备新华社临时总社，并任国内部副主任；参加刘（伯承）邓（小平）大军前线记者团
1949年11月至1966年	历任新华通讯社华南总分社社长，南方日报社社长，中共中央华南分局委员、宣传部部长，中共广东省委常委、候补书记，中共中央中南局委员、宣传部部长
1957年	参与创办《羊城晚报》
1965年	杂文散文集《过门集》出版
1977年	任国家出版事业管理局局长、党委书记
1977、1982年	先后当选为中共十一大代表、十二大代表
1978年	任新华社香港分社第一社长
1983年至1988年	先后当选全国政协第五届、第六届、第七届委员会常务委员
1983年	任国务院港澳办公室顾问、党组成员
1994年	散文、杂文、新闻通讯报道、诗集《长明斋诗文丛录》出版
2003年12月	在广州病逝
2009年12月	在新闻出版总署、中国出版集团等单位联合举办的“新中国60年百名优秀出版人物”评选活动中入选为“新中国60年杰出出版家”

王匡

为党的新闻宣传工作奋斗终生

1917—2003

王匡的革命生涯与新闻宣传工作紧密联系在一起。战争年代做过随军记者，参与筹备新华社临时总社；中华人民共和国成立后先后任新华通讯社华南总分社、南方日报社的社长，还主管筹备创办《羊城晚报》，担任过国家出版事业管理局局长、新华通讯社香港分社第一社长等职。“平易近人，讲求实际，艰苦朴素，光明磊落”，是人们对这位新中国新闻宣传战线上杰出领导者的真实评价。

1936年，王匡在东莞中学。

投身革命

王匡在东莞中学读书时就积极投身于爱国进步活动，勇于追求真理，向往光明。1937年7月7日全面抗战爆发之后，他毅然离开家乡，奔赴延安抗日根据地，开始了自己永不停息的革命旅程。

红军的老师

1938年年初，20岁的王匡从延安抗大毕业后，留在抗大当教员。上级交给他和几位教员的任务就是给红军指导员上课，教他们语文，学习文化。他牢记毛主席的教导，虚心向工农兵学习，向自己教育的对象学习。

1938年，王匡于延安抗大。

记者生涯

1945年，王匡在南京梅园新村中共代表团任周恩来秘书。不久到太行山筹备新华社临时总社，并任国内部副主任，其后又参加刘（伯承）邓（小平）大军前线记者团，开始了戎马书生的记者生涯。他两次随军挺进中原，进军江汉，在这期间，发表了《李先念将军印象记》《南征散记》《跃进大别山》《蒋管区农村见闻》等反映刘邓大军胜利进军及揭露国统区黑暗统治的新闻通讯。有一次，摄影记者给王匡送来一组反映刘邓大军南下的照片。王匡灵机一动，拿大号信封，用英文写上林默涵在香港的地址，投了出去。1948年7月1日，在香港出版的党的机关刊物《群众》周刊以两版篇幅刊登了这些照片，引起强烈反响。

1949年夏、秋间，王匡跟随叶剑英南下。解放广东后，担任广州军管会的文教接管委员会新闻出版处副处长（后任处长），领导对国民党报纸的接管工作，同时担任新华通讯社华南总分社第一任社长。

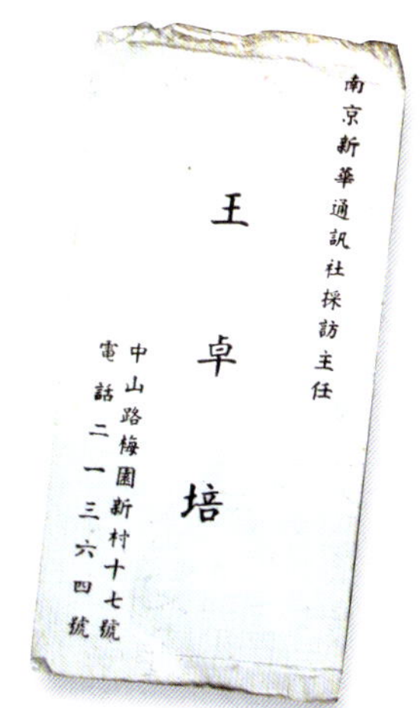

1945年，王匡在南京梅园新村工作及当时的名片。

1946年，新华社晋冀鲁豫野战分社人员合影。后排右三为王匡。

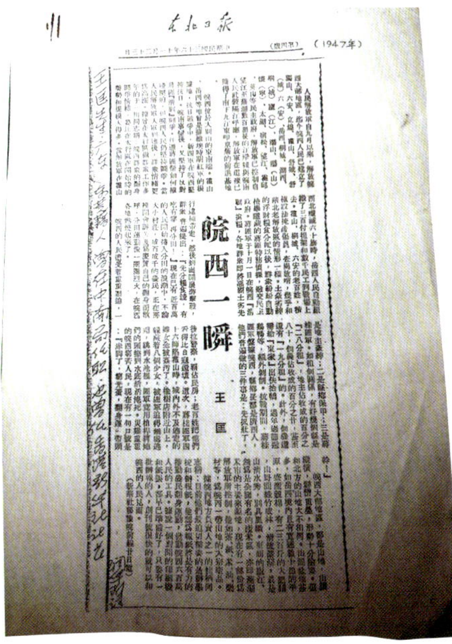

皖西一瞬

王匡

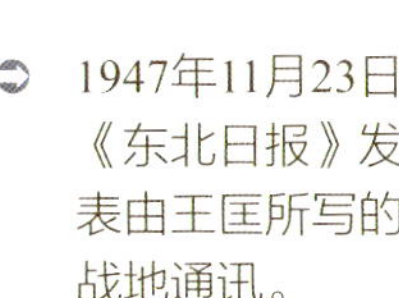

1947年11月23日《东北日报》发表由王匡所写的战地通讯。

1949年9月，王匡在郑州。

1949年11月27日，广州市第一届各界人民代表会议在广州召开。此为会议期间文化界的领导专家王匡（前排左二）、欧阳山（前排左四）、关山月（前排右一）、杨奇（二排左三）、马皓（二排左四）在市政府门口合影。

1950年，王匡在新华社武汉分社工作时合影。左起：王匡、华青禾、陈笑雨、谢冰岩、李普、张铁夫。

王匡在新华社武汉分社工作时的名片。

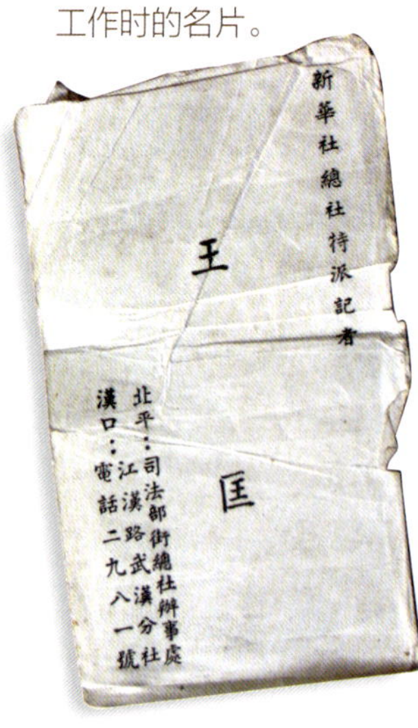
新華社總社特派記者

王匡

北平：司法部街總社辦事處
漢口：江漢路武漢分社
電話二九八一號

1950年，王匡（中）与缪海陵（左）、穆欣（右）合影。三人均为名作家、记者。

1951年，王匡在惠州。

1987年1月，王匡（左）与老战友、新华社原副社长李普（中）、沈容夫妇在深圳。

宣传部部长

1956年在政协广东省第一届委员会第二次全会上，省委宣传部部长王匡作了《贯彻执行党的团结、教育和改造知识分子的政策》的报告。报告对“团结知识分子”作了最大限度的发挥，其胆识与结合广东情况的具体措施，在全国范围内可称得上空前。

1956年，王匡（右一）、郭小川（左一）、李季（左二）在北京合影。

1955年，王匡（左）与杜国庠在华南分局宣传部工作时合影。

1962年，在广州画家余本的寓所。左起：余本、王晓吟、王匡、田蔚、洪文开。

往事如烟未可留，
英年策马楚郢州。
忍冬花放浮香海，
萤火光飞逐水流。
白鹭堤边帆过影，
返湾湖畔月明舟。
相逢共听"洪湖水"
一曲清歌慰白头。

这首诗作于1977年6月。打倒“四人帮”后，王匡在北京遇到老战友刘放（曾任第六机械工业部副部长），悲喜交集，赠诗留念：“往事如烟未可留，英年策马楚郢州。忍冬花放浮香海，萤火光飞逐水流。白鹭堤边帆过影，返湾湖畔月明舟。相逢共听‘洪湖水’，一曲清歌慰白头。”王匡与刘放曾在鄂豫皖根据地、洪湖苏区共同战斗。

风云才略已消磨
甘隶妆台伺眼波
为恐刘郎英气尽
卷帘梳洗看黄河
龚自珍诗

黄金华发两飘萧
六九童心尚未消
叱起海红帘底月
四厢花影怒于潮
庚申中秋

“文化大革命”后王匡书龚自珍《己亥杂诗》“风云才略已消磨，甘隶妆台伺眼波。为恐刘郎英气尽，卷帘梳洗看黄河”，《梦中作四绝句（之二）》“黄金华发两飘萧，六九童心尚未消。叱起海红帘底月，四厢花影怒于潮”。

决策出版

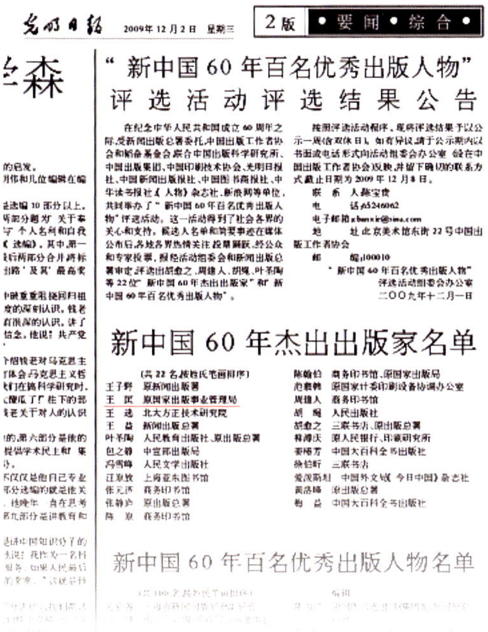

光明日报 2009年12月2日 星期三 2版 •要闻•综合•

“新中国60年百名优秀出版人物”评选活动评选结果公告

在纪念中华人民共和国成立60周年之际，受新闻出版总署委托，中国出版工作者协会和韬奋基金会联合中国出版科学研究所、中国出版集团、中国印刷技术协会、光明日报社、中国新闻出版报社、中国图书商报社、中华读书报社《人物》杂志社、新浪网等单位，共同举办了“新中国60年百名优秀出版人物”评选活动。这一活动得到了社会各界的关心和支持。候选人名单和简要事迹在媒体公布后，各地各界热情关注，投票踊跃。经公众和专家投票，经活动组委会和新闻出版总署审定，评选出胡愈之、周建人、胡绳、叶圣陶等22位“新中国60年杰出出版家”和“新中国60年百名优秀出版人物”。

按照评选活动程序，现将评选结果予以公示一周（含双休日）。如有异议，请于公示期内以书面或电话形式向活动组委会办公室（设在中国出版工作者协会）反映，并留下确切的联系方式。截止日期为2009年12月8日。

联 系 人：[illegible]
电 话：65246062
电子邮箱：zbanxie@sina.com
地 址：北京美术馆东街22号中国出版工作者协会
邮 编：100010

“新中国60年百名优秀出版人物”评选活动组委会办公室
二〇〇九年十二月一日

新中国60年杰出出版家名单

（共22名按姓氏笔画排序）

王子野 原新闻出版署
王匡 原国家出版事业管理局
王选 北大方正技术研究院
王益 新闻出版总署
叶圣陶 人民教育出版社、原出版总署
包之静 中宣部出版局
冯雪峰 人民文学出版社
汪原放 上海亚东图书馆
张元济 商务印书馆
张静庐 原出版总署
陈原 商务印书馆
陈翰伯 商务印书馆、原国家出版局
范慕韩 原国家计委印刷设备协调办公室
周建人 商务印书馆
胡绳 人民出版社
胡愈之 三联书店、原出版总署
[illegible] 原人民银行、印钞研究所
姜椿芳 中国大百科全书出版社
徐伯昕 三联书店
爱泼斯坦 中国外文局《今日中国》杂志社
黄洛峰 原出版总署
梅益 中国大百科全书出版社

新中国60年百名优秀出版人物名单

2009年新中国60年杰出出版家名单

1977年，王匡任国家出版事业管理局局长，在一年多的时间里做出了几项对出版事业有重大影响的决策，包括“文化大革命”后国家出版事业管理局的拨乱反正，恢复在“文化大革命”中停止的稿酬制度，重印中华人民共和国成立以来出版过的35种中外著作，策划新版《鲁迅全集》的注释出版工作等。

1981年，新版《鲁迅全集》16卷本由人民文学出版社出版。这时王匡已经调任新华社香港分社社长，他为这套书的成功出版，感到由衷的高兴。国家出版事业管理局老领导宋木文对王匡的女儿王晓吟说：“你不要以为你的父亲年纪大了，思想保守，跟不上时代。他的思想非常敏锐，非常先进，值得我们好好学习。”

2009年下半年，王匡入选“新中国60年杰出出版家”。

港澳工委书记

1978年，王匡（右一）与著名画家林风眠（左一）、黎雄才（左二）、赵乃光（右二）等人合影

1978年，王匡调任香港中共港澳工委书记、新华社香港分社社长，为香港回归做了大量工作。

王匡和港澳工委一班人努力执行邓小平关于香港“一国两制”构想和中央关于港澳工作的路线方针，认真参与解决香港问题具体政策的研究制定，按照中央部署安排数十位香港知名人士赴京，与邓小平等中央领导会面、提建议。他广泛联系香港各阶层人士，做好统战工作，增强香港同胞对祖国的认同感和向心力。与破坏香港繁荣稳定、阻挠解决香港问题的恶势力进行了坚决的斗争。

1949年10月15日，中国人民解放军广州市军管会接收位于沙面肇和路67号（现沙面北街73号）的国民党广播电台。此为军管会派出的军事代表小组成员马皓（中）和田蔚（右）在电台门口留影。

家人

王匡的夫人田蔚，1919年9月出生于江苏省苏州市。1936年7月加入中国共产党，在苏州、上海等地从事地下革命活动。

1938年夏赴延安，先后在延安鲁迅艺术学院、马列学院和中央研究院学习、工作。解放战争时期，转入党的新闻、广播战线。先后在晋冀鲁豫和晋察冀的新华社临时总社、邯郸新闻广播电台任编辑、编辑室主任等职。

1949年10月参加广东、广州人民广播电台创建工作，历任编辑部主任、副台长、台长，广东省广播事业管理局局长、党组书记。

1972年恢复工作后，任广州外国语学院党委副书记、广东省文教办公室副主任、新华社香港分社副秘书长、广东省委宣传部副部长、省第五届政协委员等职。

1939年，田蔚在延安。

解放战争时期，田蔚与女儿晓吟在延安窑洞前。

1954年八月
訪日回國不久攝於
越秀公園聽雨轩
廣州

1954年，田蔚访日归来，摄于广州越秀公园听雨轩。这张照片背面有田蔚的手迹。

1953年前后，田蔚任广州广播电台台长时的照片。

20世纪50年代，田蔚在中山大学学俄文时与三个子女摄于校园。左起：田蔚、王晓兰、王晓吟、王晓培。

1982年，在北京召开的第四届文代会上，田蔚（右三）和延安鲁迅艺术学院的老校友合影。康濯（左一）、肖殷（左三）。

1989年春节，王匡、田蔚夫妇与家人合影。

1992年，王匡于家中。

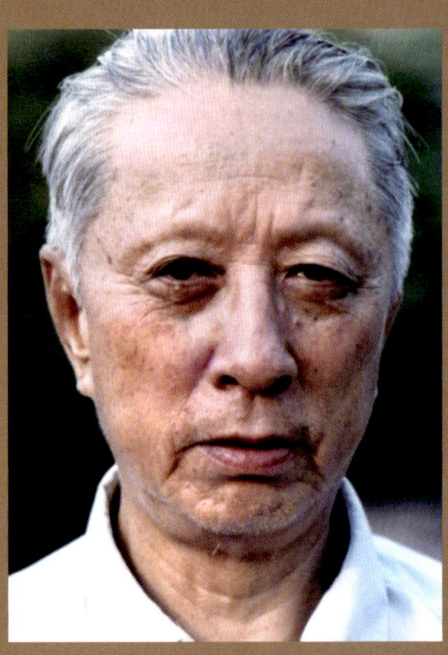

王德

1906—1996

邦乱不居　邦安不取①

大事年表

1906年6月	出生于福建龙海浮宫镇后宝村
1925年秋	在漳州省立第二师范读书，不久成为学校学生运动负责人
1926年秋	加入中国共产主义青年团，是漳州地区第一个团支部的创始人之一
1927年2月	转为中国共产党党员。先后任共青团福建省委组织部部长、团省委书记，中共福建省委常委、组织部部长、军委委员
1930年5月	与罗明、陶铸等领导轰动全国的厦门“5·25”武装破狱
1931年年初	到上海，先后任共青团中央巡视员，满洲团省委组织部部长，团中央组织部秘书长、代理部长。7月调任共青团河北省委书记。12月，因叛徒告密在北平被捕
1934年春	刑满后因拒绝发表反共声明，被转押北平军人反省院（草岚子监狱）
1936年10月	经党中央营救出狱。先后任中共北平学委、市委组织部部长
1937年秋	到绥远工委任组织部长，赴东北垦区组建抗日挺进军先锋队
1938年5月至1945年	在延安任中央组织部训练班（组训班）总支书记、主任，中央组织部地方科科长，中央党务研究室研究员。后调任晋绥二地委书记兼晋绥二分区政委，第120师独立二旅政委
1945年4月	被选为中共七大代表。8月调任雁门区党委第二书记
1946年8月至1950年	先后在晋绥、沈阳、北京治病和养病
1951年2月至1953年	任粤西区党委第二书记、第一书记，粤中区党委第一书记
1954年1月至1965年6月	任广州市委第二书记、第一书记，广东省委书记处书记兼广州市委第一书记
1956年9月	出席党的第八次代表大会
1966年1月	任中共中南局候补书记兼组织部部长
1969年11月	“文化大革命”中遭受诬陷，被押往乐昌劳改农场101队、连县上草“五七”干校监管和管制劳动
1978年	中共十一届三中全会后得到平反，1979年任广东省委书记（时设第一书记）
1996年2月	在广州逝世

①这是王德去世后，老同志郑群撰写的一副挽联。意为当国家和民族陷入深重灾难时，他挺身而出；当国家和民族获得自由解放时，他不索取。

烽火年代，王德将生死置之度外，参与领导轰动全国的厦门破狱斗争；在北平从事地下工作期间因叛徒出卖被捕，在狱中遭严刑拷打但坚守住了共产党员的气节。社会主义革命和建设时期，无论是主持广州工作还是在其他岗位，都作出过卓越成绩。长期艰难曲折的革命生涯，九死一生让他对功名淡薄。“心怀千里志，不居一寸功”的革命品德，历阅苦难而形成，历经斗争而成熟。

破狱斗争

1930年3月，国民党厦门当局逮捕了近20名共产党人和进步人士，关押在思明监狱内，其中包括中共厦门市委书记刘端生和共青团福建省委书记陈柏生等。

中共福建省委为营救这些面临被杀害危险的同志，决定采取武装劫狱行动，并于当年3月成立以省委代书记罗明、团省委书记王德、省军委秘书陶铸等为核心的5人破狱特别委员会。

破狱特别委员会经过一个多月的缜密侦察和周密准备，于1930年5月25日上午9时，利用星期日监狱防备较松懈的机会，实施了劫狱。破狱行动仅十几分钟就胜利完成了预定计划。冲出监狱的40多位同志由接应队带领，乘坐两只木船秘密转移到闽西革命根据地。

1984年，王德（右）与罗明在厦门破狱斗争遗址前合影。

坚贞不屈

1931年12月，时任共青团河北省委书记的王德因叛徒告密在北平被捕。在狱中被严刑审讯而不屈，被判三年刑。1934年刑满后，因坚决不写反共声明，被转押到军人反省院（北平草岚子监狱），戴12斤的大号脚镣。先后患上肺结核、关节炎、水肿等严重的疾病，靠顽强的意志活了下来。在狱中党支部领导下，开展了反自首及改善待遇的绝食斗争。

1950年2月，部分监狱战友在北京草岚子监狱旧址前合影。左二为杨献珍，右二为薄一波，右五为安子文，右七为刘澜涛，右八为王德。

在晋绥二分区

1942年12月，王德任中共晋绥分局二地委书记兼晋绥军区二分区政委，领导减租减息和大生产运动，使原来群众发动不够充分、军政关系比较紧张的局面很快扭转，军队的后勤、兵员供应大为改善。并和晋绥二分区司令员许光达一起，组织武工队和整顿民兵，开展对日伪军的反“蚕食”斗争，扩大了解放区和游击区。还与国民党地方部队建立了较好的统战关系。许光达后来多次说：“王德同志是和我共事过的最好政委”。

图为王德1943年在山西保德县晋绥二地委办公小院前。

治病疗养

1945年，王德到延安参加中共七大。回中共晋绥二地委传达党的七大精神后不久，因患严重的甲状腺疾病，组织安排其治病疗养。

易铸（1917—2009），祖籍广西桂林。1935年在上海参加抗日救亡运动，1937年赴延安，1938年加入中国共产党，1941年与王德结婚。中华人民共和国成立后曾任中共广州北区（越秀区）区委书记，中共广州市委宣传部副部长、街道工作部副部长，广州市顾问委员会常委。

1949年7月在沈阳北陵医院治病时，王德与夫人易铸合影。

1950年，王德在北京会计司胡同中央组织部招待所养病时的全家福。

粤西工作

1951—1953年，王德先后任中共粤西区委、中共粤中区委第一书记。在土改整队、审核干部历史问题和土改报批材料工作中，实事求是，严格政策。某县以某人曾任“国民党中将”为罪行材料，上报将其枪毙。王德认为军衔不是犯罪和枪毙的依据，否定了枪毙的报告。另一个县以某人当过国民党张炎将军的“高级参议”作为定罪材料上报。王德说：“张炎是爱国抗日将领。抗战时为张炎当参议，不是有罪，而是有功”。

1952年，王德于粤西区党委大院大门口外。

主政广州

1954年11月，王德调任广州市委书记。他主政广州工作10年，重视组织建设，使干部形成了较好的党风政风；注重经济建设，把广州从消费城市建设成为工业生产城市；关注群众疾苦，确立了广州蔬菜生产的长期方针政策；主持了水上居民的住宅修建，使在小艇上生活的水上人家全部搬入了新居；重视市政建设，扩建新建城市园林，使广州市成为享誉全国的花城。

1958年，广州挖掘流花湖、东湖、荔湾湖三大人工湖，深挖麓湖，整治西关涌，全市修建下水道172.4千米。图为王德（左）参加清除内街渠淤泥的劳动。

到20世纪50年代末，广州基本实现了从旧的消费商业城市向社会主义工业城市的转变。图为1959年，王德（左）在广州参观科技发明展览。

主政广州期间的王德。

1956年，王德（前排中）在广州市党代会上。

1960年，王德（前排右拿帽者）陪同东欧客人参观广州农民运动讲习所旧址。

20世纪50年代至60年代初，王德通过调研，确立广州市蔬菜种植的方针，较好地解决广州市居民的蔬菜供应问题。图为1962年王德（前排右）在广州郊区调研。

1961年，王德和夫人易铸在广州登瀛路家中。

蒙难

“文化大革命”期间，王德因所谓“六十一人叛徒集团”冤假错案受到诬陷、批斗、抄家、监禁。

1969年11月被押送到乐昌101队监管劳动，1972年3月被转送连县上草“五七”干校管制劳动。1973年3月，因严重心脏病被批准回广州治病。

1973年，王德夫妇（前排）在广州与子女合影。

佳话与情怀

1937年北平地下党时期，王德与任仲夷曾在一起工作。当时，王德是中共北平市委组织部部长，任仲夷是中共北平市西北区委书记。“七七”事变后，王德曾代表党组织批准同意任仲夷、王玄（中共地下党员）这一对恋人结为夫妻。1980年冬任仲夷调任广东省委第一书记，王德积极支持和配合他的工作。

1982年9月，王德（右）到广州白云机场迎接刚开完党的十二大归来的任仲夷（左）。

20世纪80年代在广州，任仲夷（左）与王德（右）、易铸（中）夫妇亲切交谈。

中国共产党中央委员会

王　德同志：

大会主席团收到了您给胡耀邦同志的信。您在信中恳切地提出不做中央顾问委员会委员候选人。主席团常委进行了认真研究，考虑到您的健康状况和您的诚挚愿望，经主席团全体会议讨论通过，同意您的意见。我们谨代表党的十二大全体代表，对您在长期

命和建设工作中对党和国家作的重要贡献，表示衷心的敬！希望您继续关心党和人民事业，并祝您健康长寿！

中国共产党第十二次全国代表大会主席团

一九八二年九月七日

（代章）

1982年9月，中国共产党第十二次全国代表大会召开。会前，王德主动给中央写信，要求不做中央顾问委员会委员候选人，并请求离休。图为中共十二大主席团给王德的复信。

情满夕阳红

撰写回忆录

1983年王德离休。作为当年福建漳州地区党团组织的创建人之一，对福建地下党的早期历史比较熟悉，他亲自动手撰写回忆录，使许多重要的史实形成文字。历时十年，《王德回忆录》在他逝世后出版发行。

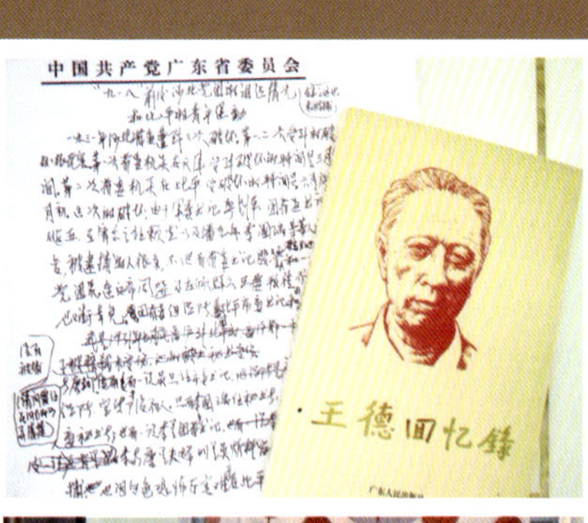

王德在广州东湖北大院家中修改回忆录，图为手稿和出版的《王德回忆录》。

1989年，参观大亚湾核电站工地。左二为王德，右二为广东核电公司党委副书记安清明，右一为易铸。

1989年10月，离休老同志小聚。左起：梁灵光、任仲夷、王德、焦林义、关相生、薛焰。

1980年，王德在广州美华中路家中的全家福。

云广英

峥嵘岁月 初心永存

1905—1990

大事年表

1905年11月	出生于广东文昌（今属于海南）朝奎村。原名云昌旭，曾用名云清，化名林秀先
1924年夏	考入广州市广州书院（今广雅中学）。期间参加学生运动，接受革命思想启蒙
1927年	“四·一二”反革命政变后，因遭搜捕逃亡新加坡、吉隆坡等地。
1929年5月	被张云逸推荐到李明瑞部队当政治部文书做兵运工作。同年12月参加百色起义，任红七军经理处股长
1930年4月	加入中国共产党。先后担任经理处处长、团政委、红七军政治部组织部部长等职
1931年秋	参加中央苏区反“围剿”斗争
1934年10月	参加红军二万五千里长征
1935年11月	长征到达陕北后任红军大学政治部组织科科长
1936年6月	受中共中央委派，以红军代表身份，赴广西南宁秘密与李宗仁和李济深接触，做联蒋抗日统战工作
1938年	先后任八路军驻广州办事处主任、驻韶关办事处主任
1942年	在中央党校参加整风学习，调任中央军委编译局副局长兼俄文学校副校长
1945年4月至6月	作为正式代表参加中共七大
1945年8月	先后任中共吉林省和龙县委书记兼警备团政委、延边地委副书记兼组织部部长
1949年6月	参加由东北局组织的南下干部大队，任副大队长兼参谋长。6月至9月任江西省人民政府秘书长
1949年11月至1958年4月	历任广东省人民政府秘书长，中共粤北区党委第一书记兼粤北军分区政委，广东省委常委，政法部副部长，广东省人民检察院检察长、党组书记
1958年	被戴上“严重右倾失职”的帽子，受到撤职、降级处分，被下放到高要县任县委副书记。后平反
1959年起	先后任中共广东省委交通工作部副部长、省经济委员会副主任、省计划委员会副主任
1977年12月至1983年4月	先后任广东省第四届政协副主席、广东省人大常委会副主任，第五届、第六届全国政协委员
1990年6月	在广州病逝

参加百色起义，经历红军长征，坚持白区工作，执行特殊使命，到中华人民共和国成立后一度遭遇逆境……峥嵘岁月一路走来，云广英在党的领导下，不论遇到什么艰难险阻，始终信念坚定，不怕牺牲，勇往直前。

从有志青年到红军战士

1924年，云广英由堂兄资助进入广州书院（即广雅中学）读书。那几年正是大革命高潮时期，其间他接受了共产主义思想的启蒙，积极参加由左派学生组织的“新学社”活动，参加反帝反封建的革命斗争。1927年“四一二”反革命政变后，一片白色恐怖，广州书院左派师生纷纷逃离广州，云广英被迫于同年冬到新加坡、吉隆坡等地度过一年多的逃亡生活。1929年初夏，刚回国的云广英为参加革命，多方寻找党组织。同年5月在南宁，同乡、中共党员张云逸成为云广英的革命指路人。1929年12月云广英参加百色起义，成为红七军的一员。1934年10月参加中央红军长征。

青年时代的云广英。

1978年参加在广西举行的纪念百色起义49周年活动，与红七军、红八军部分老战友在右江起义军部旧址（当年是广东会馆）纪念馆合影。前排左一为陈英，前排右四为云广英。

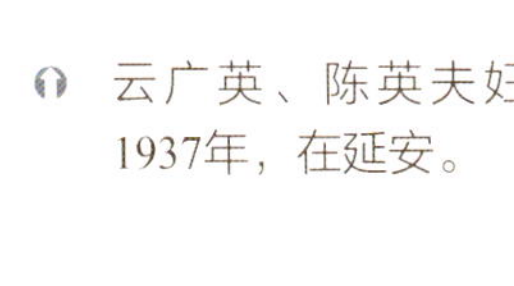

云广英、陈英夫妇1937年，在延安。

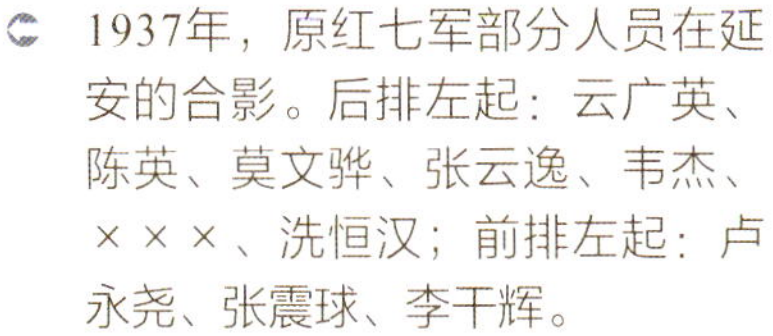

1937年，原红七军部分人员在延安的合影。后排左起：云广英、陈英、莫文骅、张云逸、韦杰、×××、冼恒汉；前排左起：卢永尧、张震球、李干辉。

1937年，红军驻西安联络处工作人员合影。最后排站立者左起：周恩来、云广英、张经武、孔石泉、叶剑英、曾广梅。中排左起：龙飞虎（左一）、张云逸（左四）、叶季壮（左五）、张文彬（左七）。出处：广东省地方史志办公室编：《父辈的足迹》，岭南美术出版社2009年版，第17页。

统战特使

1936年6月“两广事变”爆发，国民党广东实力派人物陈济棠、李济深，广西实力派人物李宗仁、白崇禧发表反蒋抗日声明。此时，中共中央派云广英以红军代表的身份赴南宁。6月下旬，毛泽东、周恩来、叶剑英、张闻天等中央领导在中央办公厅与云谈话，明确他此行的任务和联络方法。当离开办公厅时，毛泽东握着云的手说：“你这次出去工作很好。”云广英化名为林秀先、化装成商人打扮的他与李宗仁秘密会面，执行中共中央“逼蒋抗日”的方针，避免了一次可能爆发的内战。

1937年秋，云清、陈英夫妇奉命赴香港筹建八路军驻香港办事处。临行前，周恩来副主席为云清改名叫云广英。随后张云逸夫妇、廖承志夫妇、林青夫妇及连贯也先后到港。

云广英在八路军驻香港、广州、韶关办事处工作近四年时间，在中共中央长江局、南方局和广东省委的领导下，圆满地完成了党交给的任务，1941年秋奉命回到延安。

1936年9月云广英（右一）返回延安前在澳门与胞弟云昌时（左一）、堂兄云昌阳（左二）、叔叔云逢碧（右二）留影。

在澳门期间，云广英、陈英夫妇和6岁的女儿云泊娟合影。

参加中共七大

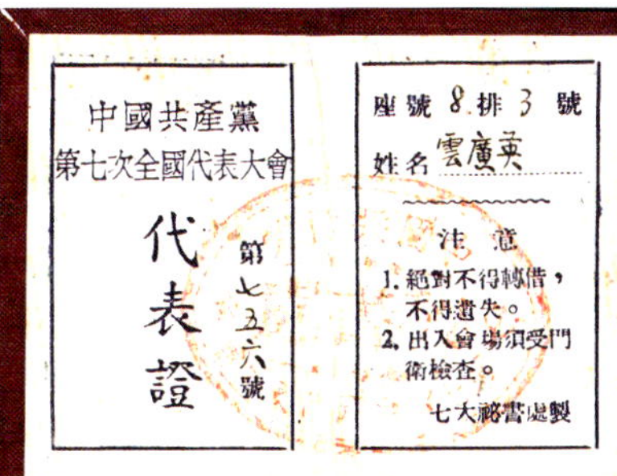

1945年，云广英参加中共七大的代表证。

1945年3月17日，朱德、彭德怀、陈毅等领导同志与在延安的原红七军干部合影。第二排左四起：邓发、彭德怀、朱德、陈毅、云广英。出处：中国老区建设画报社编：《光荣与梦想》，中共党史出版社2019年版，第43页。

红七軍在延同志留影 一九四五年三月十七日

转战东北

中共七大闭幕后，中共中央指派伍晋南任政委、杨尚奎任大队长、云广英任副大队长兼参谋长，带领在延安选调的广东、广西、江西等省籍的200多名干部组成干部大队，前往华南地区工作。当该干部大队到达太行山时，8月20日，中共中央电告干部大队转往东北解放区。1945年10月中旬，干部大队到达沈阳后，东北局书记陈云与云广英和雍文涛谈话并分配给他们工作。

1947年冬，云广英、陈英夫妇和儿女在吉林延边。

1946年，云广英（台上右者）在吉林延吉召开的剿匪肃霸群众大会上讲话。

解放战争时期，云广英（左四）参加吉林省委的会议。左二孔原，左三杨尚奎，左五黄霖，左六伍晋南，左八白栋材，左九陈正人，左十李凡夫，右二袁任远，右三刘俊秀。

1947年吉林延边党政军干部合影。前排左五、左六分别为云广英、陈英。

参加接管广州

1949年9月2日，在中共中央华南分局召开的赣州会议上，决定成立朱光为书记，云广英、萧桂昌为副书记的广州市接管工作委员会，负责进行接管广州和建立广州市军事管制委员会的筹备工作。

1950年10月，广东省第一届协商委员会全体委员留影。前排左一云广英，左五杜国庠；左十至左十三李章达、古大存、方方、肖向荣。

1951年，与出席广东省第二届各界人民代表会议的兄弟民族代表座谈会人员合影。前排左三云广英；左五叶剑英，（不含小孩）左七古大存，左十一方方，左十二饶彰风。

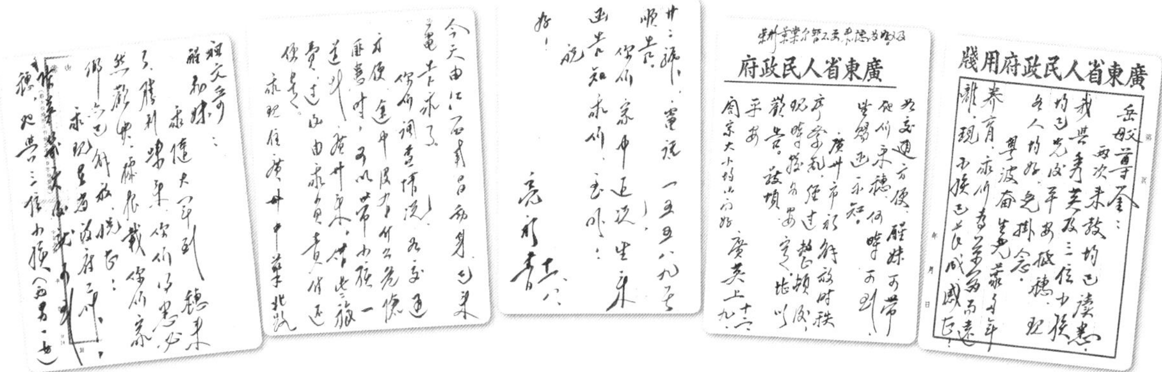
廣東省人民政府

廣東省人民政府用牋

中华人民共和国成立之初，云广英回到广东工作后所写的家书。

1953年，云广英（右一）和孩子在韶关与粤北区党委同事金 阳（左一）、李祥麟、伍晋南、张根生（左四至左六）合影。

在省人大工作期间

1982年8月，广东省人大代表团访问香港，在太平山顶合影。左起：李汉今、侯任城、云广英、李坚真、钟明、何文。

1985年12月，全国政协原主席邓颖超在广州松园宾馆会见云广英、陈英夫妇并与他们及其子女合影。

邓颖超并送给云广英一套《周恩来选集》。云广英说："我一直在周总理指导下工作，我要好好学习！"

家人

1954年，陈英在韶关消防安全和保险工作大会上讲话。

1953年，云广英、陈英夫妇和子女在广州合影。后排右二是张逸秋烈士（首任红七军经理处处长）之女张念环。

大事年表

1906年5月	出生于广东南海西樵镇松塘村
1926年1月	加入中国共产主义青年团，同年4月转为中国共产党党员。先后任共青团广州地委委员、妇委书记，广东妇女解放协会主任，中共两广区委（广东区委）妇女运动委员会委员、代理妇女部部长等职
1927年	参加在武汉召开的中国共产党第五次全国代表大会；参与筹划并参加广州起义，任中共广州市委秘书兼负责交通联络工作
1928年	任广东省互济会干事、香港反帝大同盟党团书记、中共香港九龙区委委员等职
1932年6月	在香港被捕，7月被驱逐出境，押解广州，判刑10年
1937年8月	党组织营救获释出狱后，任中共澳门特别支部书记
1938年至1939年	任广东儿童保育会秘书处副主任、中共广东省委委员、妇女部部长
1941年至1945年	在延安任中共中央妇女运动委员会委员，出席中共七大；参与筹建中国解放区妇女联合会筹备委员会并任常务委员兼秘书长
1945年10月	参加东北根据地建设，先后任辽源地委组织部部长，佳木斯市委书记，松江省委常委、妇女部部长，中共中央东北局妇女运动委员会委员等职
1948年11月	出席在匈牙利召开的第二次国际妇女代表大会
1949年	任全国妇联常委、秘书长，出席中国人民政治协商会议第一届全体会议
1949年9月至1954年	任中共中央华南分局常委，分局组织部部长，分局纪律检查委员会书记，分局党校书记、校长，分局妇委书记；广东省人民政府监察委员会主任，广东省妇联主任
1955年7月起	任中广东省委常委、省委组织部部长，广东省中级党校校长，广东省委监察委员会书记，省委书记处书记
1960年12月起	任广东省政协主席，中共中央中南局委员，广东省委常务书记，广东省贫农协会主席等职
1979年12月	任第五届广东省人大常委会副主任
1992年3月	在广州逝世

区梦觉

南粤女杰

1906—1992

区梦觉是大革命时期广东较早的女共产党员之一，当年与许多老一辈无产阶级革命家并肩战斗，活跃在广州从事革命活动，在残酷斗争中意志坚定，毫不动摇，坚持在白区工作。她从华南到延安、东北，从国内到国际，为妇女解放运动奔忙，被誉为“岭南女杰”。

从西关小姐到坚定的革命者

区梦觉幼年时随母从家乡到广州，与营商的父亲一起生活，成为西关的富家小姐。1921年进入广州坤维女子中学读书，在中共党员谭天度引导下，阅读进步书籍，并组织“时事研究社”探讨革命理论，参加学生爱国运动。1925年6月23日，她参加广州地区声援五卅运动的示威游行，目睹“沙基惨案”，更加坚定革命理想；她参加省港罢工救护班，加入中国共产党外围组织“新学生社”，并曾得到周恩来、李富春、杨善集、蔡畅、邓颖超等人的直接教诲，于1926年年初成为中共党员。

1927年4月，区梦觉出席在武汉召开的中共五大。大革命失败后，受党组织派遣，于7月抵达香港，参加广东省委筹划的广州起义准备工作。10月掩护陈郁秘密潜回广州，区梦觉任广州市委秘书兼负责交通联络工作，联系黄平、恽代英、周文雍等领导，传递文件，掩护机关，应付突发事件。广州起义爆发后，与陈铁军等人积极组织后勤保障工作。起义失败后，区梦觉掩护恽代英安全返回香港，之后在香港参加中共地下工作。

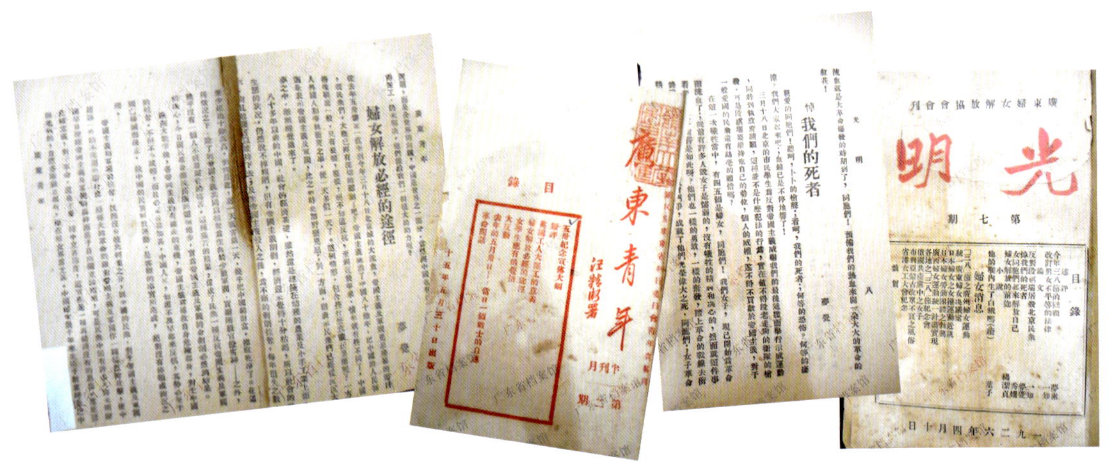
婦女解放必經的途徑

廣東青年

悼我們的死者

光明

第七期

区梦觉撰写的《妇女解放必经的途径》（刊载于1926年5月30日《广东青年》第二期）、《悼我们的死者》（刊载于1926年4月10日广东妇女解放协会会刊《光明》第七期）。

1939年11月，区梦觉被选为出席中共七大的广东省代表，随同南方八省代表总团共50余人，在经过13个月的艰苦跋涉和工作锻炼后，于1940年12月16日抵达延安。1941年元旦，毛泽东举行家宴，特地邀请出席中共七大的南方代表团总团长古大存，以及区梦觉、苏惠、刘贞、周婉如、徐连娇等女代表到家里欢聚，刘少奇、王明和孟庆树夫妇作陪。

1941年调入中共中央妇女运动委员会工作。

解放战争中的妇女工作

1945年10月随中央机关干部大队进入东北，任中共松江省委常委、妇女部部长，东北局妇女运动委员会委员等职。组织开办妇女工作训练班，参与领导土地改革，动员发动妇女参加恢复生产，支援东北解放战争。

1947年在东北，区梦觉（二排左三）与妇女代表在一起。

1947年在松江省委，区梦觉（后排中）与机关幼儿园的孩子们在一起。

1948年11月，区梦觉（右二）代表中国民主妇联在匈牙利布达佩斯参加第二届国际妇女大会。

1949年9月，与参加中国人民政治协商会议第一届全体会议的女代表合影。前排左二起：邓颖超、李德全、蔡畅、宋庆龄、何香凝、区梦觉、廖梦醒。

1957年在广州与粤剧工作者合影。二排左三起：马师曾、区梦觉、陈郁，左七陶铸，左十王匡；前排左一起：红虹、郑绮文、林小群、谭玉珍、陈小茶、楚岫云；三排左二为红线女，右六为杜埃。

1958年夏，区梦觉（右四）视察宝安县大铲小学校。

1960年1月，区梦觉（左一）与蔡畅（中）、帅孟奇（右二）视察顺德县容奇缫丝厂。

1960年9月，区梦觉（左四）视察伶仃岛，与工作人员合影。

1961年夏，区梦觉（后排右四）在从化温泉与粤剧工作者合影。

1961年9月区梦觉（右）在从化温泉会见香港文化界人士朱石麟夫妇。

1964年夏，区梦觉（前排左）来到“四清”工作联系点（高要县长坑大队）的农户家中。

胡志明的终生挚友

区梦觉在大革命时期就认识越南人民的领袖胡志明。中华人民共和国成立后，对中国特别是广东有着深厚情谊的胡志明曾数次来广东工作、休养和治疗。区梦觉多次陪同胡志明在广东参观访问。

1961年2月，胡志明（左二）到宾馆看望到越南访问的区梦觉（左一）、李坚真（右一）以及区梦觉的女儿区惠风（右二）。

1963年9月，胡志明（中）与区梦觉（左）及其女儿区惠风在从化广东温泉宾馆合影。

1979年12月在广东省五届人大二次会议期间，区梦觉在小组讨论时发言。

在广东省人大常委会工作

1979年夏天的区梦觉。

区梦觉长期从事妇女运动、政协、人大等工作。1982年出席中共十二大，被选为中共中央顾问委员会委员，1987年是中共十三大特邀代表。晚年心系广东深化改革开放大业，经常进行调查研究，充分发挥老干部的作用。

大事年表

1915年	出生于广东开平塘口镇古宅祖村。原名锡皋
1936年	在河北定县、江西萍乡、广东江门农民银行当信贷员
1938年2月	由八路军驻湖南长沙办事处主任徐特立介绍，奔赴延安中国人民抗日军政大学学习。同年5月加入中国共产党。毕业后被派往山西八路军第115师担任支队作战教育参谋
1940年	任鲁西银行总行秘书兼业务科科长。此后，在鲁西地区历任银行经理，工商分局监委，国营商店经理，濮阳、济宁等市工商局局长，冀鲁豫边区银行副经理等职
1947年10月至1948年9月	任中国人民解放军华东野战军战勤指挥部经济部长
1948年12月初	参加平津战役
1949年1月	作为天津市军事委员会的军代表，出任天津中国银行经理
1949年11月至1963年8月	任中国人民银行华南分区行行长兼广东省行行长、中国人民银行华南区行副行长、广东省财政经济委员会副主任兼秘书长、中共中央华南分局运输交通部副部长、广东省委工业交通部部长、广东省经委主任、广东省副省长等职
1963年9月	调到北京工作，任中国人民银行总行副行长，中国银行总行副董事长兼副总经理
1979年	兼任中国农业银行总行行长、党组书记
1982年4月	任中国人民银行总顾问
1982年12月	离休
1995年3月	在深圳逝世

方皋

红色金融的开拓者

1915—1995

烽火年代，方皋从军队到金融战线，从战时在鲁西银行工作到新中国把握一方金融命脉，他是红色金融的开拓者和新中国金融事业的奠基人之一。他忠于党的事业，忠于人民的利益，以强烈的事业心和责任感，开拓进取，埋头苦干，卓有成绩。

参加革命

方皋的父亲方伯梁，是清朝同治年间与詹天佑等一同被派往美国的留学生。方皋从小就受到家庭的良好教育，20岁起在农村信用合作社当信贷员。1937年日本发动全面侵华战争，方皋激于义愤，怀着热爱祖国、解放民族的壮志，于1938年2月在八路军驻湖南长沙办事处，由徐特立介绍，奔赴延安，入抗日军政大学学习。同年9月结业后，被派往山西八路军第115师一个支队担任作战教育参谋。

1937年，方皋离开广州往长沙，去寻找报效祖国的途径。

1938年年底，方皋任八路军115师军事教育参谋。

转业金融

1940年年初，八路军第115师供给部在山东省东平县筹建鲁西银行。同年4月，第115师供给部部长吕麟任鲁西银行经理，他把方皋这个早年就做过金融业务的“银行通”调来。方皋出任鲁西银行总行秘书兼业务科科长。

1945年12月，方皋随军参加对济宁城进行的军事接管，担任工商管理局局长。1946年3月，建立冀南银行济宁支行，方皋改任银行经理，并筹办瑞华银行济宁分行。

1946年9月国民党军队进攻济宁城时，方皋按市委指示，带领瑞华和冀南两行人员以及重要的银行档案和设备当晚离城，一路上艰险不断。下半夜，队伍行进中遇到一条水流湍急的河，无法快速通过，摆渡中还要把银行的辎重丢弃。在这紧急关头，方皋果断决定让队伍折回济宁附近向西北方向转移。方皋手持驳壳枪，带领数名银行警卫伏在路口两侧，护卫着队伍在国民党军队眼皮底下悄悄地绕过路口，顺利从北城附近安全撤退。事后同志们都十分佩服方皋的勇敢和机智。

1946年10月，方皋参加太行中央局党校学习时留影。

1946年冀南银行济宁支行全体同志合影。二排右四为方皋。

1949年10月1日，天津中国银行全体职工为庆祝中华人民共和国成立合影留念。前排坐者左起第二十位为方皋。

1985年，《冀鲁豫边区金融史资料选编》座谈会合影。前排中为方皋。

回到广东

1949年10月广州解放，方皋于12月回广州担任中国人民银行华南区分行行长兼广东省分行行长。广东在中华人民共和国成立之前长期受到资本主义经济影响，黑市外汇猖獗，方皋领导华南地区的金融工作后，立即在各分支行成立金融管理机构，打击黑市外汇活动，稳定金融秩序，并严格控制货币的发行量，实行现金管理，巩固了人民币的币值。方皋对稳定和发展华南地区的金融事业做出很大贡献。

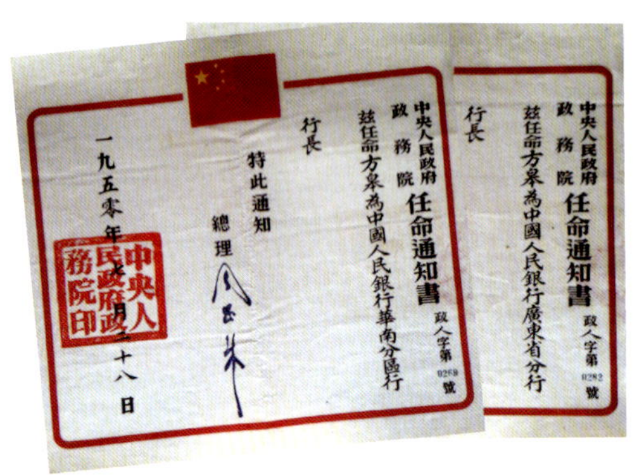

中央人民政府政務院任命通知書 政人字第0282號

兹任命方皋為中國人民銀行廣東省分行行長

中央人民政府政務院任命通知書 政人字第0268號

兹任命方皋為中國人民銀行華南分區行行長

特此通知

總理

一九五零年七月二十八日

中央人民政府政務院印

1950年，周恩来总理签发的方皋任命书。

中华人民共和国成立之初，几位老战友在北京天坛合影。左起：陈希愈、方皋、胡景云。

1953年，中国人民银行华南分区行全体同志合影。前排右四为方皋。

1954年，方皋任华南分局工业交通部副部长，在广州与部机关干部合影。二排左五为方皋。

20世纪50年代，方皋（左七）陪苏联专家在广州工地现场。

20世纪60年代初，与广东省委领导在博罗县罗浮山。前排左起：云广英、刘祥庆、刘田夫、陈越平（蹲着）、方皋、张根生。

“中国银行走向世界”

1963年9月，方皋调任中国人民银行总行副行长。他提出“中国银行走向世界”及“请进来，走出去”的发展思路，积极发展与各国的经济贸易。

1965年12月，方皋（前排左三）出访阿尔巴尼亚。

1964年，中国贸促会代表团访日期间合影。前排左四为方皋。

20世纪60年代，方皋（前排左）在北京接待非洲外宾。

中国银行的改革

1979年6月，中共中央、国务院任命方皋为中国农业银行行长。农业银行的恢复迈出了中国改革开放后分设国家专业银行的第一步。

中国农业银行刚恢复时，方皋率领中国人民银行总行农村金融局的60多位同志开张办公。半个月后搬到西郊民巷27号的办公地址。仅半年时间，总行机关内部机构根据业务发展需要已经基本建立。全国已有14个分行、58个中心支行、240个县支行正式挂牌办公并调配领导班子和业务骨干。

1979年，任中国农业银行行长。

1979年，恢复中国农业银行时留影。前排左三为方皋。

家人

方皋的夫人贾钟灵，河北省巨鹿县贾家村人，1938年2月17岁参加八路军第129师。刚认识时，方皋一句“革命第一，你第二”，深深打动了从农村出来一直追求男女平等的女孩的心。1942年，在战友们的祝福下，他们结了婚。多年来夫妻俩风雨同舟，是一对志同道合、相濡以沫的革命伴侣。

1953年在广州，方皋夫妇第一张合影。

1949年4月，贾钟灵（前排左三）参加在山东菏泽召开的中国人民银行冀鲁豫分行办事处主任会议。

1963年，方皋一家在广州的全家福。

尹林平

为国为民　赤子之心

1908—1984

大事年表

1908年7月	出生于江西兴国高兴墟茶安仔村尹屋一个贫农家庭。曾用名林平
1929年至1931年	参加农民协会和赤卫队，任大队长，后加入红军补充五团任教官，随部队编入中央红三军团第七师第二十一团任排长
1931年9月	加入中国共产党
1932年至1933年	随毛泽东指挥的红一、红五军团攻打福建漳州，战后留在福建工作
1934年至1937年	任闽南红军第三团团长、闽南红二支队支队长、中共厦门临时工委书记
1937年至1940年	任中共南委武装部部长，广东省委常委、省委军委书记，广东东江特委书记
1940年至1946年	任东江前线特委书记兼任东江游击总队第三、第五大队政治委员，东江纵队政治委员，东江军政委员会主任，中共广东省临委书记，广东区党委书记
1947年至1949年	任中共中央香港分局(后改称华南分局)副书记，同时兼任粤赣湘边区党委书记、粤赣湘边纵队司令员兼政委
1949年10月至1955年5月	任广东军区副政委、广东省支前司令部司令员、中南军区干部管理部副部长、广东国防公路修建指挥部副总指挥、广东省军区第二政治委员等职
1955年6月至1967年1月	任中共中央华南分局常委兼交通部部长、广东省副省长、广东省委候补书记兼省委组织部部长、广东省委书记处书记
1978年12月至1983年2月	任广东省政协副主席、中共广东省委书记（时设第一书记）、广东省政协主席兼党组书记
1983年4月	任中央顾问委员会委员
1984年9月	在北京逝世

尹林平曾是闽南红军独立团团长，在红军长征之际，奉命留守坚持敌后武装斗争；后又任中共厦门临时工委书记。因为具有丰富的武装斗争和城市地下工作经验，他奉调香港中共南方工作委员会，从此他的革命生涯与广东结下不解之缘。战时他是中共广东省委和东江纵队的主要领导人之一，善于从实际出发指挥革命斗争，在南粤颇负盛名和威望，被毛泽东称赞“很有办法”。

“有办法”的人

1944年8月，中共广东省临时工作委员会书记尹林平在深圳葵涌镇土洋村主持召开“土洋会议”，作出部队向东、向西、向北发展的决定，全面开展广东抗日游击战争和全面恢复地方党组织活动。从此，广东抗日游击战争像燎原之火，东江纵队迅速发展到1.2万多人，建立相当于6个县一级的抗日民主政权，活动范围扩大到广州郊区、粤赣湘和粤桂边界及韩江等39个县市。

毛泽东主席在尹林平向中央汇报土洋会议的决议报告上批示，称赞他“此人似很有办法”。

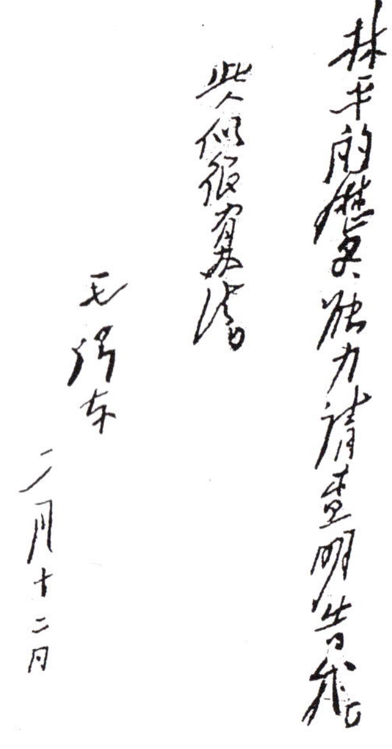
林平的履历能力请查明告我
此人似很有办法
毛泽东
一月十二日

1945年，毛泽东批示的手迹。

1947年5月，中共中央发出电报指示：由方方（书记）、尹林平（副书记）等组成中共中央分局（香港分局）。并指出：华南党在“推动反美反蒋统一战线，支援解放区战争，促进全国革命新高潮时，必须估计到斗争的长期性与复杂性”。

1948年年初，尹林平于香港。

1983年，尹林平（前）在惠阳纪念东江纵队成立40周年座谈会上和东纵老战士亲切交谈。

粤赣湘边纵队司令员兼政治委员

1946年，广东区党委根据党中央的指示，于11月作出恢复华南地区武装斗争的决定后，尹林平任中共香港分局副书记兼粤赣湘边纵区党委书记，领导地方党和部队在艰苦斗争中发展壮大，到1948年先后建立了广东人民解放军江南支队、江北支队、北江支队、粤赣边支队和粤赣湘边区人民解放纵队等部队，进行了一系列战斗，粉碎了国民党在广东的两期“清剿”。1949年元旦，经中央军委批准，中国人民解放军粤赣湘边纵队正式成立，尹林平任司令员兼政委。

1947年，尹林平与夫人余慧于香港。

1948年年初，尹林平与夫人余慧、长子尹升平于香港。

1948年，尹林平于广东东江。

1948年，行军途中的尹林平（前）。

1948年12月，中共粤赣湘边区党委在惠阳县安墩镇黄沙村（今属惠东县）召开会议。图为与会的领导人合影。右起：梁威林、黄松坚、尹林平、左洪涛、黄文俞。

1949年1月，纵队司令员尹林平（右）、第一支队司令员蓝造（左）和政委王鲁明（中）合影。

解放广东　建设广东

1949年10月，尹林平率粤赣湘边纵队与两广纵队协同作战，解放广州。

1952年9月，尹林平出任华南国防公路修建工程副总指挥。他亲临现场，率领由工程技术人员、解放军战士和民工组成的筑路大军，经历两年三个月的苦干，完成海南岛上3条共长达611千米的国防公路和粤西一段公路的改建，胜利完成修筑公路的艰巨任务。

1952年，尹林平在广州。

1959年，尹林平在广州。

1961年5月，尹林平（前排左二）在广州白云机场迎接外宾。

1958年，梁广（左一）、曾生（左二）、尹林平（右二）、饶彰风（右一）在北京展览馆前。

1964年，尹林平（前排右二）下乡视察。

1958年在北京合影。左起麦慕平、曾生、梁广、饶彰风、尹林平。

1963年，广东省副省长尹林平（前排左四）陪同郭沫若（前排右一）到海南岛视察。

尹林平就是林平

1977年，尹林平在中央党校学习时留影。

“林平”是尹林平的曾用名，并使用了近20年，伴随着他度过一生中最辉煌的岁月——在解放军军史上，中国人民解放军粤赣湘边纵队就被称为林平纵队。直到1957年年初改为“尹林平”，恢复了原来的姓氏。没想到，这个改名在后来的“文化大革命”中给尹林平添了不少烦恼。因改名的时间尚短，许多他往昔的上级、战友都不知道尹林平就是林平。

据尹林平的大女儿回忆：“1976年年底，当时父亲虽然已经‘解放’，但一直在家赋闲，问题没有真正解决。有一次我去北京，当时暂住在曾生叔叔家中。一天，曾叔叔的女儿曾克南带我去找廖承志伯伯。廖公见到我，就热情地用纯熟的粤语半开玩笑地对我说：‘你爸爸改咩唔好，将自己的名改成尹林平做乜？提起林平，人人都识，大把人同佢讲说话，提起尹林平，冇人识架！你快的返广州，同你爸爸讲，叫佢将自己的名改返做林平啦！’我回广州之后，将廖公的意见告知父亲。父亲听完之后，沉吟半晌，没有作声。但没过多久，他自己就亲自赴北京，向叶剑英元帅等他以往的老上级、老战友作了解释。许多人这才恍然大悟，原来尹林平就是你呀！”

任省政协主席

1980年后，尹林平任广东省政协主席。这期间，他亲自过问、阅信、批示，把党的政策落实到广大民主人士心里，在全省统战系统中拨乱反正，平反冤假错案，团结一大批国内外爱国人士，共同为祖国的统一大业和经济建设做出贡献。

1980年，尹林平（前排右六）任广东省政协主席时，率港澳委员访问海南。

1982年，尹林平（左二）在《东江纵队史》审稿会上讲话。左一邬强，右一温焯华，右二杨康华。

老骥伏枥夕阳红

1982年，与梁威林（右）在广州东山湖公园。

20世纪80年代初，尹林平在长城留影。

1983年，参加纪念东江纵队成立40周年活动，尹林平（右二）、余慧（右一）夫妇与曾生（左二）、阮群英（左一）夫妇合影。

1983年，庆祝东江纵队成立40周年时，尹林平（右）与曾生（左）、杨康华（中）合影。

20世纪80年代初，尹林平（正面握手者）走访革命老区，与农民亲切交谈。

1975年春节，在广州的全家福。

邓发

工人队伍里培养出来的领袖①

1906—1946

大事年表

1906年3月	出生于广东云浮云城区替石塘村。原名邓元钊，曾化名邓英铭、方林、杨鼎华等
1922年1月	参加香港海员大罢工
1925年	参加省港大罢工；加入中国共产党
1927年12月	参加广州起义，担任第五区工人赤卫队副指挥、工人赤卫总队第四联队队长
1928年	历任中共香港市委组织部部长兼中华全国总工会南方代表、香港工代会主席
1929年11月	任中共广东省委常委、组织部部长并兼任中共香港市委书记
1929年	任中共广州市委书记，出席党的六届三中全会扩大会议，被补选为中央委员。任中共闽粤赣边区特委书记、红军闽粤赣军区司令员兼政委
1931年至1933年	苏区中央局八成员之一，中华苏维埃共和国第一次全国代表大会主席团常务主席之一，中华苏维埃共和国中央执行委员、国家政治保卫局局长
1934年1月	在党的六届五中全会上被选为中共中央政治局候补委员
1934年10月	跟随中央红军长征。任中央军委第二野战纵队副司令员兼副政委、第二野战纵队第一梯队司令员兼政委
1936年6月	从延安出发前往苏联共产国际汇报工作。12月，到达苏联莫斯科，任中共中央驻共产国际代表
1937年9月	从苏联莫斯科回到新疆迪化（今乌鲁木齐）。在12月的政治局会议上，被选为“七大准备委员会”25个委员之一
1938年1月	被正式任命为中共中央驻新疆代表，并负责八路军驻新疆办事处和新兵营的工作
1938年9月	参加在延安举行的六届六中全会，被选为中共中央政治局委员
1939年至1940年	任中共中央党校校长，兼任中共中央职工运动委员会书记
1943年3月	兼任中共中央民运工作委员会书记。同月，任命为中央组织委员会委员
1945年2月	任中国解放区职工联合会筹备会主任。9月5日至10月上旬，出席在法国巴黎召开的世界职工代表大会
1945年4月	参加中共第七次全国代表大会
1946年4月	在返回延安途中，因飞机失事遇难

①1946年4月19日，周恩来在延安举行祭悼“四八”烈士大会上发表文章，其中对邓发烈士所写。

邓发的一生，同中国共产党领导的工人运动紧密联系在一起，周恩来同志称他是“工人队伍里培养出来的领袖”。他在革命生涯中，为党和人民不懈奋斗，表现出坚定的革命精神和崇高的品德风范，体现了老一辈共产党人的禀性。2005年4月，新华社播发《永远的丰碑》，邓发名列其中。

1943年，邓发兼任中共中央职工运动委员会书记和民运委员会书记时留影。

工运先驱

当中国工人运动的启蒙时期——由1922年的第一次海员大罢工到1925年的省港大罢工，邓发从活动分子到中坚干部，经历了工运大发展及蒙受打击后的退却战斗，积累了丰富的斗争经验，培养了组织、行政、军事、理论等方面的优秀才能，从而成为无产阶级先锋队中的楷模。

中國工人階級只有在中國共產党領導之下一致團結起来才能完成其在民族解放與社會解放底先鋒任務。

鄧發題

1940年1月，邓发为《中国工人》创刊号题词。

1945年10月，邓发为要求解放区职工加入中国劳动协会致中国劳动协会理事长朱学范的信。

中华苏维埃国家政治保卫局局长

20世纪30年代初，邓发任苏区中央局委员，中华苏维埃共和国中央执行委员、国家政治保卫局局长。1934年1月，在党的六届五中全会上被选为中共中央政治局候补委员。1938年9月，在党的六届六中全会上当选为中央政治局委员。

1931年11月，在江西省瑞金组成新的中央苏区中央局。右起：王稼祥、毛泽东、项英、邓发、朱德、任弼时、顾作霖。出处：中国老区建设画报社编：《光荣与梦想》，中共党史出版社2019年版，第115页。

1931年，年仅25岁的邓发肩负起保卫和巩固新生的苏维埃政权及保卫党中央的重任。他运用多年领导白区秘密工作的经验，以各种有效手段训练苏区机要、警卫干部，制定和部署反特防奸等各项安全保卫措施，国家政治保卫局因而赢得了“苏维埃共和国卫士”的美誉。邓发无疑是中国共产党和新中国国家安全保卫工作的开拓者之一。

1934年，邓发在江西中央苏区。

1937年，邓发在苏联莫斯科郊外。

1936年4月，中共中央为了向共产国际汇报红军长征以后的情况及中央的重大决策，以得到共产国际的支持和帮助，决定派邓发代表中共中央前往苏联莫斯科。

6月初，邓发以甘肃省民政厅查灾专员的身份进入甘肃敦煌。戈壁沙漠气候十分恶劣，路途艰险，邓发孤身一人，时常风餐露宿，在荒无人烟的戈壁滩上一路跋涉，徒步走了近半年，到达迪化（今乌鲁木齐市）。又几经周折，12月1日，邓发奇迹般地到达莫斯科，及时、准确地完成党中央交给他的艰巨任务，并担任中国共产党驻共产国际的代表。

1937年9月，邓发从苏联莫斯科回到新疆迪化。

卓越地开展统战工作

1937年9月，邓发从苏联回到新疆迪化。1938年1月，被正式任命为中共驻新疆代表，并负责领导原红军西路军总支队（新兵营）的工作。当时，随着全面抗战的爆发，新疆成为中国共产党对外联系和国际援助物资供应的主要通道之一。

为了保证这条通道的畅通，邓发按照党中央指示，积极贯彻抗日民族统一战线的方针，将原则性与灵活性相结合，卓有成效地开展工作。

他根据当时新疆地方军阀盛世才的请求，向党中央建议，从延安先后选派130多名共产党员到新疆，分别到新疆日报社、新疆各族民众反帝联合会、新疆学院等部门担任领导，并多次成功地发动和领导新疆城乡的募捐活动，大批资金、药材和物资送往抗日前线，其中包括购买10架战斗机。

经请示党中央同意，他还将从延安去莫斯科治病路过新疆的毛泽民留在新疆，担任财政厅厅长。经过一年多的整顿治理，新疆财政经济出现全面好转的局面。

1937年，邓发（右）任中共中央驻新疆代表、八路军驻新疆办事处主任时，与前任代表滕代远（左）合影。

1938年夏，邓发在新疆迪化。时任中共中央驻新疆代表兼八路军驻新疆办事处主任。

1939年9月，途经新疆去苏联治病的周恩来在八路军驻新疆办事处院内合影。后排左为邓发，右为周恩来。

中央职运委书记

邓发是一个富有个人魅力和生活情趣的人。他举止干练豁达，身手敏捷。在美国记者埃德加·斯诺的眼中，他"有一种黑豹的优美风度"。他和党内外众多同志相交相知，友谊甚笃。他兴趣广泛，多才多艺，是一位业余画家、摄影爱好者，喜欢戏剧、音乐，还精通厨艺。

1945年4月，在延安召开中共七大期间，代表们亲切交谈。右起：周恩来、聂荣臻、王维舟、陆定一、邓发、毛泽东、叶剑英。出处：广东省地方史志办公室编：《父辈的足迹》，岭南美术出版社2009年版，第45页。

1945年4月，在延安机场欢送董必武赴美国纽约参加联合国会议。右起：陈毅、董必武、邓发。

1945年9月，邓发代表解放区80万职工参加在法国巴黎举行的第27届世界职工代表大会。图为邓发（左）在延安机场与叶剑英（右）合影。

1945年9月，法国巴黎中国大使馆内，参加第27届世界职工代表大会的中国代表团成员合影。前排左一为邓发，左三为朱学范，左六为李佩。

1945年夏，中共中央职工运动委员会书记邓发作为中国解放区工人代表参加第27届世界职工代表大会。他在会上作了热情洋溢的演说。会上邓发当选为世界职工联合会理事和执行委员会委员。

1946年2月，邓发（中间站立者）在重庆向各界人士介绍巴黎的会议情况和解放区职工运动的情况。

“四八”烈士之一

1946年4月8日，邓发、叶挺等与参加在重庆举行的政治协商会议的王若飞、秦邦宪等中国共产党代表，一起乘坐美式运输飞机返回延安。飞机在晋西北兴县的黑茶山失事，机上人员不幸全部殉难。噩耗传到延安，犹如晴天霹雳在人们心头炸响，令人悲痛万分。延安为此举行了隆重的追悼会。毛泽东、周恩来等中央领导为“四八”烈士题词。

1946年清明节，邓发参加完在法国巴黎举行的第27届世界职工代表大会回到重庆，欢迎叶挺出狱时摄。右起：叶扬眉（叶挺的大女儿）、叶挺、邓发。

為人民而死
雖死猶榮
毛澤東

1946年，毛泽东为“四八”烈士写了“为人民而死，虽死犹荣”的题词和“向‘四八’被难烈士致哀”的悼词。

挚爱亲情

邓发的夫人陈慧清（1909—1983），广东番禺人，原名陈金玉。早年参加海员工人罢工、省港大罢工。1926年加入中国共产党，1930年与邓发在香港结婚。先后任香港织造工会宣传员、地下党的交通员，闽粤赣妇委书记，江西苏区中央政治保卫局党支部书记、总支书记。1934年10月随中央红军长征。长征到达陕北后，任延安中央粮食调剂局中央仓库主任等职。

中华人民共和国成立后，陈慧清历任中央办公厅干部文化学校党支部书记，广东省人委直属机关党委副书记，广东省育才小学校长，广东省政法党委书记，广东省民政厅副厅长，广东省总工会副秘书长、副主席，广东省第五届人大常委，广东省第四届政协常委。

1947年，陈慧清到山西兴县木兰岗参加土改时的照片。

1945年夏，党的七大期间，邓发（左）与夫人陈慧清在延安合影。

1945年，邓发（右）与儿子邓北生在延安机场飞机前合影。

20世纪40年代，陈慧清（右）和儿子邓北生在延安。

1963年，广东省总工会副主席陈慧清在会上讲话。

1976年，粉碎“四人帮”后，参加红军长征的女战士在北京聚会。前排右三为陈慧清。

精神垂青史

1996年，为纪念邓发烈士90周年诞辰，邓发生前战友、原国家主席杨尚昆题写了“播撒幸福的人——邓发”。

2003年2月28日，由中共党史出版社、全国总工会主办的“《邓发纪念文集》出版座谈会”在北京人民大会堂隆重举行。李铁映（站排的前排中）出席座谈会。

2006年4月邓发牺牲70周年，邓发的后人回延安扫墓时在枣园留影。左起：范丽娜、范丽娅、李新华、邓金娜、邓北生、程胜利、程建民、李清平、陈耀华、程建国、范赐生。

古大存

带刺玫瑰万古存

1897—1966

大事年表

1897年	出生于广东五华梅林镇优行径村
1920年至1924年	就读于广东公立法政专门学校
1924年至1925年	加入中国共产党。参加国民党东征军战地政治宣传队工作并担任队长。率领农军协助第二次东征军
1929年6月	被推选为中共东江特委常委、军委书记。随后任东江工农红军总指挥。同年10月，与毛泽东、朱德等七人联合发表了东江革命委员会《关于公布执行土地政纲的布告》
1930年5月	任中国工农红军第十一军军长兼政委
1931年至1937年	先后任第一、第二届中华苏维埃临时中央政府委员，东江游击第一路总指挥、中共东江特委常委等职，在极其艰苦的情况下，带领丰梅游击队转入大埔坚持活动
1938年11月	任中共广东省委常委、统战部部长
1939年11月	担任两广等出席中共七大南方代表团团长，率团赴延安
1942年2月	随高级学习组转入中央党校一部学习。先后任一部学员党支部书记、一部主任
1945年4月	出席中国共产党第七次代表大会，并当选为中央候补委员
1945年	任中共西满分局常委兼秘书长、土改工作团团长，率队在肇州县搞土改试点
1947年9月	任中共东北局委员、组织部副部长
1948年11月	任东北行政委员会交通部部长
1949年10月	任广东省人民政府副主席，中共中央华南分局常委、副书记
1957年	被打成“地方主义反党集团头子”，受到错误的处分
1966年11月	在广州病逝
1983年2月	中共中央发通知（中共中央〔1983〕8号文件），为冯白驹、古大存同志恢复名誉

古大存是东江革命根据地和东江红军的主要创建人之一。在土地革命战争中，面对残酷的白色恐怖，他挺身而出，英勇斗争，坚持十年红旗不倒。他敢于坚持真理，实事求是，毛泽东曾称他是“带刺的红玫瑰”。古大存对党、对共产主义事业矢志不渝，始终和人民群众心连心。他为中国革命和建设事业立下了不朽功勋。

法律本科十一班

古大存

別字

年齡 二十七歲

籍貫 五華

學歷

省城通訊處 惠愛東路古家祠

鄉間通訊處 汕頭橫流渡梅林優行學校

古大存在广东公立法政专门学校就读时的证书。

追求真理

1920—1924年，古大存就读于在广州的广东公立法政专门学校。当时，陈独秀等在该校任教并宣讲马克思主义和社会主义，古大存亲耳聆听了这些演讲，受到进步思潮的熏陶。他通过与校内共产党人接触，思想有了新的飞跃。他阅读进步报刊，编辑出版革命刊物，参与革命活动，1924年暑假加入中国共产党。

东江农运先驱

第二次东征胜利后，古大存奉命留在五华领导农民运动，成为广东最早的一批农民运动领导人之一。1927年“四一二”反革命政变后，各地处于白色恐怖的腥风血雨中，古大存的家乡先后三次遭到血洗焚烧，他有10位亲人惨遭杀害。

当时，国民党反动派悬赏白银二万两捉拿古大存。

革命烈士证明书

同志 在第二次国内革命战争中 壮烈牺牲，经批准为革命烈士，特发此证，以资褒扬。

中华人民共和国民政部

古大存夫人徐妙娇1931年8月30日被国民党反动派杀害。图为徐妙娇烈士证书。

坚持红旗不倒

1928年9月，彭湃奉中央指示到上海工作。之后，古大存继续高举粤东农民运动武装斗争的红旗。

1930年5月，中国工农红军第十一军成立，任命古大存为军长。

1933年，由于王明“左”倾教条主义错误，日益发展的东江革命受到严重损失。在险恶处境中，古大存坚持在东江地区开展武装斗争，十几支游击小分队先后被敌人打垮，最后仅剩下他带领的17名战士，他们和上级失去了联系。面对挫折，古大存没说过半句泄气话，他常常鼓励大家，并在一首诗中写道：“同志坚持心似铁，万钧重任我担当。”这支小小的队伍转移到了大埔山区，先后建立了13个中共地下支部，保存了一批革命火种，使粤东大地始终高耸着不倒的红旗。古大存也成为东江地区家喻户晓的英雄。这一业绩曾受到党中央和毛泽东的高度评价。

1938年4月，古大存偶然在《大众日报》上，看到国共第二次合作和八路军驻港办事处主任廖

1957年11月，在海丰县举行的纪念海陆丰苏维埃政权成立30周年纪念活动中。前排左起：苏联驻广州领事鄂洛夫、彭湃烈士的母亲周凤、广东省副省长古大存。

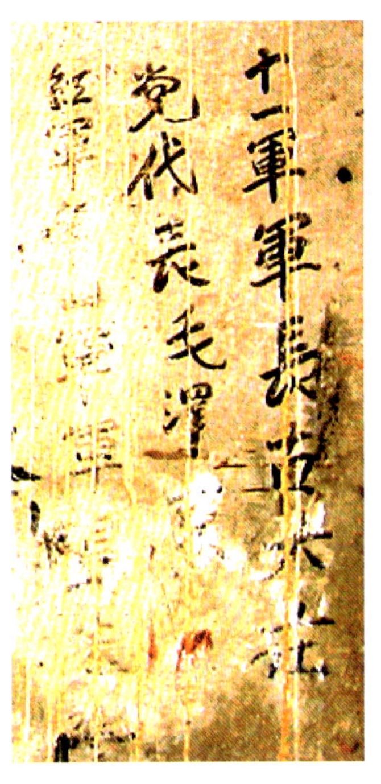

当年红十一军标语。

1935年，在古大存面临敌人残酷围剿和身患重疾（颈部长毒痈）的危难时节，红十一军战士曾史文毅然与古大存结为终身伴侣。图为夫妻二人1938年合影于香港。

承志的消息，便立即化装辗转到香港，几经周折找到廖承志作了汇报。随后，古大存又在武汉法租界见到了周恩来、博古、叶剑英等。已与党失去联系3年多的古大存，终于回到了党的怀抱。

中共七大的南方代表团团长

1939年11月，受中共广东省委委派，古大存作为广东省出席党的七大代表或候备代表，兼任两广、香港、湖南、江西、福建、浙江、上海出席七大代表共44人所组成的南方代表团团长和临时党支部书记，率团步行赴延安参加七大。这支队伍历经艰难险阻，冲过敌人一道道封锁线。在经历了13个月的艰难跋涉后，于1940年12月16日，安全到达目的地延安，获得了前来迎接的李富春的高度赞扬。第二天傍晚，毛泽东、朱德、任弼时等中央领导特地向全团同志讲了话，并请代表团人员会餐。

1939年，古大存夫妇在广东韶关合影。

1944年，古大存一家在延安住所窑洞前合影。

抗战时期古大存在延安。

中央党校一部主任古大存（左）与三部主任郭述申在延安合影。

古大存参加延安整风运动，并担任中央党校一部主任。他的原则性和正确开展批评与自我批评的精神，给毛泽东留下了深刻印象。毛泽东多次在公开场合称赞古大存是“带刺的玫瑰花”“一面斗争的旗帜”。

1945年4月至6月，参加党的七大并被选为中共中央候补委员。

石家庄西柏坡共产党精英群雕塑。古大存在左上角（见标注名）。

父辈的岁月影像

转战东北，参加建立和巩固新政权

1945年抗日战争刚结束，为建立巩固东北革命根据地，党中央派古大存率领第三批赴东北工作的干部，从延安出发前往东北。1945年11月，因前进受阻，这支队伍奉命在张家口待命，一直到翌年6月，根据中共中央指示，队伍绕道内蒙古，于7月中旬抵达目的地齐齐哈尔。古大存被任命为中共西满分局常委兼秘书长。在东北期间，他参加过土改、剿匪，还在组织部、交通部等岗位上工作过。

1946年，在齐齐哈尔与中共中央西满分局领导合影。左起：黄克诚、倪志亮、刘锡吾、郭峰、王鹤寿、郭述申、刘彬、古大存、陈沂、张平化、李聚奎。

1949年，古大存（前排中，大人）与东北交通部的同志们在一起。

20世纪40年代末在东北，古大存、曾史文夫妇与孩子们在一起。后排站立者为古关贤（古大存和前妻徐妙娇烈士所生的儿子）；前排左起（小孩）：古孟贤、古新贤、古延贤、古齐贤、古沈贤、古滨贤。

重返广东工作

根据叶剑英建议，中共中央决定古大存回广东工作。1949年12月初，已被任命为广东省人民政府副主席的古大存回到广州。

当时华南分局在梅花村办公，古大存也住在那里。古大存到广州第二天，中共华南分局书记、广东省人民政府主席叶剑英便亲自登门看望，向他讲了赣州会议的情况。为了便于开展工作，古大存还兼任民政厅厅长。

1949年，古大存（中）奉调从东北南下广东途中。

1949年，中国人民政治协商会议第一届全体会议华南解放区和华南人民解放军代表合影。前排左起：连贯（站立）、古大存、吴奇伟、张云逸、区梦觉、廖梦醒、冯乃超（站立）；二排左起：欧阳山、罗范群、黄宇、陈漫远、马白山、刘达潮；后排左起：乔冠华、李伯球、王雨亭、李独清、李进阶。

1949年9月，参加中国人民政治协商会议第一届全体会议的华南人民解放军代表、华南代表组副组长古大存与夫人曾史文合影。

1950年广东省第一届各界人民代表会议期间，领导与出席会议的学生代表合影。前排左起：萧向荣、杜国庠、李章达、方方、古大存。

1950年6月，党的七届三中全会在北京举行，图为与会人员合影。前排左起：周恩来、任弼时、董必武、林伯渠、徐特立、刘少奇、毛泽东、朱德、吴玉章、张云逸、王维舟、古大存。出处：广东省地方史志办公室编：《父辈的足迹》，岭南美术出版社2009年版，第94页。

1950年3月6日，在广州出席“鸦片战争以来广东人民革命烈士纪念碑”奠基典礼的人士合影。（大人）左三方方、左五古大存、左九叶剑英、左十萧向荣、左十三朱光。

1951年，海南老根据地人民赴京参加国庆节观礼代表团返穗合影。前排中为古大存。

1951年，与出席广东省第二届各界人民代表会议的兄弟民族代表座谈会人员合影。前排左三云广英；左五叶剑英，（不含小孩）左七古大存，左十一方方，左十二饶彰风。

中华人民共和国成立初期的广东，百废待兴，省人民政府副主席古大存协助叶剑英做了大量开创性的工作，如筹粮、支前、土改、剿匪、镇反、抗美援朝、经济建设等等。

1955年7月，古大存担任广东省委书记处书记兼副省长，主管省人民政府的工作。

20世纪50年代，古大存（中）与梁广夫妇合影。

1954年，古大存在广东省人民政府的会上。

1957年，古大存主持中国第一届出口商品交易会开幕式。

1960年，古大存在增城。

蒙冤与平反

在1957年广东开展的第二次反“地方主义”运动中，古大存等人受到撤销党内一切职务、被打成“反党集团头子”的错误处分。

古大存坦然面对，始终对党怀有坚定的信念。但是，在连遭数次打击后，他的身心健康备受摧残，病情恶化，于1966年11月4日病逝。

1983年2月9日，中共中央发出〔1983〕8号文件，决定撤销1957年12月广东省委第八次全体会议（扩大）《关于海南地方主义反党集团和冯白驹、古大存同志的错误的决议》，撤销对冯白驹、古大存同志原处分的决定，恢复他们的名誉。

1966年，古大存、曾史文夫妇和子女们。

左洪涛

青山踏遍满征尘

1906—1990

大事年表

1906年8月	出生于湖南邵阳周官桥乡（今属邵东县）一个农民家庭
1922年	在邵阳补习学校读书，开始接受进步思想
1926年8月	考入黄埔军校，经恽代英、萧楚女介绍，加入青年军人联合会
1927年	蒋介石发动“四一二”反革命政变后，辗转到武汉，入张发奎部教导团。同年9月参加共产主义青年团，11月加入中国共产党，12月参加广州起义，后被指派回湖南任邵阳县农运特派员
1929年10月	调江苏省委工作，任吴淞区委宣传部部长兼行委宣传部部长
1930年4月	被捕入狱。1932年2月刑满释放后，任中共沪东区党团书记兼宣传部部长
1933年5月	在上海任全国济难总会党团书记兼主任
1934年1月	第二次被捕入狱，被判刑5年，西安事变后才出狱
1937年7月至1945年8月	全面抗战中，遵照周恩来的指示，加入张发奎的第八集团军，组织战时服务队，在国民党军队内开展统战与情报工作，任中共特别支部书记。在“特支”十年潜伏中，情报工作屡建奇功
1945年8月	日本投降后，任国民党广州行营副官处代理处长
1946年9月	任中共香港工委党派组总负责人
1947年7月	任中国人民解放军粤桂边纵队参谋长
1949年10月	任中共中央华南分局统战部副部长、广东省人民政府副秘书长兼办公厅主任
1978年起	先后任中共广东省委统战部副部长、广东省政协副主席
1987年起	退出领导岗位，仍为黄埔同学会及中国国际文化交流中心广东分会努力工作。撰写《忆特支十年战斗历程》一书
1990年7月	在广州病逝

熟人印象中的文人左洪涛实际上是军人出身，是个“上马能杀敌，下马作露布”[①]的儒将。战争年代从参加广州起义到“特支”十年，从隐蔽战线到正面战场，他历经艰难，屡建奇功。“历史终能澄是非，一身系得几安危。胸中自有南针在，百折千磨不可摧。”1985年中共“特支”战友杨应彬为左洪涛写的一首题词，道出了这位坚强革命者的一生。

广州起义的幸存者

1926年左洪涛考入黄埔军校第六期，在校期间积极参加进步活动。1927年“四一二”反革命政变的白色恐怖笼罩校园，他只得辗转武汉再进军校进修。1927年夏编入张发奎第四军军官教导团，重回广州，当时团长是叶剑英。不久加入中国共产党。1927年12月广州起义时，左洪涛在第十一连任军官队员，连长是邱维达。据邱回忆，当时该连奉叶团长之命占据并死守观音山，在战斗中连队虽然伤亡惨重，但左洪涛等仍顽强抵抗敌人的进攻，机动灵活，十分勇敢。最终部队战败，惨遭敌人血洗。

年轻时的左洪涛。

狱中诗人

1933年1月，左洪涛调任位于上海的全国互济总会秘书长兼组织部部长。1934年1月，由于叛徒出卖，左洪涛不幸被国民党逮捕，在狱中遭严刑拷打，但始终守口如瓶。左洪涛被判处5年徒刑，押往江苏漕河泾监狱。当时狱友们组织起“扪虱诗社”，张恺帆、彭国定（左洪涛别名）等八九名共产党人为诗社成员。他们创作的内容大都是悼念先烈，追求理想，互相勉励鼓舞。

1937年8月底，由周恩来率领的中共中央代表团敦促蒋介石立即履行西安事变时关于“释放一切政治犯”的诺言，左洪涛等人重获自由。

半个世纪后的1986年，狱中战友、原中共安徽省委书记张恺帆专程到广州探望左洪涛。张恺帆凭记忆朗诵并亲笔录下左洪涛在狱中写的一首长诗，大家不胜唏嘘。

1986年，当年的狱友张恺帆（左二）专程到广州探望左洪涛（右二）。

① 露布：军旅文书或布告。

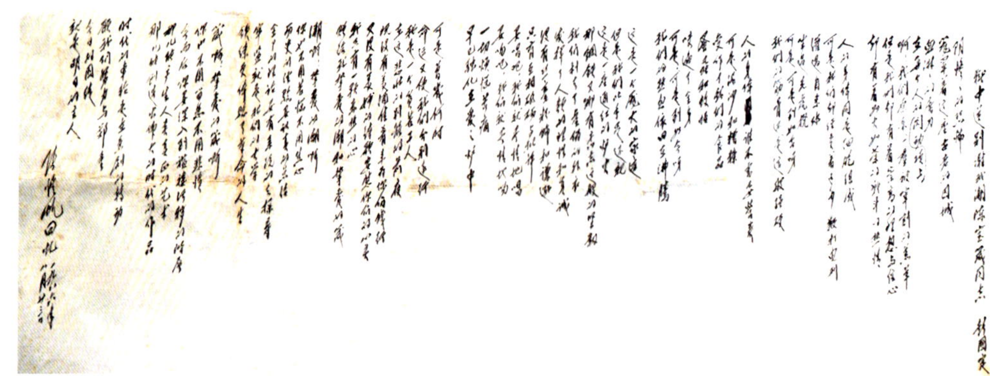

1986年，当年狱友张恺帆凭记忆朗诵并亲笔录下当年左洪涛在狱中写的一首数十行长诗。

阴惨惨的恐怖，
笼罩着这座古老的囚城。
血淋淋的屠刀，
在每个人的项上闪动。
啊！我们原是一群被宰割的羔羊，
但是我们却有着崇高的理想与信心。
却有着如火如荼的战斗的热情！

人的身体同是细胞组成，
可是我们却经受着多少鞭打电刑，
灌过自来水，
坐过老虎凳。
可是，可是到如今呀，
我们的筋骨还是这般强硬。

人的身体谁不需要营养？
可是泥沙和糟糠，
变作了我们的食品。
蚤虱和蚊蝇，
咬遍了全身。
可是，可是到如今呀，
我们的热血依旧在沸腾。

这是一个庞大的家庭，
但是我们比手足还亲。
这是一座通红的炉火，
那钢铁又哪有意志这般的坚韧。
我们剥去了虚伪的外衣，
发挥了人类的理性和真诚。
没有丝毫粉饰和谦逊，
只有互相砥砺与批评。

要唱吧，我们就尽情地唱！
要吻吧，我们就尽情地吻！
一切烦恼苦痛，
早已融化在爱之炉中。

可是曾几何时，
命运又使我们分别远行。
我是一个贫苦工人，
在这悲壮的别离的前夜，
既没有美酒佳肴来为你们饯行，
又没有美妙的诗歌安慰你们的心灵。
我只有一颗赤热的心，
赠给我挚爱的潮和挚爱的箴！

潮啊！挚爱的潮啊！
你也不用苦恼不用焦心，
历史的经验要认真的总结，
全部的理论要有系统的去探寻。
牢监就是我们的大学，
铁练更体验了革命的人生。

箴啊！挚爱的箴啊！
你不也用留恋不用悲愤，
今而后你要深入到褴褛污秽的阶层。
那儿能产生人类真正的艺术，
那儿能创造出伟大的时代的作品。

时代的车轮是在急剧的转动，
愿我们努力与郑重。
今日的囚徒，
就是明日的主人。

张恺帆回忆
一九八六年八月廿三日

① 1934年在龙华监狱所作，1986年8月23日由张恺帆回忆书写。
② 左洪涛别名。

“特支”十年屡建奇功

全国抗日战争中，左洪涛与一批文化界人士和中共党员奉命加入张发奎的第八集团军，组织战地服务队，在国民党军队内开展革命工作。1937年10月2日，在周恩来、博古、潘汉年等的直接领导下，成立了中共第八集团军特别支部（简称“特支”），直属中共中央长江局领导。左洪涛为首任“特支”书记。

“特支”“潜伏”十年（抗战胜利后撤出），屡建奇功。1941年联合“进谏”，劝说张发奎放弃软禁越南共产党主席胡志明的计划；1944年夏秋间当日军进逼时，奉周恩来指示不遗余力协助滞留桂林的田汉、邵荃麟、端木蕻良等一大批党内外文化工作者和民主人士安全转移；1946年年初在广东国共双方谈判东纵北撤时，冒着生命危险及时将情报送达上级组织，并及时截获蒋介石对我武装部队集结时“聚而歼之”的密电，挫败了敌人的阴谋计划。

1938年1月，战地服务队参加淞沪会战后，在浙江江山休整。前排：左五为张发奎，左七为杜国庠；中排：左五为左洪涛，左十为林默涵，左十一为何家槐；后排：左五为刘田夫，左三为杨应彬。

1985年12月，原中共“特支”先后四任书记合影于广州。左起：左洪涛、刘田夫、孙慎、郑黎亚。

張向華將軍逝世十周年祭

向華將軍遠見卓識，愛國愛民，在北伐和抗日戰爭時期，延攬不少進步人士，團結對敵，英勇善戰，功勳卓著，榮膺“鐵軍首領”“抗日名將”稱号，即使在一九四六年夏國共和談破裂、全面內戰爆發，雲集廣州工作之進步人士，處境艱險，仍賴他之維護援助，相繼安全撤退。于此，謹以至誠致以崇高敬意而深切懷念！

左洪濤敬題 一九八九年十一月十六日

1989年11月，左洪涛手迹。其中所写张向华即张发奎。

“抗敌演剧队”是中国共产党领导的以演剧方式进行抗日宣传的文艺团体，全称为国民政府军事委员会政治部抗敌演剧队。

1946年夏，国共两党关系再次恶化，云集广州的演剧五队、七队、新中国剧社，以及一批社会名流均遭到威胁。左洪涛委托以广州行营中将为掩护身份的中共地下党员吴仲禧，携带一份密报飞赴上海。周恩来当即复示：“相机撤退。”

1988年10月，在武汉召开抗敌演剧队成立50周年纪念会。右起：周巍峙、张光年、左洪涛。

1946年，军事委员会政治部抗敌演剧宣传队第五第七队复员合影。

粤赣湘边红旗飘

1946年9月左洪涛撤至香港，任中共香港工委党派组总负责人，1947年7月到粤桂边任参谋长。从此，他从隐蔽战线转到直接指挥战斗，参与指挥东江南岸武装斗争、解放老隆战役。

1948年12月，中共粤赣湘边区党委在惠阳县安墩镇黄沙村（今属惠东县）召开会议。图为与会的领导人合影。右起：梁威林、黄松坚、尹林平、左洪涛、黄文俞。

为了扩大武装力量、发展区内经济、做好迎接全国解放的准备工作，1949年4月1日，粤赣湘边区党委决定以粤赣湘边纵队政治部名义在全区发行“公粮债券”。券下印有主任“左洪涛”（方形印章），券面盖有一枚红色长方形印章“中国人民解放军粤赣湘边纵队政治部关防”。

1949年接收广州时，三个战友在军管会。右起：左洪涛、尹林平、饶彰风。

历史终能证是非

1966年开始的“文化大革命”中，左洪涛受尽迫害，度过了11年监禁生涯。一天深夜，左洪涛还经历了一次假枪毙，他高呼口号，视死如归。

1980年12月8日对左洪涛来说是极不寻常的一天，他作为广东省唯一的代表，出席了审判林彪、江青反革命集团的公审大会并出庭作证。

1986年春节，全国政协原主席邓颖超在广州松园宾馆接见左洪涛。

1979年，左洪涛（左）与老战友尹林平合影。

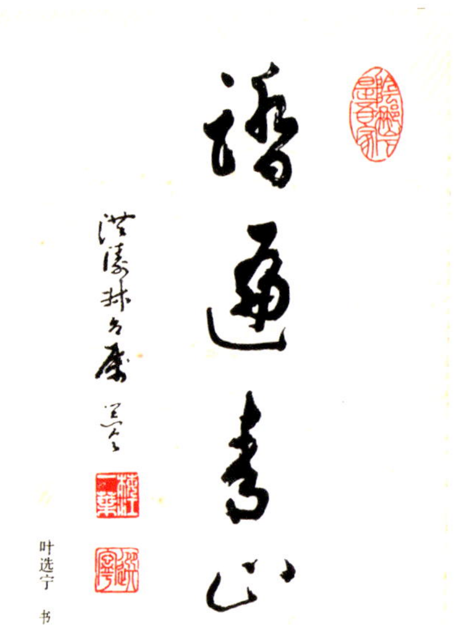

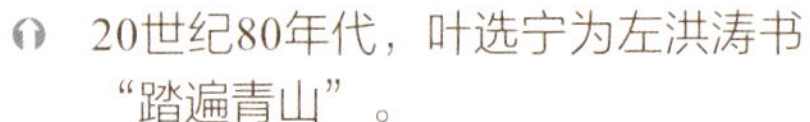
20世纪80年代，叶选宁为左洪涛书“踏遍青山”。

1986年，出席全国黄埔军校同学会时，与副会长宋希濂（前右）步入餐厅。左洪涛（前左）当时为广州地区和广东省黄埔军校同学会会长。

年轻时的胡重华。

家人

左洪涛夫人胡重华，浙江奉化人，1937年8月在浙大读书时参加革命，《奉化日报》当时于头版头条报道：大家闺秀投笔从戎。1943年经周恩来亲自批准入党。抗战时期在抗敌演剧队和香港做地下工作，解放战争时期在粤赣湘边纵队任妇女队长。其父与蒋介石为同班同学，留学德国专攻军工机械，当年蒋邀请其任军械部部长，被婉拒。

1958年，左洪涛一家摄于广州。

“文化大革命”刚结束，左洪涛的儿女到广州重型机器厂看望解除武装监禁尚未安排工作的父亲。

1988年，左洪涛与家人在广州。

邝启常

1915—1984

追求真理 矢志不移

大事年表

1915年10月	出生于广东开平水口镇泮村。原名邝杞恒
1930年夏	到广州就读于知用中学
1932年	考入广州新闻学院，期间组织成立“时事问题研究会”
1934年	到北平就读中国大学。开始研究马克思的《资本论》
1935年夏	东渡日本求学，接受共产主义思想。次年在东京加入中国共产党，并任中共东京支部小组长，在“文化座谈会”主讲政治经济学
1937年	卢沟桥事变后，回到国内参加抗日工作。任广州中共地下党支部书记，参加“广东省救亡协会”，组织“读书会”“教师会”等
1938年6月	受上级党组织委派，到广东台山组建中共台山支部，担任第一任支部书记
1938年10月	被组织派往延安，先后在延安中组部干训班及马列学院学习工作、在八路军总政治部敌工部任党支部书记、研究员。在三五九旅南征干部队任组长
1945年	抗战胜利后，跟随部队转战东北。历任长春市公安局科长、小丰满水电站军代表，吉林省工矿局、林务局局长，吉林省政府总支书记
1949年8月至1952年	先后在东北财经委、计委工作，并任中共东北财委总支委员、支部书记
1952年12月	奉命调往北京。 历任国家计委轻工局处长、副局长，国家经委轻工局局长、生产办公室副主任、顾问，国家经委党委委员等职
1984年11月	在北京病逝

20世纪30年代初，学生时代的邝启常在广州。

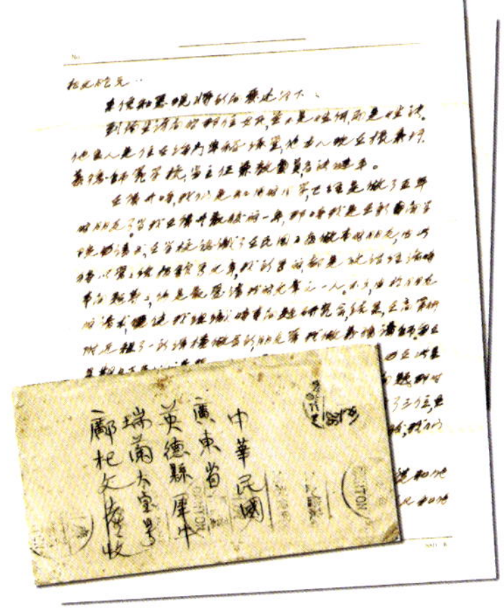

1935年10月26日，邝启常在日留学期间，给兄长的家信。

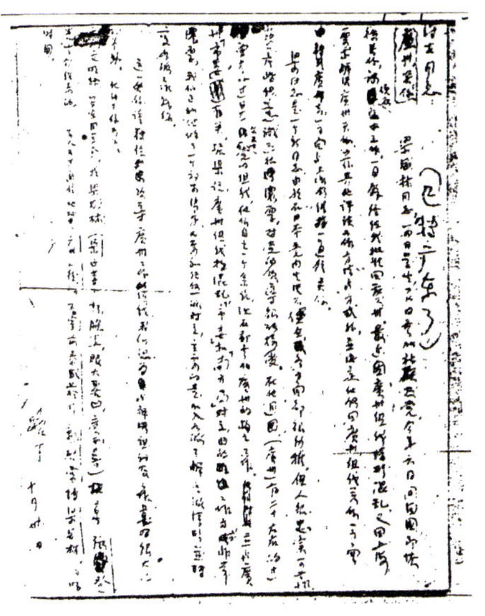

1937年10月30日，路丁致函博古。

邝启常在青少年时期就执著寻求民族解放振兴之路。1936年在日本留学期间，终于在中共东京支部[①]的大旗下，找到人生目标，走上追随中国共产党、为民族解放事业献身的征途。从南粤地下党到奔赴延安，从八路军总部敌情研究员到国家经济建设工作者，他总是满腔热情地关心和投入党的事业，用毕生精力实践自己参加革命和入党时的诺言。

热血赤诚

1933年，邝启常就读广州新闻学院期间，树立了学习知识、报效祖国的理念，积极投身抗日救亡运动。他经常投稿给《广州民国日报》，发表对时事政治与经济民生问题的看法，发起组织成立“时事问题研究会”，担任义务讲师，向校内外学生和青年进行宣讲，激励大家的爱国热情和抗日救亡意志。

邝启常在家信中回顾在广州读书期间，组织“时事问题研究会”、开展宣讲抗日救亡思想的活动等：“那时（注：1933年）我是在新闻学院读书，在学校认识了广州《民国日报》做事的朋友，因此得以常常给报馆写文章。我所写的，都是政治、经济、时事问题等等。不久，由于朋友的请求，我组织了‘时事问题研究会’，在（广州）高第街附近租了一所洋楼做会所。朋友推举我做义务讲师。在每星期日下午必讲习一次，所讲的题目是根据在本星期内所发生的国际、国内的政治、经济、时事问题。”

党的事业的追随者

1935年夏，中共东京支部成立之初，积极物色对象，发展党员，对信仰马克思主义、拥护共产党，经过斗争考验的忠实可靠的积极分子，个别吸收入党。在日本东京留学的邝启常成为一名中共党员。

1937年，路丁（即王尧山，时任上海地下党组织与中共中央之间的联络人）致函博古（即秦邦宪，时任中共中央组织部部长），将梁威林等回国抗战的中共东京支部党员的组织关系，转至广州市委。函称：

……请转给广州工作的组织，我们认为在解决组织及工作上是有很大的帮助。他的关系如下：

广州文明路，留东同学会，找梁威林。……去人可先通信，地址是：广州一德路石室前泰盛烟行，邝启常转梁威林。约好时间。

路丁

十月卅日①

1938年8月，邝启常（右）在广东台山。照片下方，邝启常手书马克思名言，因此警示自己，革命征途，路不平坦。

函中提及通信地址，即为邝启常学生时代广州读书时的住所和其父辈行商住所。1937年，邝启常和回国参加抗战的战友们，将这里设为组织活动的地下联络点，开展“留东同学抗敌后援会”和其他抗日宣传活动。

1938年6月，邝启常受党组织委派，到广东台山开展抗日宣传活动，次月组建中共台山支部，邝启常任支部书记，恢复重建了中共台山地方党组织。

战斗在延安

1938年，广州沦陷后，邝启常被党组织派往延安，进入中组部干训班及马列学院学习工作。后调往八路军总政治部敌工部，在“日本问题研究会”任研究员。其间，他在《解放日报》专栏《敌情》上，发表多篇文章，刊登日本政治、经济、工业和军事动态、时事评论以及介绍日本知识短文等。

延安《解放日报》的《敌情》专刊，毛泽东每一期必读，并亲自手书“敌情”刊题（1943年1月6日第33期《敌情》启用）。

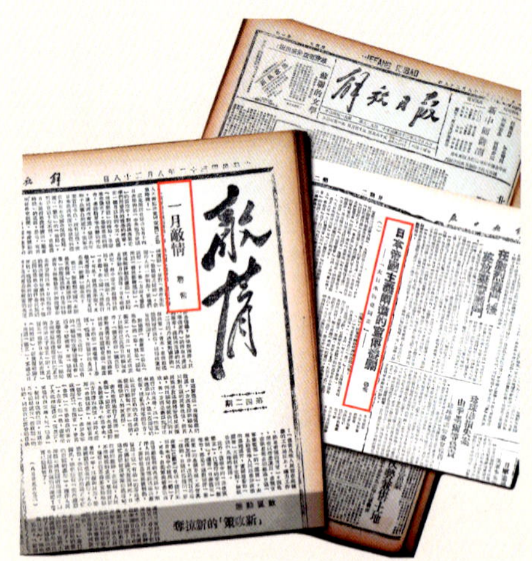

1941—1945年，延安《解放日报》的《敌情》专刊上，邝启常发表文章。

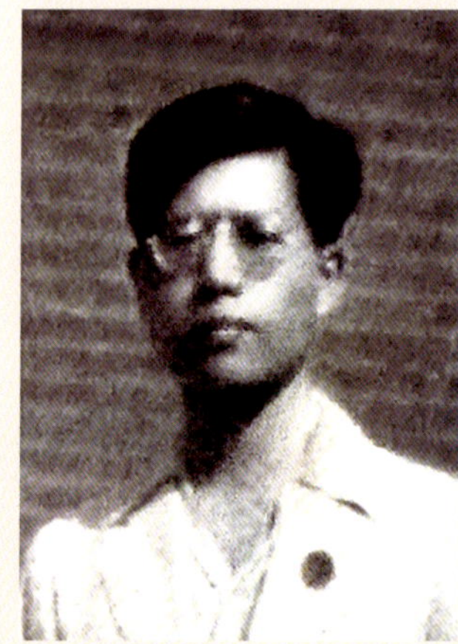

1938年，邝启常在广东台山组建党支部。

20世纪40年代初，邝启常在延安。

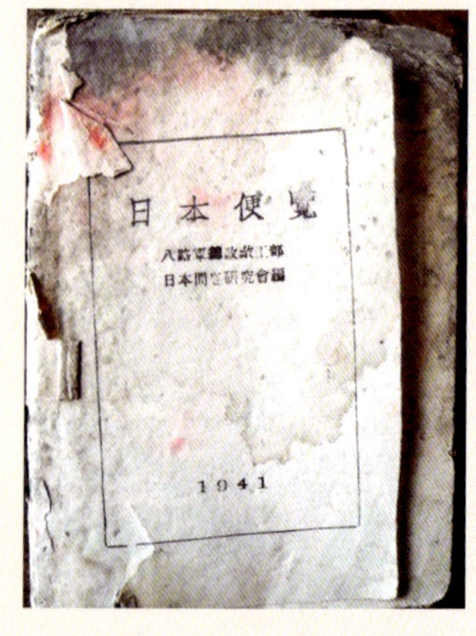

1941年，八路军总政敌工部编辑出版的《日本便览》。

① 此信收录于中央档案馆、广东省档案馆编：《广东革命历史文件汇集》甲种本第36辑，1986年印。

转战东北

1945年中共七大后，中央决定抽调在延安的部分两广和湖南干部，组建“南征支队”挥师南下，邝启常被选入“南征干部大队”。行军中途传来日军投降消息。随即大部队按中央的调整部署转战东北。抵达后向东北局报到，邝启常被分配到吉林省工委工作。

1947年，邝启常、文耘夫妇在长春。

1947年10月，调派邝启常任吉林省工矿局局长。在新的工作岗位上，无论在为部队供应物资，还是地方工业建设方面，邝启常都出色地完成了各项任务。扎实的工作作风和超强的工作能力，使他在工矿局树立了很高的威信。

1948年10月，邝启常出任吉林省林务局局长后，扭转当地落后的林业生产经营方式，改善林区生产管理无政府状态，他的足迹遍及林务局管辖的木材采伐作业区，确保部队物资供应和解放区建设需求。

20世纪40年代末期，邝启常、文耘夫妇分别在吉林省政府不同机关工作，几年下来，两人聚少离多。离开延安时，毛泽东所讲“馍馍少吃几个，担子多挑几斤”，一直是邝启常在艰难年代里的行动准则。

1948年，邝启常在吉林。

1948年6月，邝启常（二排右三）与吉林省工矿局同事合影。

20世纪40年代末，邝启常、文耘夫妇在吉林。

20世纪50年代初，邝启常在东北财经委办公室。

1949年1月，邝启常（后排中）、文耘（前）夫妇与吉林省林务局同事合影。

1949年8月，邝启常使用过的中国人民解放军（两广干部大队大队部）胸标。

1950年8月，邝启常（后排左四）在东北经计委与同事送别苏联专家。

1950年，在东北经计委，邝启常（左）与同事合影。

1949年，解放大军乘胜向南挺进，中央决定从东北地区选派大批党政干部随军南下，以建立新的解放区政权。8月，邝启常、文耘夫妇同时接到上级命令，编入南下干部队伍。邝启常被编入“两广干部大队大队部”，随即离开吉林，前往沈阳报到。同月，邝启常调到东北人民政府财经委，主管轻工计划工作。他与苏联援华专家一道，开展整个东北解放区的全面性、政策性的经济计划管理工作，为党实现工作重心由乡村转到城市、由军事斗争转到经济建设上来的历史跨越，做出了自己的贡献。

1952年，邝启常（左一）与东北经计委进京人员合影。

在经济战线

1952年12月，邝启常奉命调往北京，来到国家计委，负责轻工业发展和建设工作。1956年5月，调往国家经委工作。

1956年，为突破西方国家对华封锁、巩固友好邻邦，我国政府派出经济代表团，由邝启常任副团长，率团访问乌兰巴托等地，与蒙古国政府谈判并签订多项经济技术援助协定。

20世纪50年代末60年代初，邝启常曾两度参加我国政府的经济援助代表团赴越南讲学，介绍中国经济发展建设经验，探讨越南经济发展道路。

自从50年代中，邝启常每年多次进行全国范围内轻工行业的实地考察和调研，为国家经济计划决策提供可靠依据。

20世纪50年代初，邝启常（前排左六）与国家计委轻工局同事在北京办公大楼前合影。

20世纪50年代中，邝启常在国家经委。

中華人民共和國國务院
任命書

任命鄺啓常为國家經濟委員会輕工業計划局局長
总理
第5420号
1956年11月16日

任命鄺啓常为國家經濟委員会生产办公
副主任
理
1964年6月5日

周恩来总理签署国务院任命书，先后任命邝启常为国家经委轻工局局长（1956年11月16日）、生产办公室副主任（1964年6月5日）。

1959年6月，邝启常（前排右六）在越南讲学。

1961年5月，邝启常（左三）在苏州出差。

大事年表

1903年6月	生于广东琼山（今海南海口市）云龙镇长泰村。别名裕球、继周
1919年	就读于琼山中学，参加府海地区五四运动
1925年	考入上海大夏大学预科班读书，开始接受革命思想
1926年年初	因经济困难停学返琼，投身农民运动。4月，任海口郊区农民协会办事处主任，9月加入中国共产党
1927年	任中共琼山县委书记，琼崖工农讨逆革命军第六路军党代表并率部参加全琼武装总暴动
1929年至1930年	任中共澄迈县委书记、琼崖特委常委、书记，组建琼崖工农红军独立师和红色娘子军连
1932年至1933年	率领红军抗击国民党军队对苏区的“围剿”，坚持8个多月艰苦卓绝的斗争，支撑着琼崖革命旗帜始终不倒
1936年至1939年	主持召开中共琼崖特委四届五次扩大会议，成立琼崖红军游击队司令部。琼崖红军游击队改编为“广东民众抗日自卫团第十四区独立队”（后为独立总队），任独立队队长、总队长
1940年至1944年	任琼崖特委书记兼任军事委员会主席、独立总队总队长和政委，琼崖东北区抗日民主政府主席，琼崖独立纵队司令员兼政委
1947年至1948年	任中共琼崖区委书记，中国人民解放军琼崖纵队司令员兼政委
1950年至1951年	任海南军政委员会副主席，海南区委会书记（后称第一书记），海南军区司令员兼政委，海南行政公署主任
1952年至1954年	任中共中央华南分局委员兼统战部部长，广东省人民政府副主席，当选为第一届全国人大代表，任中共广东省委常委、书记处书记、副省长
1955年9月	任第一届国防委员会委员。荣获中华人民共和国一级八一勋章、一级独立自由勋章和一级解放勋章
1956年9月	出席中共八大，当选为中央候补委员
1957年12月至1958年	在广东开展的反“地方主义”运动中受到错误处分，撤销所担任的广东省和海南军区的领导职务，下放广东省三水县劳动锻炼
1963年4月	调任中共浙江省委委员、副省长
1973年7月	在北京逝世
1983年2月	中共中央发通知（中共中央〔1983〕8号文件），为冯白驹、古大存同志恢复名誉

冯白驹

琼崖之子

1903—1973

20世纪20年代中期的冯白驹。

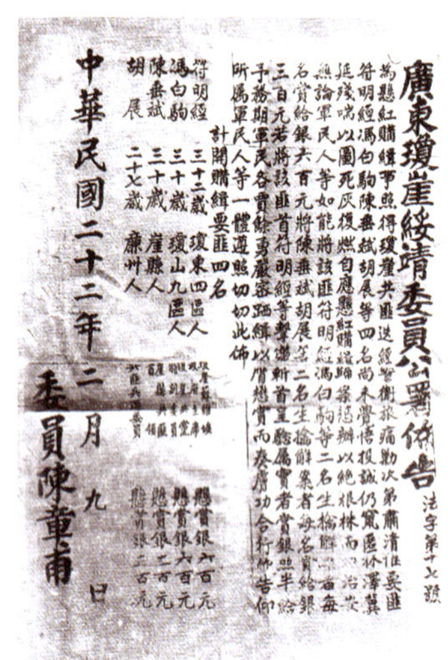

廣東瓊崖綏靖委員公署佈告 法字第十七號

為懸紅購緝事照得瓊崖共匪迭經督衛旅痛勦次第肅清惟要匪符明經馮白駒陳垂斌胡展等四名尚未[illegible]仍竄匿林澤冀延殘喘以圖死灰復燃自應懸紅購緝[illegible]以絕根株而[illegible]治安無論軍民人等如能將該匪符明經馮白駒等二名生擒解[illegible]者每名賞給銀六百元將陳垂斌胡展等二名生擒解案者每名賞給銀三百元若將該匪首符明經等擊斃斬首呈驗屬實者賞銀照半給予務期軍民各[illegible]勇嚴密踹緝以膺懋賞而奏膚功合行佈告仰所屬軍民人等一體遵照切切此佈

計開購緝要匪四名

符明經 三十二歲 瓊東四區人 懸賞銀六百元
馮白駒 三十歲 瓊山九區人 懸賞銀六百元
陳垂斌 三十歲 崖縣人 懸賞銀三百元
胡展 二十七歲 廉州人 懸賞銀三百元

中華民國二十二年二月九日

委員陳章甫

1933年2月，敌人一面搜山，一面张贴“悬赏”缉拿冯白驹等革命者的布告。

土地革命战争、抗日战争和解放战争时期，海南岛上活跃着一支由中国共产党领导、从琼崖红军到琼崖纵队的人民武装，在孤岛奋战、极其艰难的环境中，创立了武装斗争“二十三年红旗不倒”的光辉业绩，得到毛泽东和周恩来的高度评价。冯白驹是琼崖革命武装和根据地的主要创建者和领导者之一，他一身铁骨，一面旗帜，功勋卓著。

艰苦卓绝的斗争

1929年，冯白驹为中共琼崖临时特委3名常委之一，主持工作。1930年4月，在琼崖特委第四次党代会上，冯白驹被正式选举为特委书记。同年8月成立“中国红军第二独立师”。

1932年7月，国民党陈汉光警卫旅和一个空军中队抵琼，对苏区进行第二次“围剿”。独立师奋勇反击，但终失利，师主力撤回母瑞山根据地。敌军乘势集中优势兵力向母瑞山进攻，形势险恶。此时，冯白驹率领机关和警卫连100多人，与党中央和各县委均失去联系，孤军在母瑞山坚持了8个多月的艰苦斗争，最后剩下26人。

冯白驹在1968年6月写的《关于我参加革命过程的历史情况》中，对母瑞山那段艰苦斗争岁月这样回忆：冬天季节，山上也非常寒冷，我们用香蕉叶做草席来睡，盖的也是香蕉叶，很长时间，没有吃过一粒米，油、盐、肉等更不用说了。但不管环境如何恶劣，生活如何困难，都不能丝毫动摇我们革命的决心和斗志，我们坚信，革命是一定要胜利的。

这支队伍于1933年4月成功突围回到琼山老区。

正确对待“北撤”与“南撤”

1946年2月，中共广东区委派联络员到琼崖，传达中央关于琼崖纵队北撤的指示。冯白驹召集特委、琼纵主要领导成员会议进行了认真的研究贯彻。在分析了琼岛特殊地理条件和敌我斗争状况后，琼崖特委发出《执行上级指示继续坚持自卫斗争的决议》，提出继续坚持自卫斗争的措施。

琼崖纵队女战士。

1940.11.23.　发桂林转琼崖

冯白驹同志：

十九日电悉。顽军有向你们进攻可能，你们应从军事上、政治上加紧准备粉碎其进攻。其方法是待其进攻时，集中主力打其一部，各个击破之。

毛 朱 王

1940年11月，党中央电报指示琼崖特委和冯白驹，在军事上、政治上粉碎国民党顽军的进攻。图为由毛泽东、朱德、王稼祥签署的电报复印件。

1946年6月底，东江纵队开始北撤。8月，中共广东区委指示：全国内战爆发后，广东将出现黑暗的局面，琼崖斗争将更加困难，因此，琼崖纵队主力须撤往越南。冯白驹深感这是一个关系琼崖革命生死存亡的重大问题。琼崖特委认真研究分析琼崖的实际：国民党军队正严密控制沿海渡口和船只，以围剿我军，强行南撤，将遭敌围歼；即使能安全撤出，今后又怎么打回来？据此，琼崖特委一致决定暂不执行南撤指示，并请示中央，说明理由。党中央非常重视此事，毛泽东亲自拟稿回示：你们的意见很对，应坚决坚持斗争。

解放战争时期琼崖纵队司令员兼政委冯白驹。

琼崖纵队领导在研究接应南下大军的作战方案。右侧蹲者为冯白驹。

琼崖纵队冯白驹司令员（中）、黄康副政委（左）、吴克之副司令员（右）摄于解放海南战役期间。

接应解放海南岛

1950年1月10日，毛泽东就琼岛作战问题电示渡海登陆作战部队的四野司令员林彪：“海南岛与金门岛情况不同的地方，一是有冯白驹的配合，二是敌军战斗力较差……”在琼崖特委的组织动员下，海岛军民从筹资筹粮、提供情报等方面，有力地接应和配合第四野战军渡海登陆作战，解放海南岛。

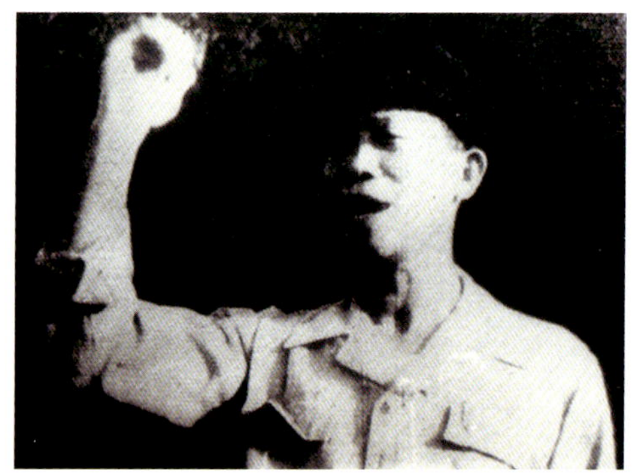

冯白驹在琼崖纵队司令部召开接应野战军渡海作战大会上作战斗动员。

1950年5月10日，渡海作战部队和琼崖纵队首长在海口五公祠的苏公祠门前合影。前排左二为冯白驹，左三为邓华。

1950年5月1日，海口市各界人民隆重集会欢庆海南解放，邓华、冯白驹与三万多名群众出席大会。右图为大会盛况；左图为冯白驹在大会上发表讲话。

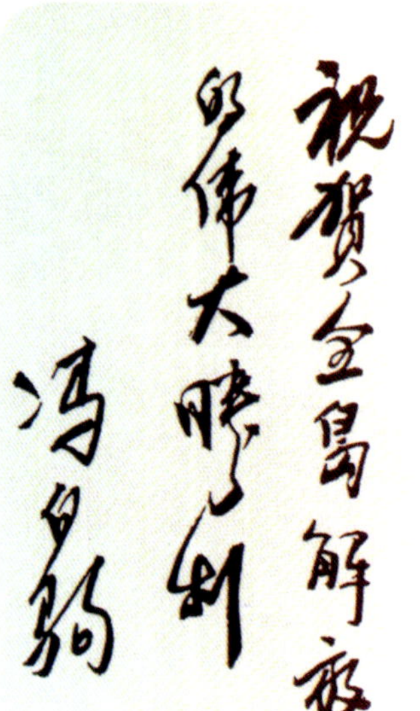

1950年5月，冯白驹为海南全岛解放题词。

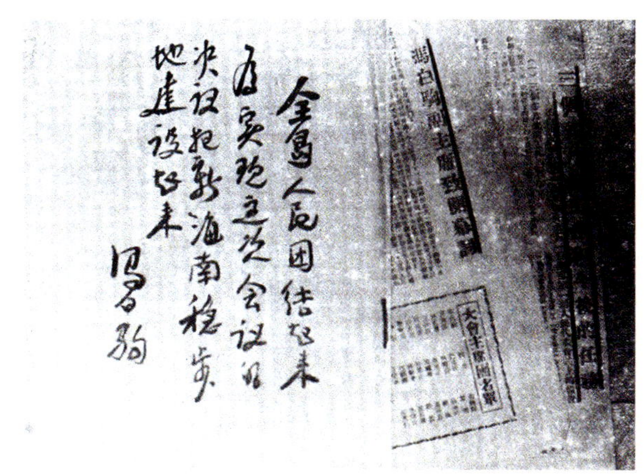

1950年9月，冯白驹在海口召开的海南各界人代会上作《三个月的工作和今后的任务》的报告。图为会议题词。

1950年8月7日，冯白驹（前排左六）与出席海南青年工作会议的全体代表合影。

出任广东省副省长

20世纪50年代初，广东省人民政府副主席冯白驹作《关于第一届全国人民代表大会第一次会议的传达报告》。

20世纪50年代中期，冯白驹（左二）会见外宾。

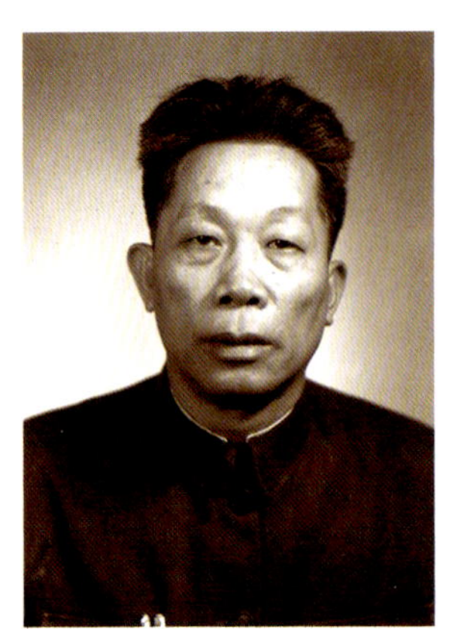

冯白驹。

1961年2月，冯白驹（后排左一）和郭沫若（前排左二）等游天涯海角。

为浙江人民办好事

1963年，冯白驹到浙江工作后，曾对一些同志倾吐了自己的肺腑之言："我年纪大了，身体又不好，来浙江唯一的心愿是想在自己有生之年，能为浙江人民办一两件有益的事。"

不久，冯白驹便带着干部和医务人员深入到全省各地了解情况，进行调查研究。浙江省地方病较多，如血吸虫病、钩虫病、丝虫病等，其中对人民健康威胁最大的是血吸虫病。冯白驹感慨地说："共产党要关心人民疾苦，中华人民共和国成立已经十多年了，还没有摆脱血吸虫病这个疾苦，怎么向人民交代？"

1963年4月，冯白驹调任中共浙江省委员会委员、副省长，分管文教卫生工作。

1965年7月，冯白驹（左四）参加在黄山召开的中央血防工作会议，与夫人曾惠予（左二）、儿女及身边工作人员合影。

1965年12月1日，冯白驹（前排左五）与浙江医科大学在常山从事血防工作的科研人员合影。

冯白驹经过分析研究，以一个老将军敏锐的战略眼光，主张集中优势力量以灭螺作为血吸虫病防治的突破口。他向省委写了调查报告，提出对全省血防工作的建议。不久，浙江省委决定由冯白驹兼任省委血防领导小组组长，接着中央又委任他为南方十三省市血防领导小组成员。

冯白驹像战争年代那样，部署和指挥全省的防治和消灭血吸虫病的战役，并带头深入前线。仅三年时间，浙江全省血吸虫病得到控制，病例迅速减少，成绩显著，受到华东局的称赞。当时的《解放日报》在第一版作了详细报道，充分肯定冯白驹卓有成效的工作。

冯白驹参加中央血防工作会议在黄山留影。

1966年秋“文化大革命”中遭受迫害被隔离审查。图为被隔离审查前，在住宅门前留影。

将军晚年

1971年，冯白驹与前来医院探望的儿子冯尔生合影。

1971年，冯白驹在北京治病好转后，回杭州时和夫人曾惠予在住宅合影。

家人

夫人曾惠予（1920—2004），广东文昌（今属海南）咸来村人，土地革命战争时期参加革命。离休前为浙江省人委办公厅干部，晚年安置到广东省干休所享受副厅级待遇。

曾惠予。

1956年春节，冯白驹、曾惠予夫妇在广州合影。

海南解放初期，冯白驹一家在五公祠边旧居合影。

1971年，冯白驹夫妇在杭州。

1962年，冯白驹全家照。

晚年的冯白驹。

1983年2月9日，中共中央〔1983〕8号文件决定：撤销1957年12月广东省委第八次全体会议（扩大）《关于海南地方主义反党集团和冯白驹、古大存同志的错误的决议》，撤销对冯白驹、古大存同志原处分的决定，恢复他们的名誉。冯白驹、古大存同志都是我党的老党员，他们在极其艰苦的条件下，长期坚持武装斗争，对党对人民是有重要贡献的。

冯白驹的一生，无论是战争年代还是和平年代，都是奋斗的一生、光辉的一生，他为国家和人民的事业建立了卓越的功勋。图为现分别位于海南省海口市冯白驹故居和人民公园内的冯白驹雕像，上面有邓小平亲笔题写的“冯白驹将军”。

大事年表

1909年	出生于广东兴宁宁新镇义尚围，幼年丧母，被过继到新圩镇虎洞村青塘溪。家名伍晋兰，字畹香
1926年	在兴宁县立中学读书时加入青年革命先锋团，担任县农会文书
1927年	加入中国共产党。参加中共兴宁特支领导的“九三”农民武装暴动，任交通员。参加广东工农革命讨逆军（后为广东革命军）第十二团，任团部宣传员
1928年	先后任中共梅南区委书记、梅城工委书记、五华赤卫大队政委等职
1931年前后	进入赣南中央苏区，先后任红一方面军独立三师政治部青年科科长、组织科科长，红二十一军政治部宣传科科长，十三团政治处主任等职。参加中央苏区反“围剿”斗争
1934年10月	随中央红军主力长征，任红一方面军第三军团政治部破坏部（敌工部）部长等职
1935年至1936年10月	先后任西北革命军事委员会后方办事处破坏（敌工）科科长、陕北红二十八军政治部主任
1937年至1945年	先后任八路军一二〇师三五八旅七一六团政训处主任，雁北支队政治处主任，第四纵队政治部主任，冀热察军政委员会委员，八路军冀热察挺进军、三五八旅政治部主任，八路军留守兵团政治部副主任等职
1945年4月	作为正式代表参加党的七大。6月任广东干部队政治委员，随八路军第二支队南下
1945年秋至1949年	先后任中共吉林省工委副书记、吉林省军区副政委，东满军区政治部主任、吉北地委书记兼军分区政委，东北民主联军独立三师、第十纵队第二十九师政委，安东省第四地委书记兼军分区政委、中共安东省委办公室主任等职
1949年11月起	先后任中共广东北江地委第一书记，粤北、粤中区党委第一书记，并兼任这些地区军分区（军区）政委。是中共中央华南分局委员
1954年夏起	历任中共广西省委第二副书记、广西壮族自治区党委书记处书记，兼任自治区党校校长、自治区监委会书记等职。先后出席第一、第三届全国人民代表大会
1966年	“文化大革命”期间遭受冲击和迫害
1975年11月	接中共中央组织部通知进京待命
1977年12月	任陕西省第四届政协副主席
1983年	经中共中央批准，其“文化大革命”中冤案予以彻底平反，恢复名誉
1984年	离休（正省级待遇），定居广州。1991年出版《晚年诗抄》
1999年3月	在广州逝世

伍晋南

转战南北写赤诚

1909—1999

伍晋南从参加红军二万五千里长征抵达陕北延安，到挺进冀热察抗战前线；从转赴东北战场，到率队南下广东，又奉调八桂之乡，可谓转战南北。在部队长时间从事政治工作，到地方后也主要分管党务和文教宣传。经历了战争年代的生死考验和建设时期的艰难磨砺，他始终对党和人民无比忠诚；一路走来，印记了坚毅、从容、豁达的品格和儒将之风。

不泯的长征情结

1934年10月，伍晋南随中央红军从赣南中央苏区出发长征。一次战斗中，敌人一颗子弹擦着他的头顶飞过，额头一缕头发焦了，他与死神擦肩而过！进入草地后，伍晋南染上了“打摆子”，又误吃了有毒的野菜，寒战高烧，上吐下泻，身体十分虚弱。好在当时团干部备有马骑，行军时靠马驮着，人虽昏沉，但不断默念着“不能掉队呀”。坚强的意念让他战胜了死神，几天后，他终于随队走出茫茫的沼泽地。生死搏斗锻炼了他坚强的革命意志。

1986年纪念红军长征胜利50 周年之际，伍晋南以他的亲身经历，深情作《回忆长征》组诗，记述了二万五千里的伟大征程。

1996年，伍晋南(中)在参观广州农讲所举办的“广东纪念红军长征胜利60周年图片展览”时，勉励观众继承革命传统。

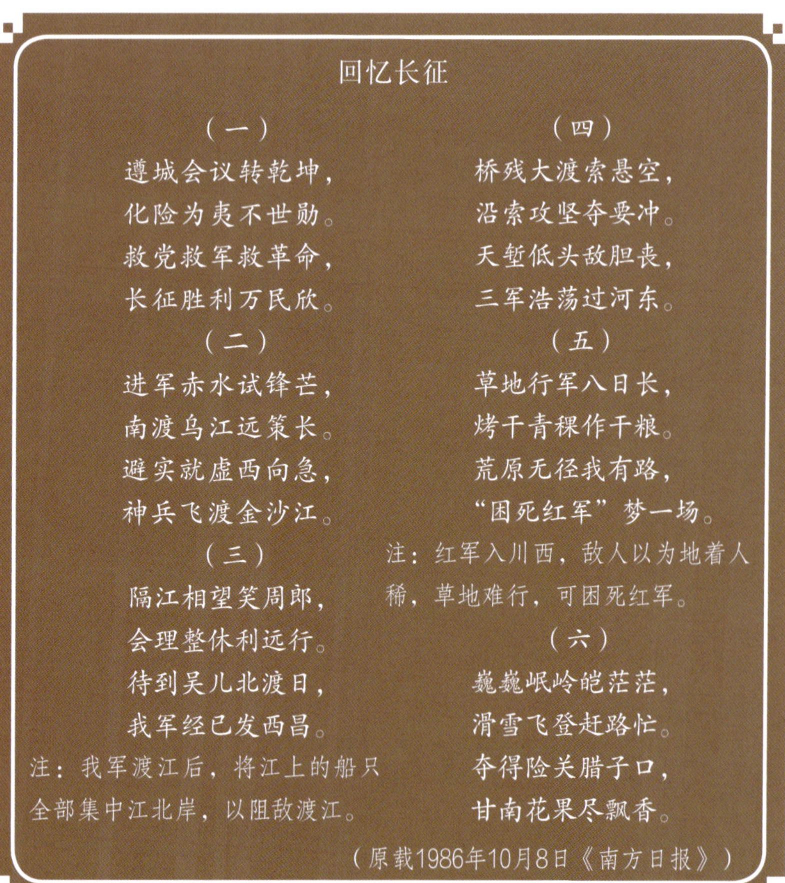

回忆长征

（一）

遵城会议转乾坤，
化险为夷不世勋。
救党救军救革命，
长征胜利万民欣。

（二）

进军赤水试锋芒，
南渡乌江远策长。
避实就虚西向急，
神兵飞渡金沙江。

（三）

隔江相望笑周郎，
会理整休利远行。
待到吴儿北渡日，
我军经已发西昌。

注：我军渡江后，将江上的船只全部集中江北岸，以阻敌渡江。

（四）

桥残大渡索悬空，
沿索攻坚夺要冲。
天堑低头敌胆丧，
三军浩荡过河东。

（五）

草地行军八日长，
烤干青稞作干粮。
荒原无径我有路，
“困死红军”梦一场。

注：红军入川西，敌人以为地着人稀，草地难行，可困死红军。

（六）

巍巍岷岭皑茫茫，
滑雪飞登赶路忙。
夺得险关腊子口，
甘南花果尽飘香。

（原载1986年10月8日《南方日报》）

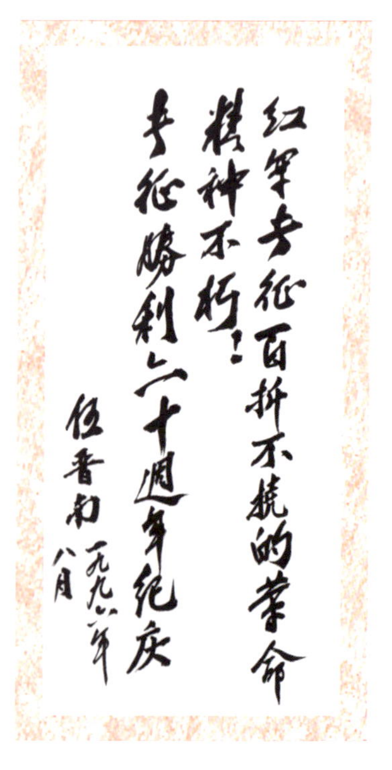

1996年，伍晋南所写“红军长征百折不挠的革命精神不朽！”的条幅。

1935年年底在陕北，中共中央决定组成红二十八军（红一方面军序列），军长刘志丹，政治委员宋任穷，政治部主任伍晋南。中革军委副主席周恩来亲自与派到红二十八军工作的中央红军干部谈话，嘱咐他们要尊重刘志丹和地方红军，互相学习，加强团结。红二十八军的干部们在工作中相处得很融洽。

1936年4月14日，刘志丹军长在山西中阳县围攻三交镇的战斗中不幸牺牲，遗体从阵地上抢送到镇里的一个院所。伍晋南和指战员们怀着悲痛的心情，当晚送别刘志丹的灵柩，由船运往党中央驻地瓦窑堡。

1996年，伍晋南（左二）与夫人梁淑如（左一）在广州家中，与前来看望的刘志丹的女儿刘力贞（右二）、女婿张光（右一）合影。

“你是我们的政治部主任”

1937年8月，中央洛川会议确定发动冀热边游击战争，建立抗日根据地。1938年4月，伍晋南所在的八路军雁北支队奉命从山西大同一带出发，向冀东挺进。同年5月，八路军第四纵队在平西斋堂地区组编，司令员宋时轮，政治委员邓华，政治部主任伍晋南。

6月，伍晋南率第四纵队的第三十六大队和骑兵大队，由平西出发到冀东与主力会合。在经过延庆千家店镇花盆村时，与热河伪满军一个营遭遇。伍晋南与干部们决定歼灭这股敌人。经过缜密侦察，我部迅速进入战斗状态。仅1个多小时战斗结束，我军大胜，毙敌100多人，其中包括日军副营长1名，俘敌300多人。此战极大地鼓舞了部队指战员的士气和群众的抗日热情。

抗战时期的伍晋南。

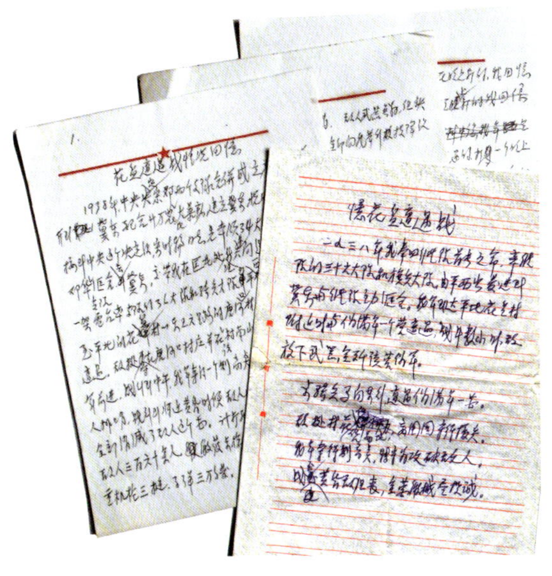

伍晋南晚年《忆花盆遭遇战》手稿。

伍晋南注重继承和发扬红军政治工作的优良传统，卓有成效地开展战时政治工作。1940年前后，八路军总政治部《八路军军政杂志》发表了挺进军政治部主任伍晋南所写《我们怎样粉碎了敌寇对平西的“春季扫荡”》（二卷七期）、《挺进军在冀热察的游击战争》（二卷十期）、《游击队在敌占区活动时的政治工作》（二卷十二期）等文章。

八路軍軍政雜誌

國民革命軍第八路軍政治部出版

我們怎樣粉碎了敵寇對平西的「春季掃蕩」

伍晉南

伍晋南在《八路军军政杂志》上发表的文章。

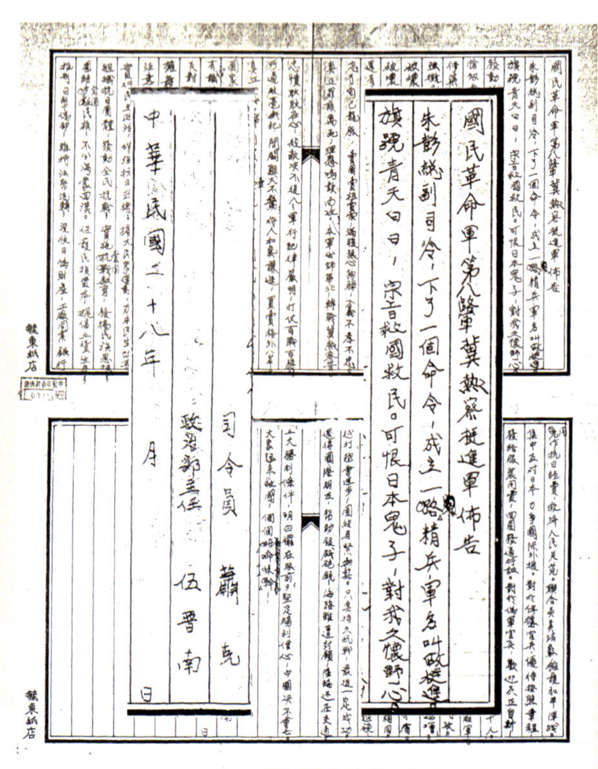

國民革命軍第八路軍冀熱察挺進軍佈告

朱彭總副司令，下了一個命令，成立一路精兵，軍名叫做挺進，旗號青天白日，宗旨救國救民。可恨日本鬼子，對我久懷野心

中華民國二十八年 月 日

司令員 蕭克

政治部主任 伍晉南

抗战时期，以八路军挺进军司令员萧克和政治部主任伍晋南名义发表的韵文布告，张贴在冀热察边及平津地区的村镇、街头。

抗战时期于北京门头沟斋堂马栏村冀热察挺进军司令部。左一为司令员萧克，左二为伍晋南。

1996年冬，在“纪念长征胜利60周年组委会”向广州地区老同志、老将军赠送《长征大事典》的仪式上，从北京来的萧克上将（右一）与伍晋南（左一）亲切交谈：“你是我们的政治部主任嘛！”

抗战时期，八路军第一二〇师师长兼晋绥军区司令员贺龙（前排右一）与王震（后排右一）、李井泉（后排中）、伍晋南（前排左一）等在陕北合影。（吴印咸摄）

1943年，山西省兴县蔡家崖，八路军陕甘宁晋绥联防军领导观看篮球比赛。第一排左起：伍晋南、贺龙、张经武、李井泉、晋绥军区政治部副主任孙志远。

抗战时期伍晋南（右四）与甘泗淇（右五）、张宗逊（右六）等在陕北合影。（吴印咸摄）

参加七大　转战东北

中共七大代表伍晋南。（吴印咸摄）

1945年4月，伍晋南作为晋察冀代表团正式代表，参加了党的七大。6月会议刚闭幕，毛泽东、刘少奇等中央领导找他谈话，交代南下广东工作的任务。当时中央的战略意图是，要在湘粤赣边建立抗日根据地，继之前已派出由王震率领的八路军南下支队第一梯队后，此次再组建第二梯队，司令员文年生，政委张启龙，其中伍晋南为广东中共七大代表和200余名南下军政干部队的政委。中央要求这支队伍迅速南下尽快抵达五岭地区。中央领导指示，要把中共七大精神传播到广东，把老红军的作风带到游击队中去，要有长期斗争的精神准备。伍晋南备受鼓舞。

在吉北工作时的伍晋南。

1945年8月，这支南下干部大队在行进中途接到中共中央电报："日本已投降，你部立即调头向东北挺进。"队伍日夜兼程，到沈阳后，伍晋南被任命为吉林省工委副书记兼省军区副政委，投入到解放东北的战争中。在各个岗位上加强党对地方武装的领导，开展林海剿匪，领导土改斗争，抓好支前，配合主力"三下江南""四保临江"等战斗。

北江地委首任第一书记

1949年春夏，伍晋南奉命从东北率广东干部队南下，同年10月回到阔别近二十年的老家广东，担任中共北江地委（后为粤北区党委）首任第一书记。

粤北的老同志谈及伍晋南在粤北的土改工作时，特别怀念他重大局抓好干部团结。1999年4月，张根生、李学先、何俊才、周明、李祥麟在《南方日报》发表怀念伍晋南的文章中讲道："1950年冬季，粤北区开始集中来自各方面2000多人的土改工作队。……伍（晋南）认真贯彻华南分局和叶剑英同志的有关指示，强调五湖四海、团结一致、互相学习。在土改整队中……以教育为主，团结了绝大多数人，没有提出反'地方主义'的内容。因此，在粤北地区外来的、本地的和军队的干部在团结方面搞得比较好，各县较早实现了干部地方化。"

1950年八一建军节，伍晋南在韶关军民庆祝大会上讲话。

1949年11月，广东北江地委高干会议合影。前排左起（不含小孩）：金阳、张尚琼、袁鉴文、张华、黄松坚、伍晋南、云昌遇、陆一清、黄桐华、何俊才、戴作民。

广西工作　精心主抓《刘三姐》

1958年3月，伍晋南（前排持花者右一）在广西壮族自治区第一届人民代表大会第一次会议主席台上。前排持花者左起：刘建勋、覃应机、贺希明、韦国清。

20世纪60年代初，广西彩调歌剧《刘三姐》演出盛况空前，影响巨大，成为当时广西文化繁荣的象征。时任自治区党委分管文教的书记伍晋南主抓了这项工作。

“文化大革命”中，《刘三姐》被诬为“毒草”，也成为批斗伍晋南的一大“罪状”。“文化大革命”后，《刘三姐》复演。半个多世纪来，该剧以其优美的民歌旋律和艺术形象饮誉海内外，至今长盛不衰。

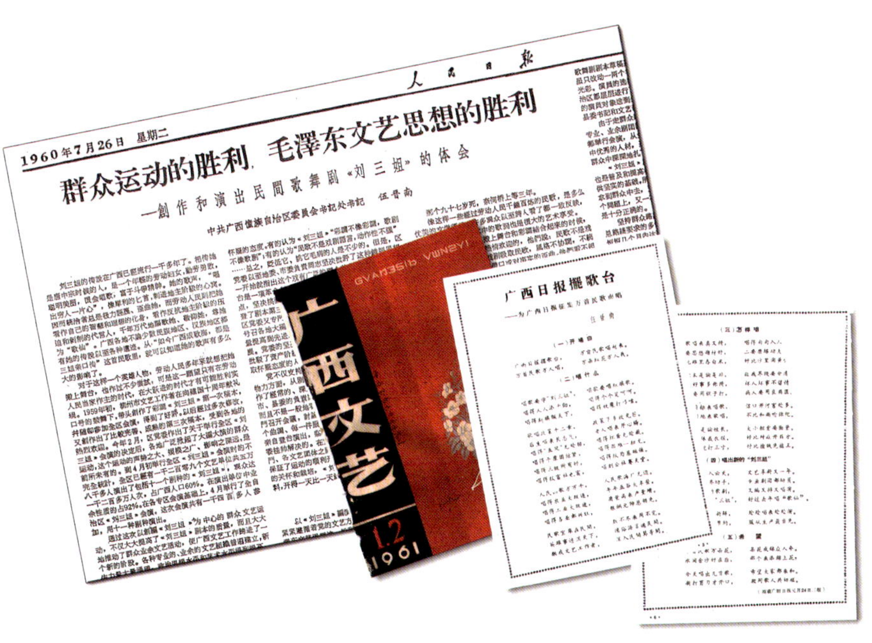

人民日报

1960年7月26日　星期二

群众运动的胜利　毛泽东文艺思想的胜利

——创作和演出民间歌舞剧“刘三姐”的体会

中共广西僮族自治区委员会书记处书记　伍晋南

广西文艺

1.2
1961

广西日报擺歌台

1960年7月26日，《人民日报》刊登伍晋南所写组织创作和演出《刘三姐》的体会文章；1961年1月，伍晋南发表《唱歌要学刘三姐，唱歌要唱红旗歌》的七字韵文。

壮家歌贤
百世流芳
伍晋南
1996年10月

1996 年，应《刘三姐丛书》编委会邀请，伍晋南为该书题词。

1966年开始的“文化大革命”中，伍晋南遭受迫害，被无休止地批斗，下放南宁机械厂监督劳动数年，被强加莫须有罪名长达十多年。他写下“心底无私天地宽”，表达了在逆境中坦荡的胸怀。

1977年年底，在自己冤案未解决之前，伍晋南服从安排到陕西省任政协副主席，但没有放弃对冤案的申诉。

1982年初冬，时任中共中央总书记胡耀邦在北京的家中，听取伍晋南对其有关冤案结论情况的简要汇报。胡总书记沉稳而温和地说：“这样的问题，可以有个结论，应该作结论的。”这一明确指示，使久拖的伍晋南冤案的解决，终于有了关键性转折。1983年6月，经中共中央批准，广西区党委做出《关于伍晋南同志的平反决定》，恢复政治名誉。平反消息公开见报。

中共中央组织部

伍晋南同志：

广西区党委关于你的平反决定，已经中央同意。现送上该决定一份（桂发[1983]406号），请收存。

敬礼

中央组织部干审局
一九八三年十月八日

广西日报
GVANGJSIH YIZBAU
1983年9月 29 星期四 癸亥年八月廿三
第11788号

区党委决定给予所谓“伍修集团”案彻底平反

本报讯 中共广西壮族自治区委员会最近作出决定：对“文化大革命”期间所谓“伍修集团”一案给予彻底平反。对原区党委书记伍晋南、贺希明，候补书记霍泛，原自治区人民政府副主席傅周田，区党委原宣传部副部长谢王岗，中共南宁市委原副书记袁家柯等同志，以及一切受株连的干部、群众和家属一律彻底平反，恢复政治名誉，对强加给他们的一切诬蔑不实之词彻底推倒。

区党委在《平反决定》中指出，所谓的“伍修集团”是根本不存在的。它是“文化大革命”错误的产物。他们在全区范围内受到的批判斗争，以及将某些所谓的批判材料编入中、小学课本，这些都是错误的。它严重地伤害了一大批老干部，在全区造成了严重的后果。为此，对被审查同志的结论，凡不符合平反决定精神者，应予修改，不留尾巴。一切有关材料的处理和各种善后工作，也按中央和区党委有关落实政策文件的精神切实做好。

区党委希望，通过对所谓“伍修集团”案的平反，将进一步发扬党性，克服派性，加强我区广大干部、群众之间的团结，在处理好“文革”遗留问题的基础上，为加速广西的四化建设、实现党的十二大所提出的战略目标而积极贡献自己的力量。

1983年，中共中央组织部干审局给伍晋南的函（左）。同年9月29日《广西日报》报道有关情况（右）。

1984年夏，经中共中央组织部批准，伍晋南离休，到广州定居。之前，中组部征求他的意见，是否到广东省担任一定的职务。时已70多岁的伍晋南表示“让贤”，完全离休，“离休不离志”。

1998年12月，伍晋南（前排右一）参加广东省“纪念党的十一届三中全会召开20周年”大会。前排右二起：张根生、焦林义、王宁、罗天、任仲夷等。

品格与家风

伍晋南一生清正廉洁。1984年秋，在阔别50多年以后，他终于再踏上故土。回乡前特地给乡间亲属写信，嘱咐他们："千万不要用旧的、封建的眼光来看待我回乡的事，也千万不要搞那些铺张浪费的事情。"有了事前的招呼，难得的亲人相聚场面热烈而从简。

1984年，伍晋南回乡前写给家乡亲属的信。

当年伍晋南为在西藏工作的女儿丹丽（左图，于林芝）所写，字里行间充满了鼓励之情。

他教育、鼓励下一代自强自立。孩子们在"文化大革命"坎坷磨砺中成长，努力学习和工作，在部队的曾上前线参加自卫反击战，还有的分别成为国企单位高管、公共卫生专业硕士。丹丽到广西大新下乡插队，1976年毕业于广东农林学院，响应国家号召到西藏林芝支援边疆建设，不久被选拔到自治区林业局工作，不幸于1979年在拉萨病故。

浓浓亲情

近半个世纪来，伍晋南与夫人梁淑如相濡以沫，风雨同舟。梁淑如是广东惠阳淡水人，抗战时期在家乡曾参加共产党领导的东江华侨回乡服务团，毕业于南方大学，"文化大革命"前任职于广西自治区党委组织部。"文化大革命"中因受伍晋南冤案的牵连，挨批斗受凌辱，面对磨难她始终没有气馁。伍晋南称老伴是患难中的"总管、秘书、护士"。

1991年11月，伍晋南、梁淑如夫妇于广西北海。

20世纪80年代，伍晋南夫妇与孩子们摄于北京万寿路西街7号寓所。

邬强

烽烟戎马　东纵骁将

1911—1992

大事年表

1911年	出生于广东英德文光乡（今英德市东华镇鱼湾）牛栏铺村一个贫苦农民家庭。原名邬泉玖
1930年4月	加入中国共产党
1931年	暑假回家乡参加鱼湾暴动，任鱼湾苏维埃政府文书
1933年	参加国民党军第19路军，任第60师第360团特务连文书，后进入中央军校第一分校11期学员队学习
1937年至1938年	任第31军第131师副连长兼一排排长，参加徐州会战和台儿庄保卫战。根据党的指示，回到家乡参加抗日斗争，先后任英东抗日后援会武装委员、英东抗日集结自卫中队中队长、中共英东特别支部委员会（含佛冈二区）军事委员
1939年7月	受省委指派到惠阳县坪山举办省委军事训练班并任副主任兼教官
1940年9月至1943年	在广东人民抗日游击队（总队）工作，历任东江军事委员会委员、副大队长、大队长、总队参谋处主任等职
1943年12月至1946年7月	任东江纵队参谋处处长、北江支队支队长。随东江纵队北撤山东
解放战争时期	历任东江纵队教导团副团长、华东军区教导支队副支队长、两广纵队参谋处处长、解放军独立第24师政治委员、两广纵队第一师党委书记兼副师长、珠江作战指挥部副参谋长等职
中华人民共和国成立初期	历任北江地委常委、华南军区南路军分区司令员、湛江市军管会主任兼警备区司令员、华南军区北江军分区司令员
1952年起	历任中南军区广东武装工作部第一副部长、粤中军区司令员、广州军区公安军司令部副参谋长、广东省军区副司令员、广东省人民防空办公室主任等职。是广东省第五届人大代表、广东省第四届政协副主席
1955年	被授予大校军衔
1957年	荣获中央军委授予的二级独立自由勋章、二级解放勋章
1983年4月	离休。著有《烽火岁月》一书
1988年	荣获中央军委授予的二级红星功勋荣誉章
1992年12月	在广州病逝

邬强早年曾受训于中央军校第一分校，是广东人民抗日游击队东江纵队赫赫有名的一员猛将。他参与和独立指挥了许多重要战斗，以沉着机智、临危不惧、英勇善战著称，展现了高超的领导艺术和军事才华。他一生对党和革命事业忠贞不渝，对东江纵队的发展，尤其对东莞大岭山抗日根据地的开辟和恢复、巩固，做出了重要的贡献。

鱼湾暴动

1927年春，就读于英德文光乡小学的邬强，在中共党员、教师胡瑞泉的教育启蒙下，阶级觉悟不断提高，视野日渐开阔，于1930年4月，秘密加入中国共产党。1931年8月，已读初中的邬强回到家乡，参加农民运动“鱼湾暴动”，并任县苏维埃政府秘书。

鱼湾“英德县苏维埃政府”旧址。

东江抗战

1987年在深圳沙鱼涌，邬强（右二）与当年游击训练班学员黄业（右一）、彭沃（左二）合影，左一为邓秀芳。

1939年，受中共广东省委委派，与李崇（李振亚）一起赴东江游击区，为抗日武装举办游击训练班。邬强先后担任该班的副主任、主任。训练班为后来成立的东江纵队培育了一大批军政骨干。

1940年10月，邬强随林平（尹林平）、曾生等一起，率领广东人民抗日游击总队第三大队开往东莞大岭山区，创建东（莞）宝（安）敌后抗日根据地。林平时任抗日游击队政委兼第三、第五大队政委；曾生时任三大队大队长；邬强任三大队副大队长。曾生离任后，邬强任大队长，卢伟如任大队政委。

1986年，邬强（右一）在海南岛拜祭战友李振亚烈士（曾任东江抗日军政委员会参谋长、琼纵第一副司令兼参谋长）。

20世纪80年代，曾生（中）、邬强（左）、卢伟如（右）三位战友在广州合影。

1941年6月，日军长濑大队400余人和伪军一部进犯大岭山区百花洞，妄图一举歼灭附近的我抗日部队主力和部队领导机关。邬强受命负责战地指挥，把日寇围困在水濂山半山腰上，战斗持续了两天一夜，迫使日军派出两架飞机向被围困的日军空投粮弹；次日下午又被迫由东莞石龙、广州派出日军骑兵千余人增援，才将被困的残兵解救出去。这次战斗击毙日军大队长长濑，敌伤亡60余人。驻广州日军首脑哀叹这是进军华南以来最丢脸的一仗。

1943年12月，广东人民抗日游击队东江纵队成立，任命曾生为司令员，林平为政治委员，王作尧为副司令员兼参谋长，杨康华为政治部主任，邬强为参谋处处长。

1944年5月8日凌晨，驻东莞樟木头的日军加藤大队（含炮兵分队）500余人，秘密偷袭驻东莞梅塘乡龙见田村的东纵领导机关。发现敌情后，邬强指挥部队迅速占领制高点马头，敌我双方展开了激烈的战斗。战斗最激烈时，邬强登上马山，来到中队指挥位置，高声喊道："同志们，狠狠地打，为牺牲的同志报仇。"战士们士气大增，一个多小时里，连续打退敌人6次冲锋。战斗至傍晚，敌人经山边小路逃出包围圈。加藤大队长逃回樟木头后，剖腹自杀。

20世纪40年代初，邬强在东莞大岭山抗日前线。

20世纪80年代，邬强为梅塘战斗的题词。

1982年，东江纵队史座谈会与会者合影。第一排的左一至左三：饶卫华、温焯华、周伯明；左五至左七：邬强、卢伟良、尹林平；左九至左十二：谭天度、梁广、杨康华、叶锋。

转战南北

1946年9月，在山东的东纵北撤干部四连部分干部。（邬强摄）

1946年9月19日，东纵北撤干部4连奉命由烟台到临沂县华东军政大学学习，出发前在汽车上合影。（邬强摄）

1946年8月29日，两广纵队三位战友摄于山东烟台，左起：祁和、邬强、彭沃。

1949年，邬强随解放大军打过长江挺进广东。9月参加部署广东战役的赣州会议，此后出任珠江作战指挥部副参谋长。图为过长江时留影。

1950年，两广纵队中三位"黄埔同学"于中山合影。左起：何宝松、邬强、王作尧。

1949年9月下旬，邬强所在的两广纵队随第四野战军主力进军华南，经江西赣州，于10月上旬到达粤北龙川县，与人民解放军粤赣湘边纵队会师，参加广东战役，经和平、河源沿东江挺进珠江三角洲，解放惠阳、博罗、东莞、宝安、番禺、顺德等县城，又歼国民党军5000余人。11月初，解放中山县及横琴、三灶等岛屿。

1950年，邬强于湛江，时任南路分区司令员。

1951年，邬强任北江军分区司令员。

1951年3月，北江军分区司令员邬强（右二）参加在英德县补办的“庆祝英德解放暨全县开展土改动员大会”，与县负责人廖碧波（左一）、林铭勋（左二）、王仕英（右一）合影。

20世纪50年代初期，粤北区党委和军区领导在韶关市五一劳动节大巡游中。右起：邬强、伍晋南、袁鉴文、金阳。

1971年，邬强、刁慧文夫妇在广州合影。

发挥余热

20世纪70年代，看望东莞老区群众（张英的母亲彭芹）。站者左起：邬强夫妇、王彪、彭沃、黄布。

1982年7月，广东武装斗争史座谈会在北京召开。前排左五邬强，左四陈达明，左三张英；右五曾生，右三卢伟如。

20世纪80年代中期，东江纵队老战士在东莞为李一之烈士墓揭幕后合影留念。前排左起：曾生、王作尧、邬强、彭沃、祁烽、周伯明。

1984年在广州。右起：黄业、曾生、邬强、邓秀芳。

1985年在广州。右起：黄业、梁威林、邬强、邓秀芳。

1991年4月，邬强（左二）在当地干部陪同下到英德鱼湾看望老区群众。

1988年在广州。左起：邬强、谭天度、曾生。

1989年，邬强（站者）参加英德解放40周年纪念大会。

1991年6月，邬强（右）与邓楚白在列车上交谈。

晚年的邬强摄于当年东莞老根据地。

20世纪70年代，邬强全家福。

邬強同志永垂不朽

鏖戰東江挺進北江屠龍淮海

逐鹿中原烽烟起處老邬来了

献身革命効忠社稷肇固干城

造福鄉邦青史佳篇英杰流名

曾生暨東江縱隊 兩廣縱隊老同志敬挽

邬强逝世后，曾生及老战友们写的挽联。

庄田

从长征北上到逐鹿南疆

1906—1992

大事年表

1906年11月	出生于广东万宁（今属海南）龙滚乡文渊村的一个贫农家庭。原名庄振凤
1924年秋	到新加坡谋生，当过橡胶工人、海员工人
1926年3月	在新加坡由黄宜敦介绍加入中国共产党。不久任轮船的中共支部书记
1927年至1929年	任海上罢工总指挥，负责指挥新加坡海员“五一大罢工”，历任轮船地下党支部书记，中共新加坡海员工会共青团副书记、工会宣传部部长
1929年12月初	受中共广东省委推荐进入苏联莫斯科红军步兵学校学习
1931年3月	秘密回国，在中央苏区江西瑞金任红军军政学校教官
1932年4月至1934年	任模范团政治处主任，红一方面军第三师政治部代主任、红一方面军第三师第七团政治委员、第三师补充团团长兼政治委员
1934年10月至1939年11月	参加红军二万五千里长征，经历三过草地。任独立第二十二师第五十五团政委。先后任红九军团第八团政委、红四方面军红军大学组织科科长、红军大学教导师第三团政治委员。抗日军政大学第一大队大队长、抗大三分校教育长、中央陕甘宁边区考察团团长
1940年至1946年2月	以中共中央代表身份赴琼崖任广东琼崖抗日独立总队副总队长、纵队副司令员、中共琼崖特委常委
1947年至1949年	历任粤桂边纵队司令员、越南国防部高级顾问、粤桂边纵队司令员、中国人民解放军桂滇黔边纵司令员
1950年2月	任云南军区第一副司令员、西南军政委员会委员
1951年1月	南京中国人民解放军军事学院学习
1953年6月	任中国人民解放军总高级步兵学校教育长兼训练部部长、第二副校长
1955年9月	被授予中将军衔，同时授予二级八一勋章、一级独立自由勋章、一级解放勋章
1957年7月	海南军区兼第四十三军司令员、中共海南军区兼四十三军委员会第二书记
1960年5月至1966年	任广州军区副司令员、广东省副省长
1975年12月至1978年	恢复政治名誉，任广州军区顾问，第五届全国政协常务委员，广东省人大第五届常务委员会副主任
1983年	离职休养，享受大军区正职待遇
1988年8月1日	荣获中国人民解放军一级红星功勋荣誉章
1992年4月	在广州逝世

庄田是一位从华侨工人成长起来的共和国开国中将，革命生涯颇具传奇色彩。南洋入党，莫斯科学习；保卫苏区，模范团带兵；长征北上，抗大任教官；重回琼崖，鏖战大西南……一生转战南北，驰骋疆场，并致力于军事教育工作。每当党组织需要时，他总是义无反顾，表现了一位共产党员、老红军的高风亮节。

红军教官

1929年，中共广东省委安排在新加坡的共产党员、海员工人庄田赴苏联莫斯科步兵学校学军事。一年后，他以学科全优的成绩提前毕业回国，受到当时在上海主持中央军委工作的周恩来接见。

1931年春，庄田被分配到位于瑞金中央苏区的中国工农红军军政学校任第一连第二排排长。他想方设法授好课，还深入到训练场加强对学员的训练指导，根据红军的作战特点和实际需要，帮助学员掌握进攻、防御、退却、侦察、警戒等各种战术手段的原则，在短短的三个月内就作出了显著的成绩，很快就被提升为连、营政治指导员。

1933年春，随着革命斗争深入，红军部队迫切需要经过训练的干部和骨干，为此中共中央决定成立一个模范团，直属中央领导，驻扎在距瑞金20千米的武阳围。庄田被任命为该团政治部主任。在一次战斗中，他奉命率一个营佯攻，并指挥作战，敌人很快就被打垮。这次战斗获胜后，政治干部庄田会打仗的事传开了。

全国抗日战争时期，他担任过抗日军政大学第五大队大队长、第三分校教育长等职。

1934年10月，庄田参加红军长征。1936年10月，到达陕北的红一、红二、红四方面军团以上干部在甘肃宫合镇合影。二排左三为庄田。

从延安回到琼崖

1940年5月，中共中央根据琼崖纵队的要求，派遣庄田以中共中央代表身份赴琼崖，辅佐以冯白驹为首的琼崖纵队开展抗日游击战争。

1940年9月回到海南后，庄田很快率部粉碎了国民党军队对美合和琼（山）文（昌）抗日根据地的进攻。1942年5月，日军决定对琼崖抗日根据地进行大规模的“蚕食”“扫荡”。在面临最困难最残酷的时期，琼崖特委决定由庄田指挥抗日独立总队，广泛开展独立自主的游击战。6月中旬，日伪军采取“分进合击”“拉网合网”“分区扫荡”战术，妄图摧毁琼文根据地。庄田见招拆招，以一部分兵力协同地方武装民兵坚持内线作战，主力及时转移，突出合围圈，在外线积极打击敌人，袭击伏击日伪军76次，拔除据点21个。第一次反“蚕食”“扫荡”取得胜利。

琼崖武装斗争史座談會留念 一九八三年十月二十三日

1983年，在海口市参加琼崖武装斗争史座谈会留影。

1946年，庄田在香港停留时拍摄。

庄田夫妇结婚6年后第一张合影照。

跨境作战

1947年，庄田（中）和战友与越南人民军干部合影。左一周南、左二黄国越（越）、右二李班（越）、右一黄景文。

1947年9月，庄田率广东南路人民解放军一团（沿称老一团）转入越南整训。图为庄田（右）在越南与越南国防部部长武元甲（左）合影。

1947年，庄田（中间站立者右）在老一团与越南人民军共同演习后讲评。

转战滇桂黔边

1950年2月，人民解放军第二野战军四兵团与滇桂黔边纵会师。左起：陈赓、宋任穷、周保中、林李明、庄田、张冲。

1950年，庄田与夫人祝平在云南行军途中。

1950年4月，庄田（右一）率边纵进军云南昆明途中。

军事教育与国防事业

庄田是一位军队办院校的老专家。尽管他的工作多次变动，但始终把办好各级教导队和军队院校、为部队培养更多优秀人员为己任，不遗余力抓好军队的教育工作。他担任海南军区司令员兼第43军军长时，经常深入到教导队给干部战士讲授军事课，传授我军的传统，帮助解决教导队教学中的难题。

1980年，庄田复出后，被中央军委任命为广州军区顾问。他提出协助军区司令员和参谋长抓军区院校工作。军区领导求之不得，很快同意他的要求，庄田便高高兴兴地担起这份工作重任，直到离休。

1950年云南解放后，庄田与夫人祝平在昆明合影。

1951年，庄田（后排右二）赴中国人民解放军军事学院高级速成系学习。

1955年，庄田被授予中国人民解放军中将军衔。

1957年，刘伯承（前排右三）与海南军区部分领导合影。前排右二为庄田。

1957年，庄田（左）到海南接任海南军区司令员职务时与梁兴初合影。

1958年，庄田（右一）在海口机场接见苏联专家。

1960年2月，周恩来（前排右四）视察海南，与海南区党委和海南军区领导成员合影。前排右三为庄田，右五为海南区党委第一书记林李明。出处：吴基林：《庄田将军传奇》，广东人民出版社2011年版，目录第1页。

1960年，庄田（前坐中）在上海儿童剧院为《英雄小八路》演员们和工作人员讲革命故事。

战友情深

1969年，张云逸（左）与庄田在广东从化温泉合影。

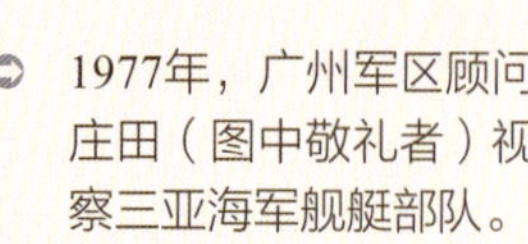

1977年，广州军区顾问庄田（图中敬礼者）视察三亚海军舰艇部队。

1979年，陈锡联（左）来广州军区时与庄田会面。

1983年，庄田（右）在广州军区留园看望何长工（左）。

回忆与总结

1979年，庄田撰写的《琼岛烽烟》回忆录出版。又以他在滇桂黔边纵的亲身经历着手撰写《逐鹿南疆》一书。

1980年，庄田代表广州军区党委参加海南军区思想整顿工作时的留影。

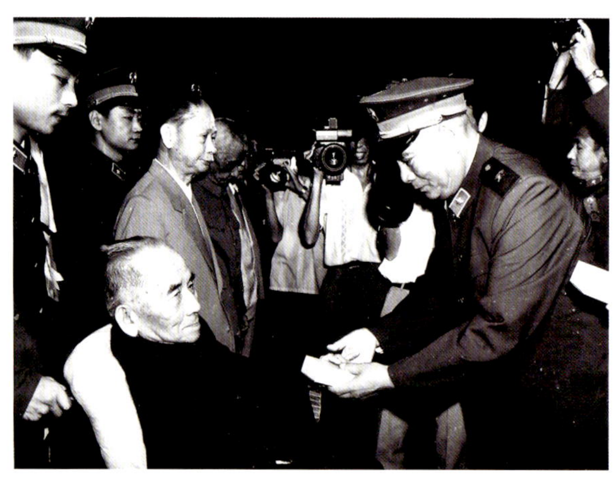
1988年，广州军区司令员张万年受中央军委委托授予庄田（图中坐者）一级红星勋章。

庄田在撰写回忆录时，找寻他当年开展游击战争的足迹。

家人

1973年，庄田、祝平夫妇与儿女庄祝胜、庄祝霞、庄祝宁摄于广州。

大事年表

1919年	出生于广东东莞厚街新塘荫坑（古坑）村。曾用名刘芹琼
1933年	考入广州中山大学高中部，后直升中山大学文学院社会学系
1935年9月	加入中国青年同盟，多次参加抗日示威游行活动
1936年9月	加入中国共产党
1938年9月	任中共中山大学支部书记。参加广东青年抗日先锋队，任该队东江队队长兼党支部书记
1939年	任龙川县委民运部部长、博罗县委宣传部部长，参加东江华侨回乡服务团博罗队
1940年10月至1942年	任宝安县工委副书记、宝安县委书记、东宝临时工作委员会宣传部部长
1943年至1949年	任东江前线临时工委委员、东江前线特委委员、东江纵队江南指挥部秘书长，后被派往设在香港的后勤机构任负责人
1949年4月	任中国人民解放军粤赣湘边纵队东江第三支队政治部副主任、中共博罗县委书记、粤赣湘边纵队东江第三支队一团政治委员、中共江南地委委员
1949年10月	参与领导九龙海关起义。任宝深军管会主任。率部队接管人员160多人进入深圳，宣布深圳解放。接收九龙海关，兼任九龙海关军管会主任并任海关副关长
1950年6月	任广州直辖市永汉区、北区区委（地委级）区长
1954年年底	任广州市第二工业局副局长
1957年5月	任广州中医学院党委第一书记、副院长、党委副书记
1982年	任广州中医学院顾问。享受正厅级待遇、副省级医疗待遇
1983年	离休
2010年10月	在广州病逝

刘汝琛

新中国深圳『第一官』

1919—2010

2015年5月6日，《深圳晚报》以《刘汝琛：新中国深圳第一官》为标题，报道了1949年10月深圳和平解放中的刘汝琛。当年深圳还是一个名不见经传的边陲小镇，如今已成为现代化大都市，这使故事人物平添了几分传奇色彩。而刘汝琛后来转到教育部门工作，是个笃志好学、业精于勤的学者型领导。

参加革命不忘读书

刘汝琛生在并不富裕的家庭，靠自己勤奋努力，当年在东莞中学以第一名的成绩考进国立免费的中山大学高中部和大学本部。

1935年9月，在中山大学文学院社会学系学习的刘汝琛，加入中国青年同盟（中国共产党的秘密外围组织），多次发动同学进行抗日示威游行。次年9月加入中国共产党。1938年9月任中共中山大学支部书记。

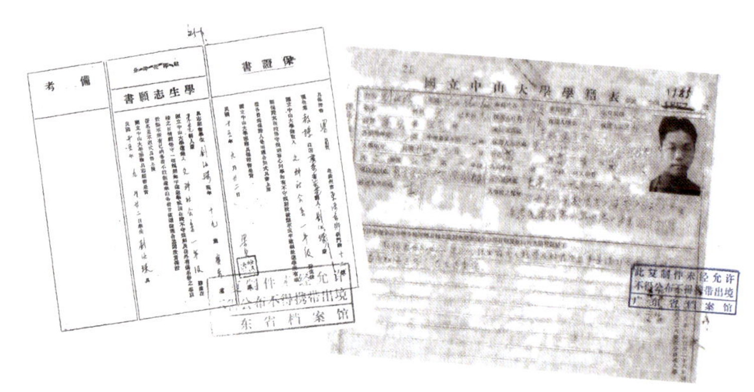

20世纪30年代初，刘汝琛在中山大学的学籍表。

刘汝琛一生孜孜好学。参加革命后，始终不忘读书。在危险动荡的战争年代里，他坚持自学军事、历史、天文、地理、英语。1949年10月，宝深军事管制委员会主任刘汝琛任九龙海关军管会主任兼副关长。接管九龙海关时刘汝琛的英文派上用场，他与九龙海关起义的大功臣黄昌燮一起，将海关原来的英文文件全部翻译为中文。在那个年代，可见其学习的用功程度。

1995年8月，在抗日战争初期参加广东抗日青年先锋队的老战士集会纪念抗日战争胜利50周年。前排右一至右五分别为王炎光、刘汝琛、梁嘉、梁威林、陈恩。

第一期 公元一九四九年十月二十日

陽光普照★萬姓騰歡
深圳昨日宣告新生
人民政權正式建立

劉汝琛率部接管
數千人列隊郊迎

歡迎會上
劉汝琛莊嚴宣布
深圳鎮正式解放

拜访九龙海关
接收委员会主任刘汝琛

1949年10月，香港报纸对深圳解放的有关报道（左）；2006年，深圳《海关人文月报》第三期刊载的采访文章（右，作者吴煮冰）。

接收九龙关

1949年8月19日下午4时30分，宝深军管会主任刘汝琛率东宝税务处、宝安县公安局局长、深圳镇警察所所长等接管人员160多人，从布吉乘火车抵达深圳（隶属宝安县），将“深圳镇人民政府”的牌子挂在“共和押”当铺门前。接着，很快接管了火力发电厂（今迎宾馆对面）、铁路东站、深圳商会、银行等重要机构。等到大部队进城时，各界人士和群众共上千人闻讯赶来，挥动彩旗，鸣放鞭炮，击鼓舞狮，热烈欢迎。10月21日，原国民党政府九龙关1000多名爱国员工宣布起义。刘汝琛以宝深军管会名义接收九龙关，正式成立中华人民共和国九龙海关，刘汝琛任九龙海关主任。

1949年年底，刘汝琛（左）与夫人黎素华摄于深圳。

1949年，刘汝琛（右）、夫人黎素华（中）、夫人之兄黎锦涛（左）摄于深圳。

1949年年底，刘汝琛摄于深圳。

越秀区区长

1950年刘汝琛调到广州市，任永汉区、北区（今越秀区部分）区长兼法院院长。

20世纪50年代中期，在手工业社会主义改造运动中，广州市手工业生产合作社组织了很多青年突击队，保证了运动和生产两不误。1956年，广州市手工业已全部合作化。时任市第二工业局副局长刘汝琛是这项工作的主要领导者之一。

20世纪50年代初，刘汝琛（后排左一）和越秀区的同事们摄于广州赤岗塔旁。

20世纪80年代初，刘汝琛（左二）与解放初广州市越秀区老同事合影。

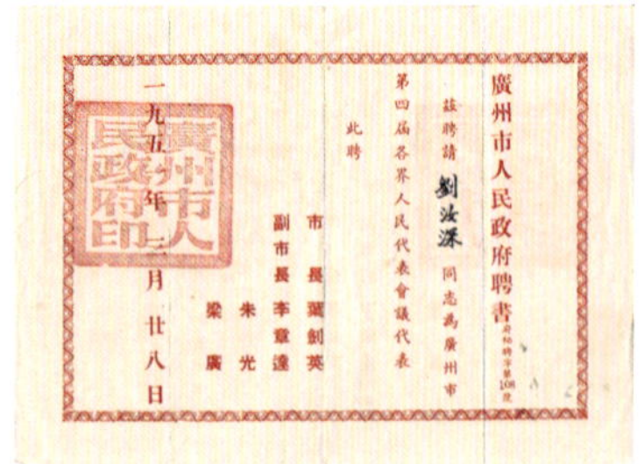

廣州市人民政府聘書

茲聘請劉汝深同志為廣州市第四屆各界人民代表會議代表

此聘

市長 葉劍英

副市長 朱光 李章達 梁廣

一九五一年二月廿八日

1951年，刘汝琛的广州市人民代表会议代表聘书。

20世纪80年代，刘汝琛（前排右二）与解放初越秀区老同事合影于广州。

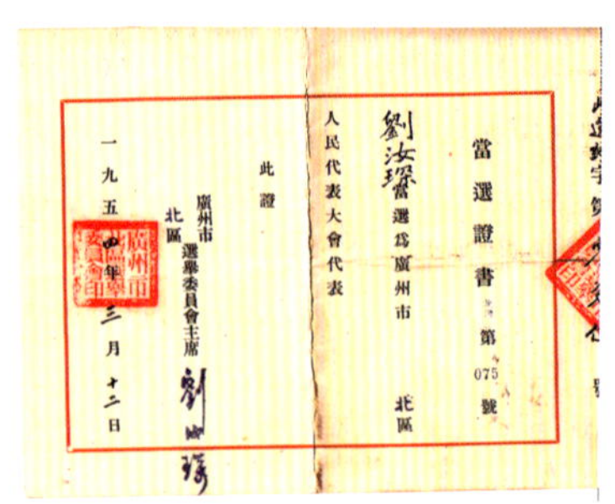

當選證書 第075號

劉汝琛當選為廣州市北區人民代表大會代表

此證

廣州市北區選舉委員會主席 劉汝琛

一九五四年三月十二日

1954年，刘汝琛的广州市北区人民代表大会代表当选证书。

专家型院长

刘汝琛做一行，爱一行，专一行。1956年他转去搞教育，创办了广州中医学院（现广州中医药大学），任党委第一书记和代院长，从此他刻苦钻研中医理论。除了工作，书本是最好的伴侣，除了四个书柜，家里书籍文件还放满好几个纸箱、木柜。此前从未接触过医学的他，却能自学成为医学专业人士，还编写出版几本医科大学教材，好多亲友都找他看病。

1977年，刘汝琛（前排右六）参与全国西医学习中医教材编写会议。

1981年，广州中医学院领导与西医学习中医研究班学员留影。

刘汝琛的医学笔记。

刘汝琛于20世纪80年代初。

中医学辩证法概论

刘汝琛编写的大学教材。

20世纪90年代末，刘汝琛为广东著名老中医邓铁涛教授著作的题词。

祝贺邓铁涛教授从医从教63周年
名老中医中
通晓唯物辩证法，并善于运用于中医学
术和临证，作出巨大贡献的一代宗师。
最热心于中医继承和发展的事业并
取得显著成效的杏林泰斗。
刘汝琛题

回忆思考

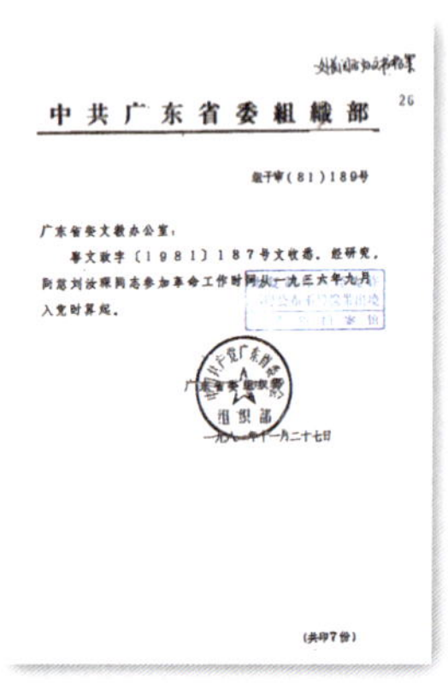

中共广东省委组織部

组干审（81）189号

广东省委文教办公室：

粤文教字〔1981〕187号文收悉。经研究，同意刘汝琛同志参加革命工作时间从一九三六年九月入党时算起。

一九八一年十一月二十七日

（共印7份）

1981年，中共广东省委组织部确认刘汝琛入党年份的函件。

20世纪80年代，东江华侨回乡服务团博罗队部分领导合照。左起：刘汝琛、杨德元、李健行、杨步尧。

2005年，广州中医药大学老领导纪念抗日战争胜利60周年。前排左六为刘汝琛。

2005年8月，刘汝琛参加广东省抗日老战士纪念活动。

20世纪80年代初，刘汝琛（中）与曾在身边工作的警卫员邓金石（右）、邓剑洪（左）于广州。

家人

20世纪50年代末，刘汝琛与儿子摄于广州起义烈士陵园。

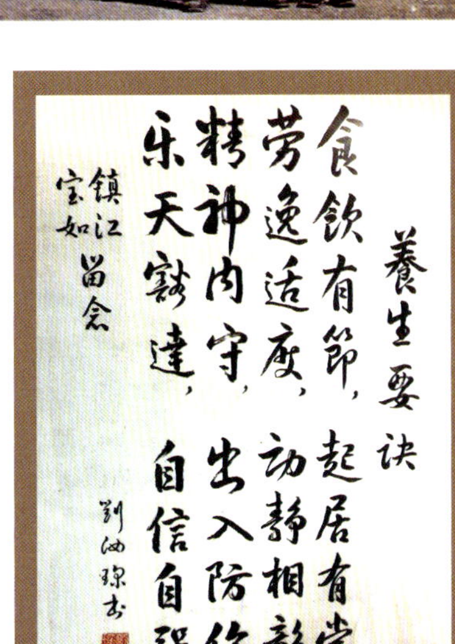

20世纪90年代，刘汝琛给孩子们的题词。

1989年，刘汝琛全家福。

祁烽

东江到香江　一生圆俩梦

1920—2015

大事年表

1920年3月	出生于广东东莞莞城镇。原名祁嘉穗
1937年7月	参加革命工作
1938年	2月，加入中国共产党，任东莞中学党支部书记。7月，在东莞中学高中毕业。10月，任东莞抗日模范壮丁队留城工作队队长
1939年4月	任东江华侨回乡服务团东宝队党支部书记、副队长
1940年	任东莞大朗区委书记、东莞水乡区委书记
1941年	任东莞莞太区委书记、东莞大岭山区委书记
1942年	任东莞一线前线县委委员、宣传部部长，东莞县委派驻广州（敌后）特派员，同时在广东大学中文系读书
1945年9月	任路西（东宝）县委委员、组织部部长
1946年至1948年	历任中共江南地区副特派员兼中共东宝县指导员，江南工委副书记，广东人民解放军江南支队副政委
1949年	任中国人民解放军粤赣湘边纵队东江第一支队副政委，东莞县军管会主任，中共华南分局沙深宝边界工作委员会书记，兼广州市军管会沙深宝分会主任
1953年3月起	任中共中央华南分局（1955年5月为广东省委）统战部处长、副秘书长
1957年9月	任新华社香港分社副社长
1985年9月	任广东省政协副主席，第五、第六届全国政协委员
1992年1月	离休
2015年9月	在广州病逝

祁烽的一生圆了两个梦：参加革命斗争，圆了建国梦；在香港工作29年，圆了回归梦。青年时期立志寻找救国救民的道路，抗日战争和解放战争中从事党的地下工作，坚持武装斗争，和战友们迎来中华人民共和国成立；亲耳聆听中央领导各时期对港澳工作的指示，参与香港回归前的大量准备工作，1997年7月1日亲眼见证百年之后香港重新回到祖国的怀抱。

在东江坚持武装斗争

1949年年初，祁烽任粤赣湘边纵队东江第一支队副政委。图为祁烽（前排左一）在东一支三团铁鸟队誓师大会上。

1949年年初，粤赣湘边纵队领导与江南地委成员合照于海丰大安洞。前排左起：蓝训材、刘宣、刘志远、黄华（黄国伟）、黄文俞、王鲁明；后排左起：蓝造、左洪涛、祁烽、尹林平。

1949年年初，粤赣湘边纵队东一支司令员蓝造（右）、政委王鲁明（中）、副政委祁烽（左）合照。

1949年10月17日，祁烽率粤赣湘边纵队东一支第三团接管东莞县。图为东一支三团战士进入莞城。

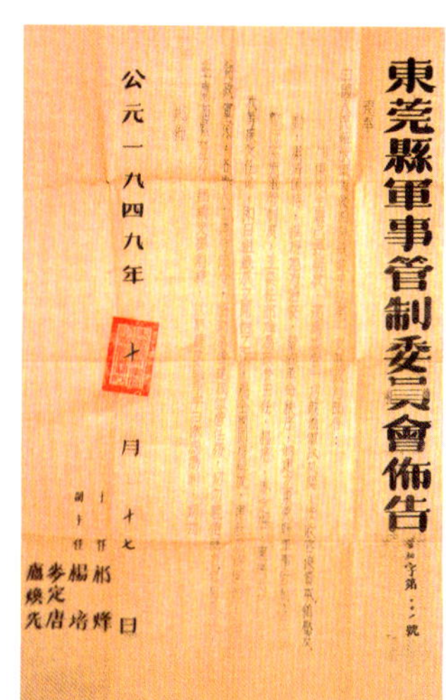

東莞縣軍事管制委員會佈告

公元一八四八年十月十七日

1949年10月17日，东莞县军事管制委员会发布的布告。

1949年年底，祁烽任中共华南分局沙深宝边界工作委员会书记，兼广州市军管会沙深宝分会主任。中华人民共和国成立之前，宝安与香港接壤的边境地带主要由亲英势力控制，具有浓厚的殖民色彩。

中华人民共和国成立初期，由于宝安与香港之间还未“封关”，人员可以随意往来，各种势力犬牙交错。祁烽领导沙深宝边委按照华南分局的指示，逐步严格控制和封锁边境，建立边防意识与秩序，密切注意港英在边境的军警部署活动。同时协调海关、公安、铁路、边防等各方力量，肃清敌特分子，打击走私活动，使得沙深宝边境的秩序从混乱走向稳定，管理从疏漏走向巩固。

祁烽（右二）接受香港南方学院的采访，向香港媒体陈述边境政策。

1950年，祁烽摄于沙深宝边委办公楼前。

1952年年底，沙深宝边委撤销，祁烽与沙深宝边委同事合照。前排左起：梁忠、祁烽、李吉芳；后排左起：许一峰、夏禹文、陈华。

统战和侨务工作

20世纪50年代，广东省委统战部和中侨委视察在建的华侨新村。左起：祁烽、黄明爱、袁慧慈、章欣潮、饶彰风、罗理实、蔡福就。

1953年，祁烽调任华南分局统战部处长。图为华南分局同事合照于统战部。前排左起：吴子彦、华嘉、饶彰风、林林、陈残云；后排左起：吴仲、卢动、蔡演雄、陈夏苏、侯甸、祁烽。

在香江从事统战和宣传工作

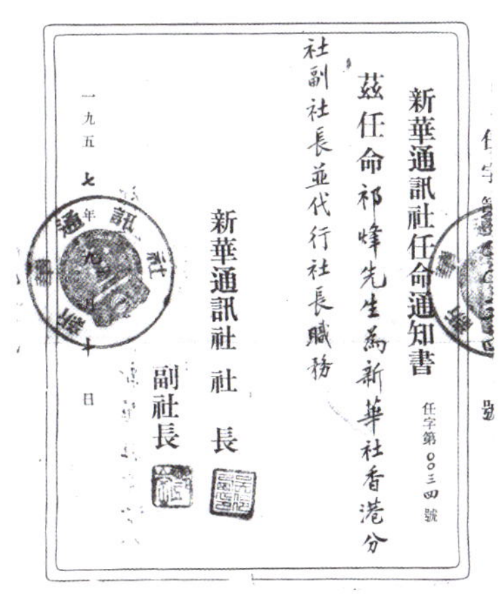

新華通訊社任命通知書

任字第〇〇三四號

茲任命祁烽先生為新華社香港分社副社長並代行社長職務

新華通訊社 社長

副社長

一九五七年 月 日

1957年9月，新华通讯社任命祁烽为新华社香港分社副社长并代行社长职务。

20世纪60年代参观延安。前排左二为祁烽。

从1957年起，祁烽一直在香港工作，长达29年，从未间断过。他广交朋友，大量接触香港各界人士，熟悉香港的社情民意，多次直接向周恩来、陈毅、廖承志等中央领导汇报港澳情况，亲耳聆听中央领导各时期对港澳工作的指示。20世纪80年代改革开放初期，祁烽利用自己长期建立的工作关系，积极介绍和引导港澳工商界到内地投资，为深圳特区建设出力。他团结有影响力的电影、出版、报刊、教育、工会等各界知名人士，严格按照中央精神，做好港澳回归前的各项工作。

1960年，祁烽（左一）与王昆仑（右三）团长率中国潮剧团访问柬埔寨，与柬埔寨王国代首相狄潘（中）、驻柬大使馆代办叶景灏（左三）等人合影。

1978年，新华社香港分社领导合照。左起：祁烽、罗克明、李菊生、王匡、李启新。

1985年，祁烽调任广东省政协副主席，并任第五、第六届全国政协委员。图为他随同全国政协副主席王恩茂为团长的中国政协代表团访问匈牙利、保加利亚。前排右二为祁烽。

1980年，祁烽陪同香港十大财团到深圳考察投资环境和投资项目，在蛇口工业区合影。左起：陈曾熹、王德辉、胡应湘、冯景禧、陈泽富、郭炳湘、祁烽、李嘉诚、袁庚、霍英东、胡汉辉、陈德泰。

1997年6月30日，出席香港回归庆典观礼团成员合影。最后排左七为祁烽。

香港回归前夕，中英之间的斗争异常复杂。根据中共中央指示，祁烽多次陪同香港各界人士赴京，当面向邓小平等中央领导介绍香港情况，他反映各方意见。1997年7月1日，中国恢复对香港行使主权，已经离休的祁烽应邀赴港参加香港政权交接仪式。在亲眼目睹香港重新回到祖国怀抱的庄严神圣时刻，祁烽为自己能与香港结缘二十九载，为港澳工作贡献自己的力量感到无比自豪。

2002年重访香港，左起：祁烽、梁威林、董建华。

1994年，出版《广东高级专家大辞典》（广东人民出版社出版），祁烽任编委会主任。

2004年，祁烽任编委会主任，整理出版《廖燕全集》（上海古籍出版社出版）。

家人

夫人王章（1921—2004），东莞厚街西元村人。

1936年2月参加革命，同年秋加入党的外围组织中国青年抗日同盟。1937年在厚街从事抗日工作。后在中共东莞常平、大朗、水乡等区委任组织委员。1941年和祁烽结婚，育有7个子女。1946年跟随中共江南地委机关到香港从事机关工作和教学。1949年5月后，历任中共东（莞）宝（安）县委宣传部副部长、东莞县委组织部副部长、沙（头角）深（圳）宝（安）边界工作委员会组织部副部长兼总工会副书记，后来在新华社香港分社工作。

20世纪90年代，祁烽和夫人王章在家中。

捐献遗体

2001年，祁烽与夫人王章一起签订“遗体捐献协议书”，是广州最早一批遗体捐献志愿者，并嘱咐子女，丧事一切从简，不举行告别仪式。他们希望在生命终结时献出自己的遗体，为社会做出最后的一点贡献。

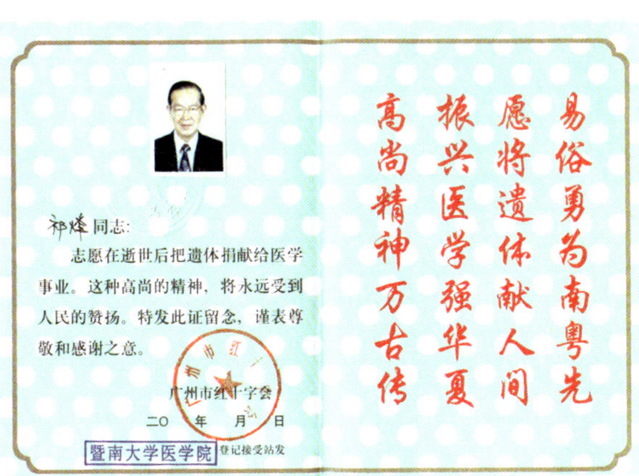

祁烽同志：

志愿在逝世后把遗体捐献给医学事业。这种高尚的精神，将永远受到人民的赞扬。特发此证留念，谨表尊敬和感谢之意。

广州市红十字会

二〇　年　月　日

暨南大学医学院 登记接受站发

易俗勇为南粤先
愿将遗体献人间
振兴医学强华夏
高尚精神万古传

广州市红十字会为祁烽颁发的捐献遗体证书。

2011年，祁烽拜祭夫人，在中华墓园的广州市遗体捐献者纪念碑前留影。

严尚民

从东江征战到粤海创业

1915—1997

大事年表

1915年12月	出生于广东惠阳澳头乡沙田下村。乳名洪冬，学名奎荣
1935年9月	赴日本留学，次年因发表反日侵华诗歌，被日本警察拘捕并驱逐出境
1937年8月	在香港由叶锋介绍入党，任香港惠阳青年回乡抗日救亡工作团团长
1938年至1946年	任惠阳县第二区行政委员会主任、区长，广东人民抗日游击队第二支队政训室秘书、直属队中共总支副书记，番禺县工作委员会书记，南番区委书记，南番中顺游击区指挥部总支书记，敌后工委党总支书记，广东人民抗日解放军政治部组织科科长，新（会）高（明）鹤（山）地区军事督导员等职
1947年2月至1950年3月	任中共广东九连工委书记、粤赣湘边区党委委员、粤赣湘边纵队参谋长、珠江三角洲作战指挥部参谋长、广东省军区珠江军分区司令员等职
1952年2月	转业至地方工作，任首届广东省珠江专署专员，珠江地委委员、常委等职
1952年9月	受反“地方主义”牵连去海南岛工作，任交通部华南公路修建工程指挥部办公室副主任
1953年至1966年	回到广州。从此时起到1966年“文化大革命”爆发，先后担任华南分局交通运输部办公室主任、秘书长，省人民委员会副秘书长，省人委交通办公室副主任，省交通厅第一副厅长，省工业厅厅长，省交通厅厅长、党组书记，省交通运输委员会副主任，省航运厅厅长、党组书记
1972年9月	书记、广东省交通运输委员会副主任、广东省航运厅厅长兼党组书记、广东省工交政治部第一副主任等职
1972年9月至1979年10月	任广东省经委副主任、广东省计委副主任等职
1979年至1985年	任广东省外经委副主任、广东省政府驻港澳办事处主任兼党组书记、香港粤海公司董事长等职
1985年至1986年	任中共广东省顾问委员会委员
1987年6月	离休
1997年3月	在广州病逝

严尚民青年时代追求进步。从香港回乡参加抗战，到辗转珠水东江，决胜粤赣湘边，烽火年代英勇征战。改革开放结缘香江，创业粤海，出色经营广东对外经济建设服务的窗口公司。不论在什么年代、什么环境下，都表现了共产党人一切为民、不怕艰苦、不图名利、清正廉洁的风范。

领导抗日政权，开创九连局面

1938年10月广州沦陷后，曾生受廖承志委派，带领一批人由香港回广东开展抗战，严尚民在其中并担任“惠阳青年抗日回乡工作团”团长。1939年，严尚民任惠阳县第二区行政委员会主任，这是抗战时期东江第一个抗日民主政权。

1946年，严尚民与夫人梁山摄于香港。

1946年东江纵队北撤后，严尚民被派往九连地区，组织人民武装，开展游击战争。1948年他参与指挥九连地区五战五捷的战斗；参与指挥老隆战役，消灭国民党保安第四师；参与主持边纵与十三团起义谈判，带领粤赣湘边纵队主力同两广纵队组成的解放广州南路军，截击南逃之敌，从河源下惠阳，截断广九铁路，横渡珠江，解放番禺市桥、顺德大良、斗门、三灶岛；解放了东江，建立起东江、韩江上游连成一片的广大解放区。参谋长严尚民被广大干部战士尊称为“严公”。

1949年，九连地委转发给各县区支党委的严尚民前线来信。这封信体现了严尚民严谨公正的工作作风。

粤赣湘边参谋长

1949年10月23日，中国人民解放军粤赣湘边纵队独立第一团、第三团、第四团由纵队参谋长严尚民率领，在粤赣湘边纵队番禺独立团的配合下，开进县城市桥镇。

1983年在惠阳，严尚民（左三）参加粤赣湘边纵队二支队历史座谈会。

1983年春节，严尚民（中间站立者）与老战友们团拜。拿杯者为钟俊贤。

1983年，严尚民与老战友们在一起。前排左起：陈翔南、郑少康、严尚民。

铁马金戈当年事
改天换日看今朝
严尚民

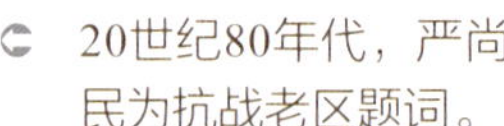

20世纪80年代，严尚民为抗战老区题词。

1988年，严尚民（右二）重访番禺县马地庄当年办《抗战旬刊》的旧址（苏流女、苏相之屋）。

1989年，严尚民（左三）与战友在东江烈士纪念碑前合影。左一至左六：何俊才、王鲁明、严尚民、梁威林、魏南金、叶锋。

1991年，严尚民夫妇（左四、左五）在广州与九连山战友合影。右五、右六为梁威林夫妇。

1992年，严尚民（左四）与战友在中山雄风楼前合影。

1994年，严尚民（右）与郑少康（左）等老战友在番禺大石留春园（抗战时期“俊杰抗日同志社”旧址）。

1997年春节严尚民夫妇与战友团拜。前排右起：梁山、严尚民、郑群、陈景文、霍锦霞；后排右起：张伦伟、温锦泰、曾珍朋、曾容宝、曾宗、曾锦标。

中华人民共和国成立后，严尚民在工作中保持和发扬密切联系群众、深入调查研究、坚持实事求是、艰苦奋斗和进取创业的优良作风。对工业建设，开办工厂，修筑公路，整治航道，修建港口、码头，他都亲自组织调查研究，进行现场勘察，拟出可行计划方案。工作中勤奋学习，钻研业务，尊重知识，尊重人才；办事一项是一项，一抓到底，讲求实效。

珠江专署专员

1950年，严尚民担任了刚解放的珠江地区党、政、军领导工作。他坚决贯彻执行党的路线、方针、政策，紧紧依靠人民群众，迅速组建起各级人民政权，清匪反霸，减租减息，稳定社会秩序，恢复生产、交通，医治战争创伤。

1950年，严尚民在珠江区会议上讲话。

严尚民任珠江专署专员时与夫人梁山的合影。

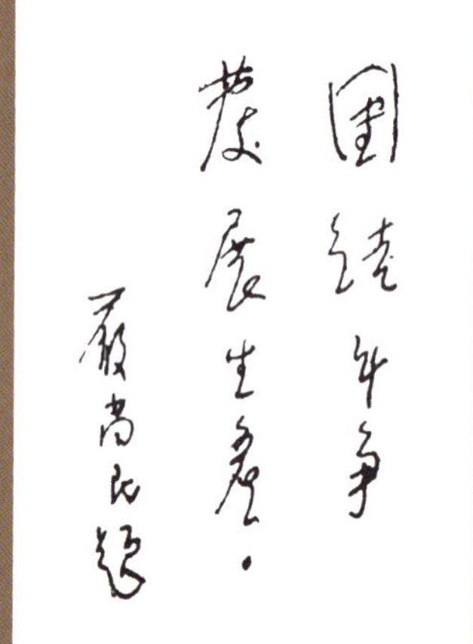

1950年，严尚民为珠江区首届农民代表大会纪念特刊题词。

1965年，任广东省航运厅厅长及党组书记的严尚民及夫人梁山。

严尚民手迹。

结缘香江

1978年，改革开放的东风吹向南粤，广东省开始实行党中央、国务院赋予的特殊政策，省委、省政府决定在香港成立一个面向海外，为广东省改革开放和经济建设服务的窗口公司，决定让严尚民来挑这副重担。1979年10月，严尚民出任广东省驻港澳办事处主任、党组书记，是香港粤海公司的奠基人。

严尚民在主持省港澳办、组建香港粤海公司工作中，思想解放，勇于开拓，敢于负责，短短五年，就使香港粤海公司成为多元化、综合性的集团式大企业。1985年，香港粤海公司营业额15亿港元，利润453万港元，净资产3.3亿港元。

1981年1月5日，香港粤海企业有限公司开业接待会上，严尚民（左）陪梁灵光省长出场。

1981年1月5日，严尚民（左）在香港粤海企业有限公司开业接待会上致辞。

1981年，香港粤海企业有限公司开业接待会上，严尚民（右）与广东省副省长兼省外经委主任曾定石。

1981年，严尚民（中）出席澳门南粤公司开幕酒会。

1983年，严尚民（前排右一）夫妇去日本参加香港粤海公司购买的货船下水仪式，与货船制造方人员合影。

家人

1957年，严尚民全家福，摄于广州。

1972年，严尚民夫妇从干校回来。

1987年，严尚民、梁山和外孙女诗华在广州家里。

晚年的严尚民夫妇在广州。

大事年表

1916年7月	出生于山西和顺青城镇新庄村
1937年6月	参加革命工作
1937年11月	加入中国共产党
1937年至1939年	历任山西省和顺县牺盟会协理员，县动委会组织部副部长，县抗日学校校长，县游击大队教导员，县中共支部书记，县司法教育科科长，县政府群团党团书记
1940年	任山西平西县县长，代理中共平西县委书记
1946年	任太行三专区委员，路安合作总社社长
1948年	任河南省豫西三专署专员，地委委员
1949年	任湖北省宜昌专区专员兼宜昌市市长，地委委员
1951年	任广东省府粤东办事处副主任，区委委员
1952年	任广东省府粤西行署副主任兼江门专署专员，区委委员
1953年至1957年	历任广东省供销合作社主任（1955年兼任广东省商业厅厅长），华南财委秘书长，广东省财委副主任，省财贸部副部长，省财办主任等职
1957年	任广东省政府秘书长
1958年至1967年	任广州市常务副市长（兼任中国进出口商品交易会副主任），党组书记；市委书记处书记
1967年	到广州从化“五七干校”劳动学习
1970年	任广州市二棉厂革委会副主任，党委副书记
1971年	任广州市革委会生产组副组长，市革委会常务副主任，市革委会党组书记
1972年	任中共广州市委书记（主管市政府工作）
1981年	任广东省人大常委会副主任
1982年	任广州市委顾问组组长
1983年	任广州市第一届顾问委员会主任
1993年	离休
2000年9月	在广州病逝

杜祯祥

一生甘为孺子牛

1916—2000

抗日战争时期，杜祯祥在党的领导下艰苦征战，被乡亲们称为“打鬼子的领头人”；解放战争时期参加逐鹿中原的决战，以出色的支前工作被称为“我们的后勤司令”；20世纪50年代末起主抓广州市经济工作，成为这座繁华都市的“大管家”。长期的革命生涯中，他坚韧不拔的意志、竭尽心力的工作作风和至诚高节的风范给同事和下属们留下深刻的印象。

抗日英雄

抗日战争爆发后，爱国热血青年杜祯祥第一个在老家山西和顺举旗抗日，发动乡亲们跟着共产党奋起抗日，保家卫国。他动员自己的爷爷把家里12间房的粮食和地窖里的铜钱全部捐给抗日政府。从1938年到1940年，他带领和顺县抗日军民粉碎了日军的九路围攻和三次大“扫荡”，建立起巩固的抗日根据地。和顺县成为闻名全山西的抗日模范县。

抗日战争时期的杜祯祥。

1940年八路军百团大战打响，时任平西县县长兼代理县委书记的杜祯祥带领县武装大队配合主力部队作战，前后参加9次战斗。1945年1月，杜祯祥奉命率部伏击坐专列从太原去北平的日军少将铃木川三郎（日本天皇表弟），他带领平西县地方武装，经过周密安排，配合八路军武工队，最后成功活捉了铃木川三郎。这一艰巨任务的胜利完成，极大鼓舞了抗日军民，吹响太行山对日大反攻的号角。

1949年，杜祯祥在宜昌市欢庆中华人民共和国成立大会上讲话。

1950年，湖北宜昌地委、专署同事合照。前排左一为杜祯祥。

南下广东

1949年，杜祯祥任新中国首任湖北宜昌市市长。1951年，杜祯祥跟随叶剑英南下广东，在珠江之滨开始了长达半个世纪的工作和生活历程。广东成为他的第二故乡。先后担任粤东办事处副主任，粤西行署副主任兼江门专署专员。参与领导潮汕、江门、湛江地区各级地方新生政权的建设工作，深入农村开展土改运动，组织城乡工商业恢复生产，发展经济。

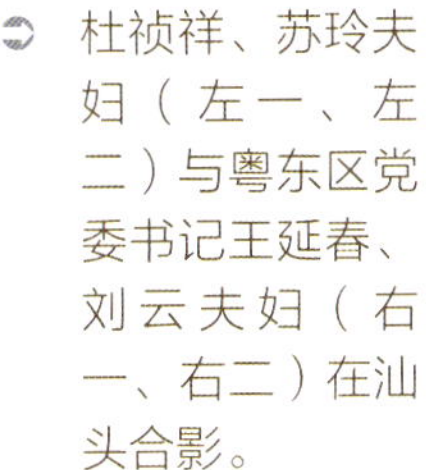

杜祯祥、苏玲夫妇（左一、左二）与粤东区党委书记王延春、刘云夫妇（右一、右二）在汕头合影。

羊城公仆

杜祯祥工作认真严谨，事必躬亲，听取下属汇报工作甚至要求具体数字，不听夸夸其谈、假大空话，促使下属干部形成实事求是的工作作风。

他上任伊始即遇国家三年严重经济困难时期，城市居民口粮供应极度短缺。杜祯祥与粮食系统的同志们日夜操劳，千方百计稳定广州市的粮食供应，并设法到农村寻找可

1960年12月，广州市市长、副市长在市政府大楼前合影。前排左起：张瑞权、李朗如、梁湘、曾生、焦林义、钟明；后排左起：杜祯祥、罗培源、孙乐宜、林西、李广祥、杨毅。

1958年，广州市委、市政府领导人合影。前排右三为副市长孙乐宜、右四为副市长杜祯祥、右五为市委第一书记王德、右六为市长朱光、右七为市委书记焦林义。

杜祯祥（前排右）在一次全市工作会议上讲话。

1974年，杜祯祥（前排左三）在广州黄埔石化工地听取汇报。

1974年，杜祯祥（右二）参观山西大寨，与老朋友陈永贵（左二）、郭凤莲（右一）、驻墨西哥大使姚广（左一），以及陈永贵的孙子合影。

充饥的甘蔗渣、玉米芯等作物磨成粉供应广州百姓，艰难度过了大饥荒。之后几年，为了增加广州市民餐桌上的鱼禽肉蛋，保证每人每天一斤的蔬菜供应，他与市粮食系统的同志们日夜操劳，费尽心血。

杜祯祥任广州副市长期间，分管商业、财政、金融、粮食、工商、外贸、海关等工作，成了羊城这座大都市的“大管家”。20世纪70年代，国家引进国外五套石油化工生产线，广州市分配一套，杜祯祥被任命为广石化建设领导小组组长。石化工程如期完成，对广东省的工农业生产发挥了重要作用。

杜祯祥（中）参加市政劳动。

1977年，杜祯祥（右六）与副省长刘田夫（右五）一起在广州黄埔港码头指挥卸运石化设备。

改革“厮杀”

1978年12月，党的十一届三中全会确定了改革开放的国策。在财贸战线工作了20多年的杜祯祥，深知改革开放是一条充满荆棘的光明大道。邓小平要求广东“杀出一条血路”。杜祯祥怀着坚定的信心投入到这场历史大变革中。

广州1979年开办允许自由贸易的河鲜货栈 在全国率先勇闯价格关

“广州鱼”吹响价格改革号角

旧闻新读

本栏目由广州日报独家与广州市国家档案馆联合推出，敬请关注。

历史转折处的80年代

“众所周知，中国的改革开放是从安徽凤阳小岗村的包产到户开始的，可你知道吗，中国城市的改革却是由一条鱼引发进而燎原全国的……回忆起上世纪70年代末80年代初广州市进行的那场轰轰烈烈的水产品价格放开的改革，至今仍令人激动不已……”2007年1月，《中国渔业报》刊登了一篇题为“一条鱼，引发了中国城市改革”的文章，开篇中的这段文字引起了我强烈的兴趣，为什么说，广州的“一条鱼”，拉开了中国城市改革的序幕？那场轰轰烈烈的改革，给普通人的生活带来了什么样的冲击和改变，其间又发生了哪些精彩的故事值得我们铭记？且让我们带着这些问题，一起钻进厚

1979年，广州在全国办起了第一家可以自由贸易的河鲜货栈。

价改龙门 河鲜货栈勇闯头道关

匮乏记忆 每人两角票 家家吃死鱼

压力山大 “阵痛期”价格狂飙 “出头鸟”不怕丢乌纱

2014年11月27日《广州日报》“旧闻新读”。

当时有句话，“改革开放看广东，广东看广州”，广州成为全国改革开放的风向标。杜祯祥时任广州市委书记，负责经济方面的工作。经济体制的改革，首当其冲改的就是杜祯祥所管辖的经济领域。他在这场改革中既是直接参与者，也是负责人之一。

广州的领导首先解放思想，以开拓者和创新者的豪迈勇气，率先开放水产品市场，放开价格，允许个体经营，紧接着开放蔬菜、粮食市场。这是一个艰难的过程，这中间，要顶住各方面的责难，要忍受过程中的阵痛。由于迈出了这一大步，广州实行取消凭票证限量供应鱼肉蛋禽等副食品的制度，刺激了生产，平抑了价格，丰富了市场供应，取得了非常好的效果，在全国引起极大的轰动。

杜祯祥亲自参与主持的东方宾馆、南方大厦的改革，是全国改革的两个先进榜样——当年省委第一书记任仲夷在中山纪念堂4000人大会上如是说。

1980年，杜祯祥（前中）参加广州宾馆复业庆典。

杜祯祥（前排右一）参加著名的李占记钟表店合资经营的开业仪式。

杜祯祥（中）任广州市副市长期间，兼任中国出口商品交易会副主任。图为1978年参加广交会招待酒会。

日本福冈市客人回访广州，杜祯祥（前排左二）接待。

1979年，杜祯祥（前排右三）与广州市财贸商业系统的同事合影。

杜祯祥胸怀坦荡，一身傲骨。20世纪80年代初，正当他为改革日夜操劳时，一份全国性的报刊未经调查核实，便刊登了批评广州市委某部门“弄虚作假、欺上瞒下”违规进口汽车的报道，并点名杜祯祥为背后支持者。实际上这批汽车是市委常委会会议集体讨论决定，并报经省政府及国务院批准正常进口的十几辆低价二手小汽车，完全是为了当时工作需要。杜祯祥坦然面对，坚持原则说明事实，同时一心一意做着自己应该干的事情，表现了宠辱不惊、淡定从容、挫折面前不计较个人得失的品格。事后广州市委以正式文件向上级及相关部门澄清了事情的真相。

壮心不已

1983年，杜祯祥退居二线，担任广州市第一届顾问委员会主任。他一生遵循一个宗旨：只要为官，就要造福一方百姓；不管在哪个岗位，都要默默地散发自己的能量，退居二线了也要发挥余热。

20世纪90年代初期，中共广东省委书记谢非（右）向杜祯祥征求工作意见。

离开一线工作岗位后，杜祯祥仍关心广州的发展建设，注意将群众的意见反映给市有关领导，提出合理建议，态度谦虚而诚恳。图为他写的一些信。

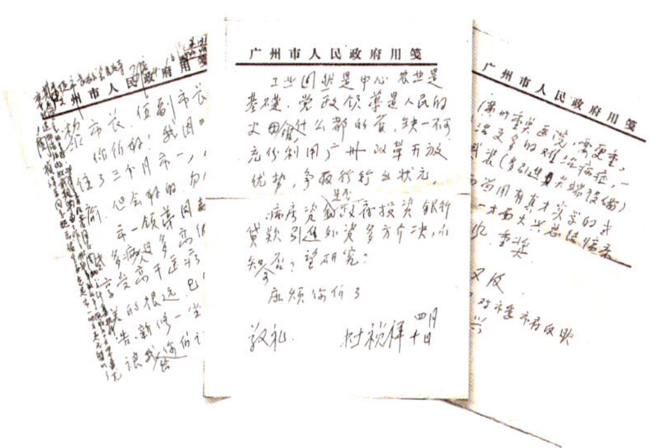

广州市人民政府用笺

1984年，杜祯祥（中）担任广州市顾委会主任时，率市二商局商业考察团出访美国。

20世纪60年代全家福，照于广州。

杜西江，是杜祯祥夫妇的第五个孩子。1979年年初在中越边境自卫反击战的一次战斗中不幸牺牲，年仅26岁。被授予“革命烈士”称号，追记三等功。

革命烈士证明书

杜西江同志在对越自卫还击战中壮烈牺牲，经批准为革命烈士，特发此证，以资褒扬。

中华人民共和国民政部

一九八三年 五月二十一日

20世纪80年代初，杜祯祥带着小儿子来到位于广西边境的烈士墓前，看望永远回不来的儿子。

李凡夫

坚持真理　坦荡立言

1906—1990

大事年表

1906年7月	出生于广东中山濠头乡一个贫苦的华侨工人家庭。原名郑锡祥
1926年	在广州中山大学附中读书时，接受进步思想
1929年	跟随广州中山大学何思敬教授去日本留学。1931年九一八事变爆发后回国，在中大读书，因发表革命文章，结识了中大同学谭国标、郑挺秀（广州文总六烈士之一），被反动当局开除。后到上海暨南大学读书
1933年夏	在上海加入上海社会科学家联盟
1934年	加入中国共产党，任上海社联党团委书记
1936年	以“李凡夫”的笔名在进步报刊上发表文章
1937年年初	担任中共上海临委书记。“七七”事变后到达延安，任《解放周刊》编辑，红军大学、抗日军政大学、陕北公学教员
1939年至1941年	任华北联合大学副教育长、教育学院副院长，中央政治研究室敌伪研究组组长
1943年至1945年	先后任八路军总政治部秘书、中央军委办公厅主任
1946年春夏	任中央军委干部队第二大队队长，由延安开赴东北
1946年至1949年	任辽吉省委、吉林省委宣传部副部长、吉林省委党校副校长
1949年起	随军南下任江西省委宣传部部长。中华人民共和国成立后，任中共中央华南分局宣传部副部长、中南局宣传部副部长和中央第五中级党校校长兼党委第一书记
1958年起	担任安徽省委常委兼调查研究室主任。其间，由于如实反映农村问题，1959年反右倾时被撤销领导职务，下放安徽大学当教授
1962年	蒙冤得到平反后，任安徽省委常委兼宣传部部长
1964年9月	任安徽省副省长。当选为第三届全国人大代表
1978年	当选为安徽省第四届政协副主席
1979年	任安徽省人大常委会副主任。同年调入中共中央组织部至离休
1990年10月	在北京病逝

20世纪30年代在上海是知名学者，40年代在延安是知名教授，李凡夫的一生是革命的一生，他在党的宣传和教育理论战线上勤奋耕耘，忘我工作，卓有成就。他在不同时期的作品，侧重点不同，但有一个共同的特点是实事求是，理论联系实际，说服力强。他勤奋的精神、对党忠诚和宽阔的胸怀、博学的才识、对子女的严格要求，令人敬佩。

投笔从戎赴延安

20世纪20年代，李凡夫在广州中山大学附中读书时，老师何思敬喜欢这个爱读书的学生，1929年带他去日本留学。李凡夫在日本通读了《资本论》，1931年九一八事变后，毅然弃学回国 。30年代，在上海向《时代论坛》《现世界》投稿，宣传进步思想，发表文章甚多，成为知名学者。其专著《日本的过去、现在和未来》等，曾成为当时上海市区颇有名气的作品。30年代中期延安特派员派冯雪峰去上海联络进步的知识分子，在鲁迅推荐下，李凡夫成为首批去延安的知识分子之一。

1931年，李凡夫就读国立中山大学预科时的照片。

1940年在华北联合大学任教，为了做好理论联系实际，在校长成仿吾同意下，李凡夫曾带领几个干部和教员到晋察冀四分区进行调查研究，了解当时敌后的政治、经济情况。十余天后回校进行总结，揭露了国民党反动派消极抗日、积极反共的罪行。

1942年，在延安整风审干中，李凡夫坚持真理，实事求是，经受了遭人诬陷的考验。1943年年初至1945年秋，先后担任八路军总政秘书、科长，中央军委办公厅主任。

1939年，华北联大负责同志挺进敌后于河北平山合影。左起：李凡夫、申力生、朱改、何干之、成仿吾（时任华北联大校长）、江隆基、吕骥（延安鲁艺教员）。

1942年5月，党中央在延安召开文艺座谈会，毛泽东主席和与会代表在杨家岭中央办公厅门前合影。三排左四为李凡夫。（出处：广东省地方史志办公室编：《父辈的足迹》，岭南美术出版社2009年版，第266页。）李凡夫回忆：主席见到我，亲切地和我握手说：“你是凡夫同志吧！”我说：“是的，我从敌后回来的。”主席的记忆力真好。（摘自李凡夫回忆延安的口述文稿）

抗战时期的李凡夫。

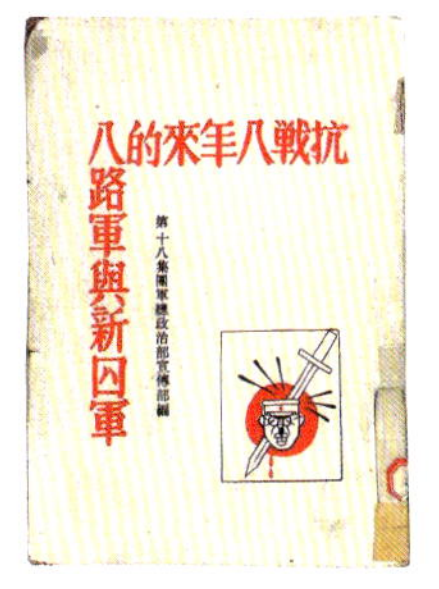

抗战期间，李凡夫根据中央的指示编写《抗战八年来的八路军与新四军》一书，在延安出版，受广大读者喜爱。

李凡夫著作甚多，代表作有《中国与日本》《革命的世界观与道德观》等。

在东北工作期间

1946年7月，李凡夫到珲春县兴仁区搞土改试点，任工作队队长，与吴南生一起工作。李凡夫掌握政策稳，工作成效好，得到吉林省委领导陈正人书记的肯定，将这个点的经验推广。

1947年李凡夫（后排右二）与陈坦（后排右一，时任东北珲春县委书记）、吴南生（后排中间）、陈怡（原名陈洁梅，前右一，抱着一岁的林英）等同志在东北珲春县合影。

1948年解放战争时期吉林省委扩大会议：右二袁任远，右三刘俊秀，左二孔原，左三杨尚奎，左四云广英，左五黄霖，左六伍晋南，左八白栋材，左九陈正人，左十李凡夫。

“报头字”的故事。1949年10月中旬广州解放，《南方日报》出版在即。10月13日，毛泽东题写了《南方日报》的报头，并在张云逸给叶子龙的信上批示：“照写如另纸。送张云逸同志。毛泽东十月十三日早。”10月23日《南方日报》创刊时，张云逸仍在途中，赶不上在创刊前将毛泽东题写的报头字送到。经中共中央华南分局宣传部部长萧向荣请示华南分局第一书记叶剑英同意，报头字由华南分局宣传部副部长李凡夫先写暂用，因此从10月23日到11月12日这21期报纸的报头字，是李凡夫写的。

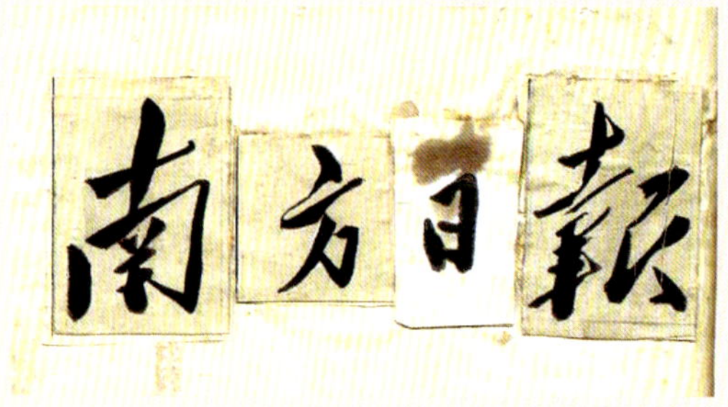

1949年11月13日，《南方日报》开始采用毛泽东题写的报头。图为制版字形。

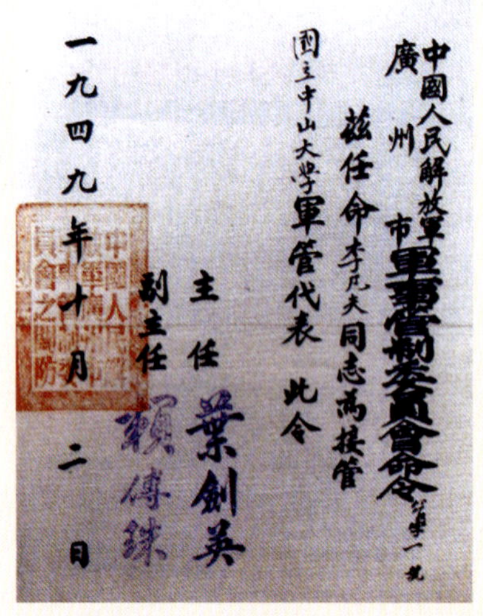
中國人民解放軍廣州市軍事管制委員會命令 第一號

茲任命李凡夫同志為接管國立中山大學軍管代表 此令

主任 葉劍英

副主任 賴傳珠

一九四九年十月二日

1949年，由叶剑英、赖传珠签发的对李凡夫的任命书。

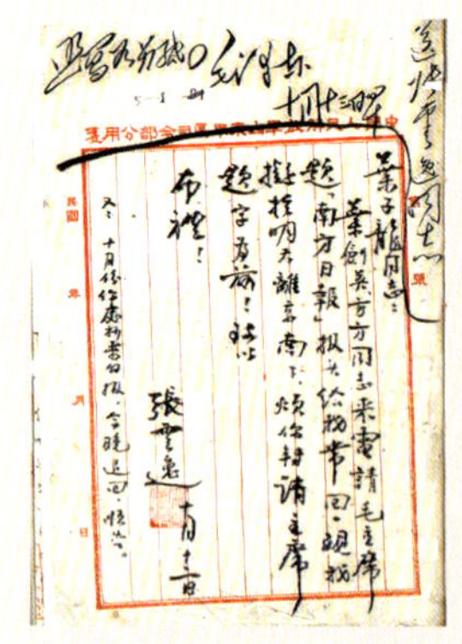
张云逸请毛泽东题写报头的信及毛泽东的亲笔批示。

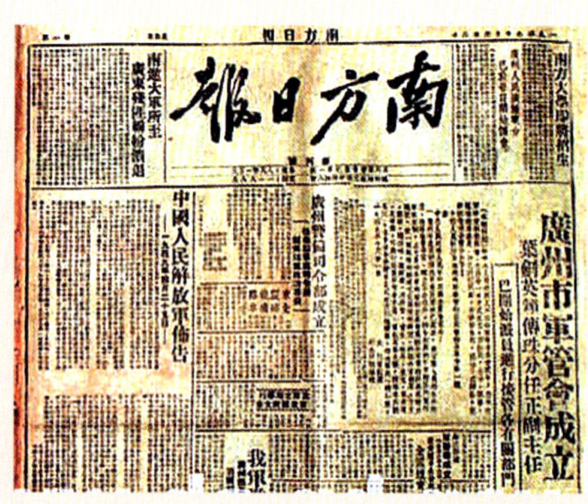
南方日報

中國人民解放軍佈告

廣州市軍管會成立

1949年10月23日，《南方日报》创刊号的第一版版面，报头由李凡夫题写。

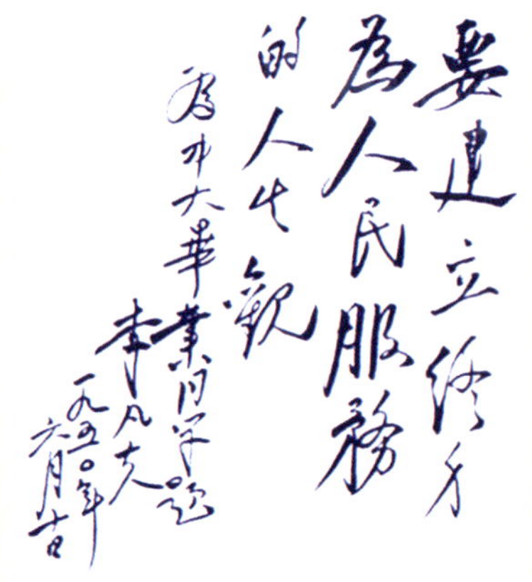

时任广州市军管会文教委员会主任李凡夫，1950年6月为《中山大学毕业同学录》题词。

1954年，李凡夫（前排左一）于湖北任中央第五中级党校校长兼党委第一书记，陈健（二排左二）任副校长、1958年10月至1963年5月任湖北省委党校党委书记兼副校长。黄荔容（右向上第六位），陈健的夫人。

1964年11月，李凡夫在安徽省任副省长时当选为全国人大代表到北京开会，与夫人陈怡于长城合影。

《李凡夫文集》，广东人民出版社1993年出版。

《怀念李凡夫同志》封面速写（李延声画）。

家人

李凡夫与陈怡（陈洁梅，下同）于1934年在上海地下革命工作中相识，1938年在延安清凉山结婚。

解放战争时期，陈怡先后在吉林珲春县委、吉林省委党校、江西南昌市文教接管委员会秘书处、华南分局宣传部等部门工作，任秘书、科长、处长等职。

抗战时期陈怡在延安。

1953年起，陈怡先后任中南工委文教部副部长、中共中央第五中级党校党史教研室主任、安徽大学党委宣传部部长、合肥工业大学马列主义教研室主任。其间因坚持原则，被错误批判，下放农场劳动。1962年3月恢复名誉和职务，任安徽哲学社会科学研究所所长、安徽省委宣传部顾问。

1979年7月，调中共中央组织部工作。1985年12月离职休养。

1935年暑假，陈怡曾在日本留学，参加中国留学生文化大同盟左派进步组织的马列读书会，在日本房州合影。前排左起：伍乃茵、李云扬、何干之、叶泽山、叶抱冰、梁未闻、陈怡、李嘉人；后排左一张景宁、左三唐泽湘。

1938年，陈怡在延安。

1938年，李凡夫拍结婚照，作为纪念。

1939年，在延安当女生队队长的陈怡。

1948年，在东北解放区吉林珲春县，陈怡与儿子延声和女儿林英合影。

中华人民共和国成立初，老红军龙德山（曾为贺龙喂马）与李凡夫的儿女延声和林英合影。延声儿时随父母从延安北上过敌人封锁线不慎从马背上掉到战壕里。行军不能停，龙德山从战壕找回了孩子。

1950年，李凡夫与儿子延声在广州。

1954年，李凡夫与陈怡及五个子女于江西庐山。

安享晚年

1985年，李凡夫、陈怡夫妇参观儿子李延声在中国美术馆的“正气篇”人物展。

李凡夫夫妇几十年来同甘苦共患难，相濡以沫，相伴终身。

1986年，中国人民大学纪念抗大建校50周年展览，李凡夫与夫人陈怡及儿女延声、林英前往参观，并题词“抗大精神永放光辉”。

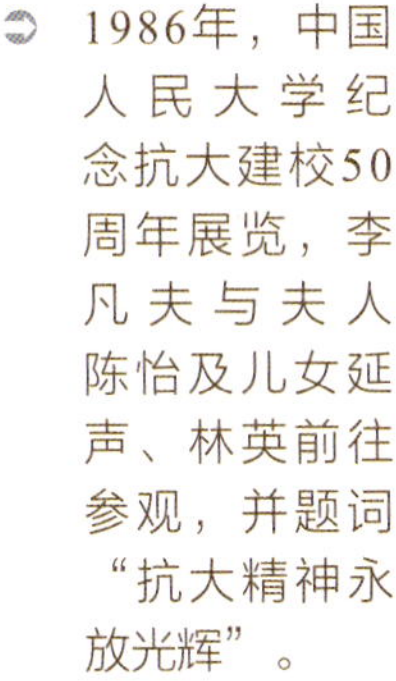

抗大精神
永放光辉
李凡夫
一九八六年
六月十五日

1986年李凡夫八十寿辰，中共中央组织部同志到李凡夫家中慰问，并与其家人合影。

李云扬

天山志 新疆情

1913—2004

大事年表

1913年12月	出生于广东台山冲蒌镇南和里村。原名李吉荣
1933年夏	组织台山读书会
1935年8月初	到日本东京留学
1936年	加入中国共产党
1937年5月	回国到上海，9月底到达延安，随后进入中央党校学习
1938年2月初至1940年	受延安派遣到新疆，先后任新疆省立一中校长、巴楚县县长
1942年6月	被盛世才软禁，之后关进第二监狱
1946年7月至1947年	被释放回到延安，到晋绥军区政治部工作，任吕梁区土改工作团团长
1949年2月	调任华北中学副校长。11月被任命为中国顾问团团长罗贵波政治秘书，赴越南抗法援越
1952年10月	任中央组织部政教科长
1953年至1955年	任高教部副司长、综合大学教育司司长
1957年4月	任国务院侨务委员会委员
1962年2月至1964年1月	先后任江西大学副校长、党委书记
1966年6月	任江西省“文化大革命”领导小组副组长，后受冲击失去自由
1967年10月	中央专案组二办将李云扬作为所谓新疆叛徒集团主犯之一，用专机押送北京军区监狱关押监禁。1975年4月被释放
1977年11月	任中国科学技术大学副校长
1979年1月	任暨南大学党委第二书记兼常务副校长
1984年7月	离休
2004年3月	在广州逝世

20世纪30年代初，在广东家乡的李云扬、伍乃茵，本可以一个做乡间文化人，一个做大户贵妇人，但他们像那个时代千千万万的热血青年一样，为了理想的美好中国，义无反顾地投身到充满危险的抗日救国斗争中。全面抗战时期，他们受延安派遣到新疆进行统战工作。70年后，新疆巴楚县为李云扬夫妇树碑立传：倾尽热血，丹心一片，鞠躬尽瘁，奉献巴楚，他们如胡杨般高尚的精神品质永远铭记在巴楚各族人民心中。

闪亮新疆

李云扬、伍乃茵夫妇分别于1938年、1939年受党的派遣，从延安到新疆，从事建设新疆抗日大后方，建立抗日统一战线的工作。1942年被背信弃义的军阀盛世才逮捕入狱。狱中他们和战友们一起大义凛然坚持斗争，终于1946年7月集体胜利回到延安。他们认为在新疆的八年是自己青春最为闪亮的一段时期，是最值得怀念的时光。他们一生永怀天山云天志，不忘新疆人民情。

1938年2月，李云扬受党派遣与林基路一起从延安中央党校到新疆工作，被任命为迪化省立一中校长兼新疆学院教授。

1939年年初，李云扬被盛世才调离一中前往喀什时，一中师生集资赠给李云扬的金牌。

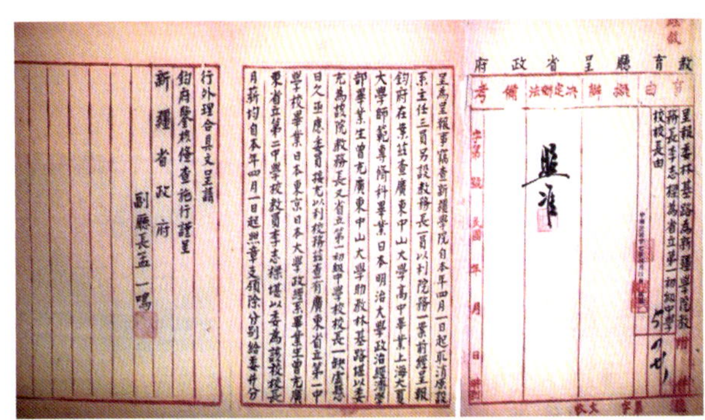

教育廳呈省政府

由　擬辦　決定辦法　備考

呈報委林基路為新疆學院教務長李志樑為省立第一初級中學校校長由

擬准

呈為呈報事竊查新疆學院自本年四月一日起取消原設系主任三員另設教務長一員以利院務一案前經呈報鈞府在案茲查廣東中山大學高中畢業上海大夏大學師範專修科畢業日本明治大學政治經濟學部畢業生曾充廣東中山大學助教林基路堪以委充為該院教務長又省立第一初級中學校長一缺[illegible]日久亟應委員接充以利校務茲查有廣東省立第一中學校畢業日本東京日本大學政經系畢業生曾充廣東省立第二中學校教員李志樑堪以委為該校校長月薪均自本年四月一日起照章支領除分別給委并分行外理合具文呈請

鈞府鑒核俯查施行謹呈

新疆省政府

副廳長孟一鳴

1938年，新疆教育厅对林基路和李云扬（化名李志樑）的任命书。

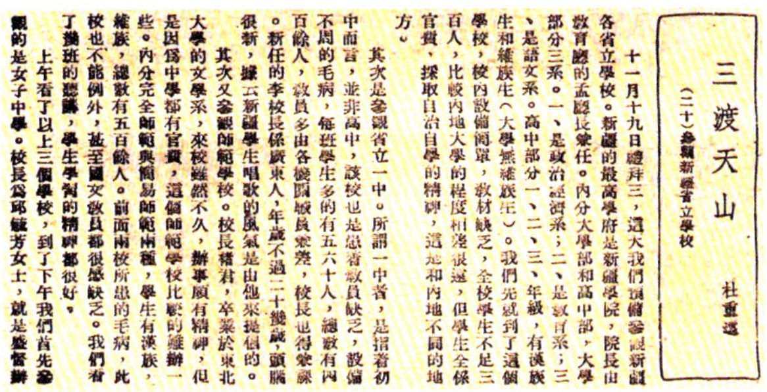

三渡天山

（二十）參觀新疆省立學校

杜重遠

十一月十九日禮拜三，這天我們預備參觀新疆各省立學校。新疆的最高學府是新疆學院，院長由教育廳的孟廳長兼任。內分大學部和高中部，大學部分三系。一、是政治經濟系；二、是教育系；三、是語文系。高中部分一、二、三、年級，有漢族生和維族生（大學無維族生）。我們先就到了這個學校，校內設備簡單，教材缺乏，全校學生不足三百人，比較內地大學的程度相差很遠，但學生全係官費，採取自治自學的精神，這是和內地不同的地方。

其次是參觀省立一中。所謂一中者，是指着初中而言，並非高中，該校也是感着教員缺乏，設備不周的毛病，每班學生多的有五六十人，總數有四百餘人，教員多由各機關職員兼差，校長也得兼職。新任的李校長係廣東人，年歲不過二十幾歲，頭腦很新，據云新疆學生唱歌的風氣是由他來提倡的。

其次又參觀師範學校。校長稽君，卒業於東北大學的文學系，來校雖然不久，辦事頗有精神，但是因爲中學都有官費，這個師範學校比較的難辦一些。內分完全師範與簡易師範兩種，學生有漢族、維族，總數有五百餘人。前面兩校所患的毛病，此校也不能例外，甚至國文教員都很感缺乏。我們看了幾班的聽講，學生學習的精神都很好。

上午看了以上三個學校，到了下午我們首先參觀的是女子中學。校長爲邱毓芳女士，就是盛督辦

著名社会活动家杜重远在《三渡天山》系列通讯中特别提到“新疆学生的唱歌风气是由他（李云扬）提倡的”。这里唱歌指的是八路军来到乌鲁木齐后掀起的大唱抗日歌曲的热潮。

1940年以前，巴楚县的生产非常落后：“洪水来了遭水灾，洪水走了受旱灾”，携儿带女逃荒要饭的很多。县的交通也十分困难，与外地的往来极少。李云扬上任县长后，在两年多的时间里，按照人民的愿望大抓水利和交通建设，领导全县人民修建红海子水库和

1940年夏，李云扬被任命为巴楚县县长，伍乃茵被选为妇女协会主任。前排中为李云扬。

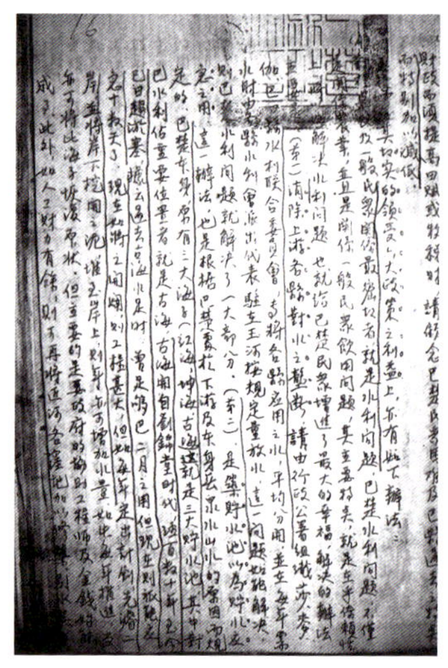

李云扬经三个月调研后写出针对巴楚问题的长篇报告。图为原稿。

1989年，李云扬、伍乃茵在亲手参与建设的巴楚红海子水库畔合影。

贯通大半个县的大干渠——民生渠，以及三岔口到喀什的一大段汽车路。巴楚有民间传说：在红海子水库施工期间，李县长经常住在工地上与民工一起劳动。红海子水库修成后，群众编了歌唱李县长的歌曲，歌词中说："红海子水库修成了，幸福的种子播下了，感谢父亲李县长，我们永远记住您。"至今水库和公路已用了40余年，造福当地民众。

伍乃茵

1914年11月15日出生于广州，原名伍翠云。1932年在女师高中就读时，受何干之、谭国标、赵慕鸿教诲，热衷于读进步书籍。1932年秋与同学吴洵文（草明）一起参加欧阳山主编的《广州文艺》的发行工作。1933年春，加入广州文化总同盟社会科学家联盟。1937年12月初，进入抗大学习。1938年4月，被任命为抗大二大队五队（女生队）队长。

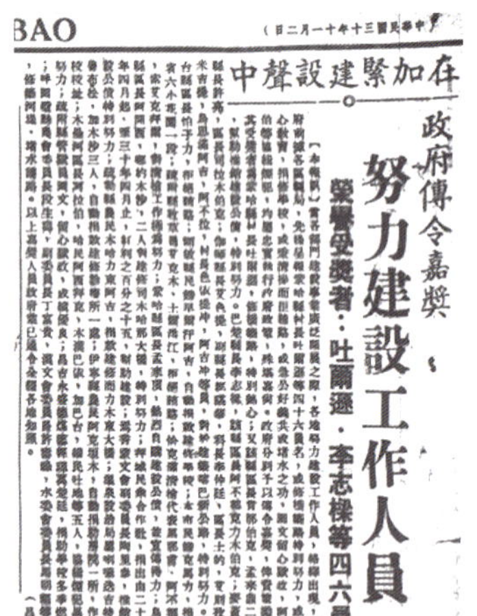

BAO

在加緊建設聲中

政府傳令嘉獎

努力建設工作人員

受獎者：吐爾遜、李志樑等四六員

1940年11月，《新疆日报》发表新疆省政府传令嘉奖努力参加新疆建设的人员报道。李云扬（李志樑）作为县级官员被通令受奖。

1939年6月，伍乃茵（后排左二）受延安派遣，由抗大女生队来到喀什疏勒女子学校。

1992年，李云扬（左二）与50多年前建设红海子水库的农牧民合影。

在疏勒女校任校长时，伍乃茵（二排中）与学生合影。

20世纪80年代，伍乃茵（前排左）在新疆与当年妇女协会的干部热情拥抱。

伍乃茵当年是一位文学青年。参加革命后，成为广州“文总”的骨干成员，她一生热爱并从事文化教育工作。1948 年调往晋绥军区《战斗报》工作，后参加中央慰问团去大西北访问，1959年起三次南下广东，采访陈铁军战友和亲属，写出《记陈铁军烈士》一文，发表于1962 年 5 月的《中国妇女》杂志。20世纪60年代任江西人民出版社副社长、江西工学院党委副书记，1977年任中国科学院合肥分院副院长。1983年8月离休。

夫妻入狱

1942年，新疆反动军阀盛世才悍然将在疆的所有八路军人员软禁，不久分别关押在第二和第四监狱。这是1983年9月当年的难友们和他们的后代再次来到第四监狱旧址前合影。站立者左七为伍乃茵，右七为李云扬。

当年狱中党员骨干。前排左起：秦化龙、马明方、张子意、李宗林、刘护平、谢良、李云扬、李何；后排左起：刘勉、朱旦华、杨之华、伍乃茵、沈谷南、杨锡光、方志纯、高登榜、严振刚。在狱中，李云扬、伍乃茵分别负责男女牢房的学习工作。

当年在女牢的全体出狱的女同志和小难友们。当时狱中党组织分派伍乃茵（后排右二）负责一位小难友的养育。

1946年7月，出狱全体人员在延安中央党校二部合影。三排右五为李云扬，右九为伍乃茵。

1987年，李云扬（右一）、伍乃茵（左一）在北京与大小难友再次欢聚。左二至左四：方玲之、鄢仪贞、吉新华、高登榜。

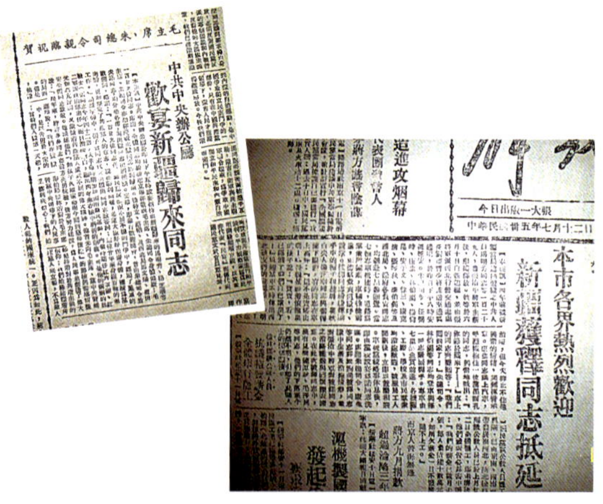

毛主席、朱總司令親臨祝賀

中共中央辦公廳
歡宴新疆歸來同志

今日出版一大張

本市各界熱烈歡迎
新疆獲釋同志抵延

1946年7月11日，经中共中央营救，新疆大小难友129人分乘10辆大卡车，胜利回到日思夜想的延安。朱德、任弼时、林伯渠等多位中央领导到七里铺欢迎。第二天《解放日报》头版报道此事。毛泽东也出席了其后的中央办公厅欢迎宴会。

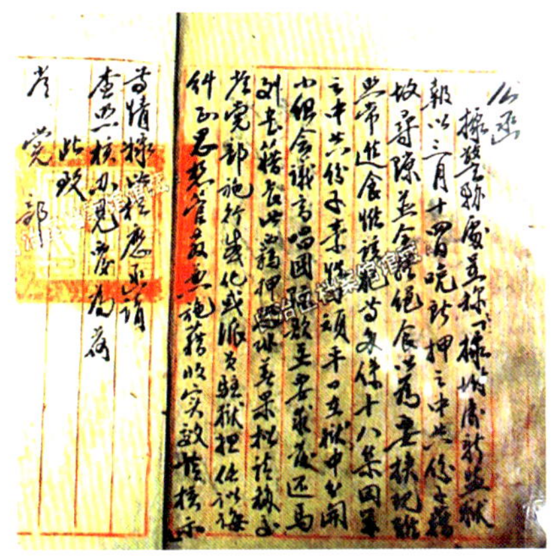

监狱写给省党部的报告。从反面说明了当时的八路军人员一系列监狱斗争的顽强与坚决。

1960年春节，新疆出狱的老战友们聚会合影。后排左四、左五分别为李云扬、伍乃茵。

故地浓情

1983年，李云扬（三排左二）、伍乃茵（二排右三）参加纪念陈潭秋、毛泽民、林基路烈士牺牲40周年的狱中大小难友合影。

当地人民常来此处凭吊李云扬、伍乃茵。

2013年，巴楚人民在红海子水库旁建起了“云扬亭”，立起介绍李云扬、伍乃茵事迹的石碑。按照李、伍的遗嘱，他们的一半骨灰埋葬在此处，以日夜眺望李云扬为巴楚人民带来欢乐与幸福的红海子水库。

在上海静安区援疆工作团支持下，巴楚县委、县政府在红海子景区建起李云扬纪念馆，以加强对青少年的爱国主义教育。

1983年，李云扬（前排左四）、伍乃茵（前排右四）重返巴楚县，与当年县政府官员合影。

深情永恒

离休后李云扬的诗《忆天山》，表达了两位老人心系天山的难舍之情。

伍乃茵离休后多次把新疆战斗生活作为笔下题材。这是表达对陈潭秋、毛泽民、林基路三烈士敬仰之情的画作《血沃天山》。

李嘉人

肝胆照日月 柳树叶常青

1914—1979

大事年表

1914年3月	出生于广东台山三八镇马岗村。原名李德亮
1933年9月	在广州参加社会科学者联盟广州分盟工作
1934年2月	广州中国新闻学院毕业，在广州《西南晚报》工作
1935年2月	留学日本
1936年9月	在广东台山参加抗日救亡运动
1938年7月	加入中国共产党。8月任中共四邑工作委员会宣传部长、中共台山县中心支部书记，县工委书记，县委宣传部部长
1940年7月	任广西德智中学、西南商业专科学校教师、讲师，从事党的地下工作
1944年6月	先后在广东人民抗日游击队珠江纵队、东江纵队工作
1945年8月	任中共广州文化统战特派员
1946年9月	在中共港粤工委统战委员会做统战工作
1947年6月	任中共中央香港分局政治秘书，香港工委（中共港粤工作委员会1947年6月后称香港工委）群众工作委员会副书记
1949年5月至1951年5月	任中共中央华南分局委员、秘书长，华南分局副秘书长
1951年12月	任华南垦殖局副局长
1954年9月	任广东省委国营农场部部长、华南农垦总局局长
1958年4月	任广东省副省长
1961年12月	任广东省委常委、广东省副省长
1965年2月	任广东省副省长兼中山大学党委第一书记、中山大学第一副校长
1967年3月	“文化大革命”中受冲击，被监禁
1972年5月	到中山大学英德红桥“五七”干校劳动。10月，任中山大学革命委员会主任。
1976年10月	任中共广东省委统战部副部长
1977年1月	任中共广东省委党校第一副书记、第一副校长；中山大学校长、党委书记
1977年12月	任广东省革命委员会副主任兼中山大学校长、党委书记
1979年12月	在家中逝世

在战争年代，李嘉人辗转两广许多地区，为革命持枪执笔，组织群众，随时准备牺牲自己；中华人民共和国成立后，他为华南的垦殖事业，为党的统战工作，为文化、科教事业，呕心沥血，不辱使命，直到生命最后一刻，正是："唇枪笔剑勤统战，农垦文教善耕耘。肝脑涂地无反顾，黄花晚节愈芳芬。"

投身革命

1933年9月，李嘉人在广州参加抗日救亡运动。1935年为寻求科学救国真理，他与何干之等一起赴日本东京留学。在日本，他努力学习哲学、社会教育学等，积极参加中国留学生中的左翼文化团体组织"社联"的进步活动。

1936年，李嘉人回到家乡，在台山培英中学任教，组织老师成立联合会；教育引导学生积极参加台山《劲风日报》、台山青年抗日同志会以及广东青年抗日先锋队的抗日救亡活动。1938年7月，由留日同学邝启常介绍加入中国共产党，同年任中共台山中心支部书记。

1935年，日本千叶房州马列读书会小组。三排左一为李嘉人。

1935年，日本千叶房州马列读书会成员和房东在一起。前排右一为李嘉人。

1938年，李嘉人（三排右三）与台山青抗会同志合影。

橡胶垦殖事业的开拓者

1951年11月初华南垦殖局成立，这是中共中央把橡胶事业的发展同国防建设结合起来，加强边境地区防务，自给自足屯垦成边的一项战略措施。时年37岁的李嘉人被推荐并任命为华南垦殖局专职副局长。从1952年至1958年整整7年时间，李嘉人成了广东垦殖战线实际上的执行指挥员，率领由军队转业官兵、全国调集的农林学家、技术人员以及一大批大学毕业生和民工组成的20多万人的垦殖大军艰苦创业，奋战在粤西、海南等地。

1951年的李嘉人（时任华南垦殖局副局长）。

1951年的李嘉人（后排左二，时任华南垦殖局副局长）。

1952年4月，在东莞招待所（右一李嘉人）。

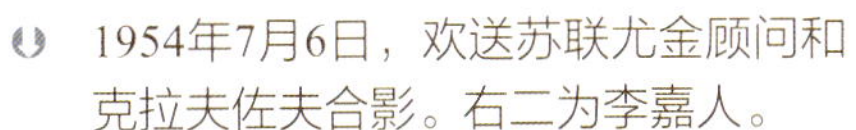

1954年7月6日，欢送苏联尤金顾问和克拉夫佐夫合影。右二为李嘉人。

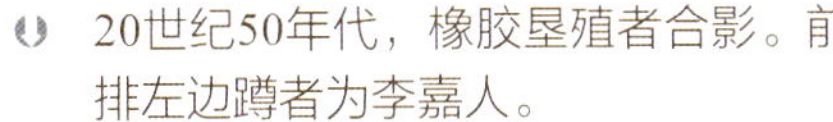

20世纪50年代，橡胶垦殖者合影。前排左边蹲者为李嘉人。

送尤金顧問和克拉夫佐夫合影
1954.7.6.

20世纪50年代，李嘉人（二排中）在湛江农垦局。

1956年10月，时任华南垦殖局局长李嘉人（后排中）率团出访印度尼西亚，考察热带作物种植业。

在省政府工作

在1958年4月广东省第二届人民代表大会第一次会议上，李嘉人当选为广东省副省长，主管科技、文教、卫生方面的工作。在任期间，他坚决贯彻党的文教工作方针政策、党的知识分子政策和统一战线政策，认真做好团结教育知识分子的工作，满腔热情地努力办好和发展文教卫生事业。广东省各地陆续增建小学、中学，地市一级的医院条件也有所改善，文教卫生事业的发展趋向越来越好。

20世纪50年代的李嘉人。

20世纪60年代，李嘉人在中山大学。

20世纪70年代，时任广东省革命委员会副主任李嘉人（右二）在欢迎澳大利亚交响乐团来访的座谈会上。

1975年，李嘉人（右）在北京与著名教育家周培源交谈。

1976年春节，李嘉人在中山大学。

在中山大学的日子里

1965年2月，为加强对文教工作的领导，广东省委决定李嘉人兼任中山大学党委第一书记、副校长。至1979年，他“三进三出”中山大学的故事几乎全省干部皆知。

1965年到中山大学工作，“文化大革命”中被作为“走资本主义道路的当权派”打倒，遭受非常人所能忍受的折磨及长达5年的监禁。

1972年1月，任中山大学革命委员会主任、党委书记。他带领学校领导班子

1978年6月9日，复办暨南大学第一次董事会与会人员合影。前排左十一为李嘉人。

大刀阔斧地整顿被严重破坏的教学秩序，重新强调基础教学，复建外语系，扩建数学系，增加专业。由于他坚决反对“四人帮”在教育界的倒行逆施，加上在1976年年初的“批邓反击右倾翻案风”中又旗帜鲜明地坚持反对和抵制“批邓”，因而再次被批判免职，离开中山大学休养。

1977年3月，国务院任命李嘉人为中山大学校长。第三次回到中山大学后，他以更大的热情为扭转被极“左”路线破坏的广东教育事业而呕心沥血，拨乱反正。

1977年李嘉人任中山大学校长后，为恢复和发展广东的文教事业夜以继日地工作，导致急病住院，稍好后又马上投入工作。1979年，他刚刚做了一次大手术，但为了打开中美高等教育开展交流的局面，建立起中山大学与美国加州大学洛杉矶分校的交流关系，毅然接受教育部的委派，率领中山大学学术代表团，不辞辛苦远渡重洋赴美国访问。在紧张繁忙的20多天访问中，圆满地完成各项预定任务，取得积极的成果。

1979年，李嘉人（中）访问美国。

1979年，李嘉人率团赴美国加州大学洛杉矶分校进行学术交流活动。站立者为李嘉人。

李嘉人（中）校长向加州大学洛杉矶分校副校长斯文森赠送纪念品。

1979年11月17日，中山大学与美国加州大学洛杉矶分校签订合作协议后合影。前排中为李嘉人。

访美回来，李嘉人一天也没有休息，又扑到繁忙的工作中。1979年8月底，他的心脏病又发作了，经过三天的抢救才脱离危险。然而，当病情刚刚开始稳定，他又考虑起工作，关心着中山大学与美国加州大学洛杉矶分校合办的英语培训中心，甚至在病床上热情、耐心接待来访群众。

1979年12月22日，抱病参加省五届人大二次会议的李嘉人因突发性心力衰竭倒在了他的工作岗位上，享年65岁。

家人

1954年，李嘉人与夫人许稚人合影。

20世纪50年代，李嘉人在长城留影。

1976年，李嘉人与子女合影。

大事年表

1921年10月	出生于广东大埔百侯镇侯南村一个穷苦农民家庭
1935年秋	在上海参加“左翼教联”工作
1936年6月	加入中国共产党
1937年9月	任文化界内地服务团成员
1937年10月至1947年夏	受中共党组织委派，加入国民党张发奎部战地服务队做统战工作，是第四战区中共特别支部成员，曾任第四战区长官司令部警卫营连指导员和游击基干大队指导员。先后进入中央军校第十七期步兵科和陆军大学参谋班学习。毕业后任第四战区长官司令部排长、连长和参谋处上尉作战参谋。曾参加淞沪会战、武汉会战、桂柳会战和华南区日军受降
1948年5月至1949年9月	被中共中央香港分局委任为十万山地区政治特派员和粤桂边区党委军事特派员、中国人民解放军粤桂边纵队参谋长
1949年10月	任中国人民解放军广州军事管制委员会副秘书长
1950年年初	任华南分局党校（广东革命干部学校）筹备组负责人，筹建党校，任党校教务处副处长
1950年夏	任华南分局土改委员会土改总团第三分团副团长，同年年底调任华南分局第三书记方方的政治秘书兼土委会调研处处长
1952年至1955年	任广东省人民委员会（省政府）办公厅主任秘书，广东省人委办公厅副主任、主任
1955年至1956年	在北京高级党校（中共中央党校前身）厅局级干部轮训班学习一年
1956年至1966年	任中共广东省委书记处第一办公室主任兼省委副秘书长、省委政策研究室主任
1967年	任广东省军管会办公室副主任
1967年夏至1973年春	在“文化大革命”中受到审查和迫害
1973年至1977年	任广东省革命委员会办事组副组长，省委副秘书长兼办公厅主任
1978年3月至1983年2月	任广东省委常委、秘书长，中共广东省委党史资料征集委员会主任（1981—1989）
1983年2月至1985年7月	任省委常委
1985年9月至1993年1月	任政协广东省委员会第五、第六届副主席，党组书记。出版多部作品，笔名杨石
1992年	离休
2015年7月	在广州逝世

杨应彬

统一战线的忠诚战士

1921—2015

杨应彬曾写《咏红棉》诗：“南海苍茫南岭娇，东风怒卷粤江潮。百年多少英雄血，溅上红棉照碧霄。”短短二十八字，道出作者的战士情怀与革命气概。2014年出版的《杨应彬诗词》中，这首诗被置于卷首，足见作者对这篇作品的自爱程度，其寓意也正是他革命生涯与高风亮节的生动写照。

陶行知为他题书名

杨应彬出身贫寒，少时得益于著名教育家陶行知派出一批进步教师到复办的百侯中学任教，靠老师帮助、学校资助以及勤工俭学，杨应彬才读了两年初中。

1934年暑假，杨应彬随百侯中学潘一尘老师到上海，他用几十页旧日历纸，记录下赤脚走了50里山路到高陂，然后经潮州、汕头到上海的所见所闻，描述了上海租界内外十分强烈的贫富对比，表达了自己愤慨的心情。在上海，他有幸认识了陶行知先生。陶先生看到杨应彬在上海写下的日记，亲自题写书名《小先生的游记》予以出版。不满13岁的杨应彬出版了他的第一本书。

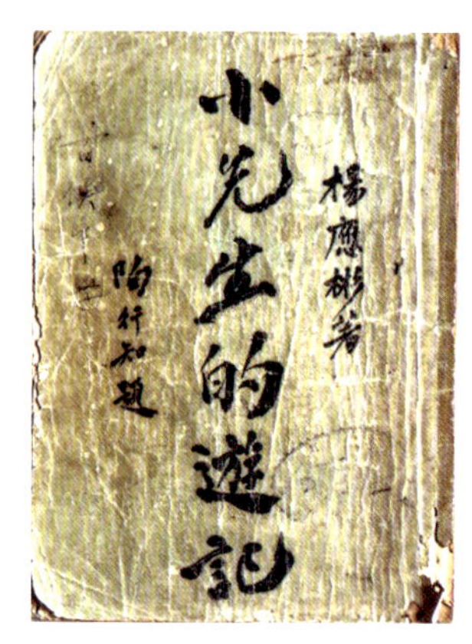

曾被列为禁书的《小先生的游记》1935年至1949年再版12次。

1935年，杨应彬在上海进入陶行知创办的山海工学团工作，在那里认识了王洞若、王东方、张劲夫（时任山海工学团团长）等共产党人，接受了革命启蒙教育，1936年由王洞若、王东方介绍加入中国共产党，从此走上革命道路。

山海工学团成员在上海合影。左十为杨应彬。

百侯中学师生合影。二排左一（着黑衣者）为杨应彬。

“特支”十载写传奇

1937年淞沪会战打响后，受中共党组织派遣，杨应彬到第八集团军张发奎部战地服务队工作。根据周恩来的指示，在战地服务队工作的10名共产党员组建了中共特别支部，由周恩来直接领导，“特支”后来发展到20多位党员。杨应彬是在特别支部中时间最长的党员，一直战斗到1947年才撤离，在张发奎部从事了长达10年的统一战线工作。

战地服务队成员在江山合影。三排左三为杨应彬，前排右四为张发奎将军。

1938年，杨应彬（左一）、洪冰（右一）在浙江金华抗战小学。

1945年12月3日，杨应彬、郑黎亚举行婚礼的合影。

“广交朋友，做出表率，树立威信”，是杨应彬从事党的秘密工作和统一战线工作的一个法宝。1940年，杨应彬受党派遣进入中央军校四分校（贵州独山）第十七期学习。其间，他刻苦学习锻炼，在全总队1000多人的考试中名列第一。国民党特务怀疑杨应彬是共产党员，并下令秘密处决他。正因为有这个第一，区队长王应锻有意拖延；张发奎得知杨应彬获得第一名十分欣慰，写信给军校主任，杨应彬才化险为夷。

1947年年初，杨应彬将抗战期间中日军队50多次战役编绘成图表，出版《八年抗战史料图解》。

晚年杨应彬（右一）与黄埔军校同学在一起。

驰骋粤桂边

1948年12月，国民政府广东省保安第十团团长陈一林率部1000多人起义。杨应彬此时任中共中央香港分局和粤桂边区党委军事特派员，他利用其与陈一林同是张发奎旧部、客家老乡的关系，迅速与陈取得联系，安排陈与中共粤桂边区负责人梁广会晤，把保十团改编为粤桂边区人民革命武装第八支队。1949年6月，经中共中央批准，成立中国人民解放军粤桂边纵队，杨应彬任纵队参谋长，陈一林任纵队主力六支队司令。

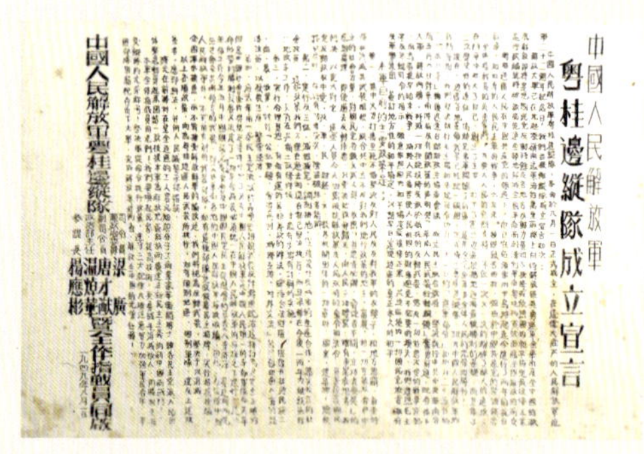

中國人民解放軍
粵桂邊縱隊成立宣言

中國人民解放軍粵桂邊縱隊
梁廣
唐才猷
溫焯華
楊應彬

1949年，中国人民解放军粤桂边纵队成立宣言。

20世纪80年代，粤桂边纵队领导同志在广州合影。左起：杨应彬、温焯华、梁广、黄其江、唐才猷。

当好省委"大秘"

中华人民共和国成立后，杨应彬先后任广东省人民委员会办公厅主任、中共广东省委副秘书长、省委常委兼秘书长等职，长期在省委、省政府主管办公厅、政策研究室等工作。他勤政务实，努力当好参谋助手。

1950年年初，广东革命干部学校开学留影。后排右二为杨应彬。

1950年秋，龙川土改时合影。后排左二为杨应彬。

杨应彬（前排左）陪同叶选平（前排中）在百侯农村调研。

杨应彬长期在省委主管农村政策研究。1960年，他敏锐地觉察到农村政策可能出了问题，提出了“联产责任制”的意见，受到当时省委主要领导人的重视，他还为省委起草了一系列农村政策的文件和领导人的讲话稿，因而被指为“死党”“灵魂”，在“文化大革命”中一并受到“清算”。但历史证明，杨应彬坚持实事求是，当时所提的意见是正确的。

党的十一届三中全会后，杨应彬任省委常委兼秘书长，后分管宣传和科教文卫方面的工作。他尊重知识、尊重人才，不打棍子，不扣帽子，不以个人的好恶划线，放手让他分管的各个部门去探索，帮助他们解决工作中的实际问题。那时杨应彬结识了一大批作家、诗人、教授、医生、演员等方方面面的朋友，许多人都视他为良师益友，有话都愿意向他倾诉。

一生“老统战”

1985年杨应彬任广东省政协副主席、党组书记，直至离休。他说，他革命生涯的两头都在统一战线工作岗位上，非常有意义。他勤勤恳恳工作、主动联系群众，实事求是，敢于负责，赢得广东省干部群众以及港澳台同胞、海外侨胞的一致好评和赞誉。

1992年秋，杨应彬在广州火车站迎接刘景容女士。

1980年国民党元老张发奎在香港去世，20世纪90年代初张发奎夫人刘景容给时任广东省政协副主席的杨应彬来信，希望将张发奎的骨灰迁回始兴安葬。杨应彬接信后积极行动，做了大量细致的工作。1992年秋，张发奎的骨灰终于迁葬至他的家乡始兴县隘子镇彩岭村的青山绿水之间。整个迁葬过程杨应彬夫妇全程陪同，给张夫人以及张发奎的旧部留下深刻的印象，在海内外产生良好的影响。

1992年11月7日，叶选平（右三）在中山纪念堂会见护送张发奎骨灰回乡安放的刘景容（左三）、张威立（张发奎之子，右二），左一杨应彬。

台湾防务部门前负责人伍世文是张发奎旧部的后代，是抗战时期柳州窑埠街实验小学（四战区长官部子弟小学）的学生。时任中共特支书记的郑黎亚曾担任该校校长。学校注重培养孩子们高尚的道德观念、分辨是非的能力，教育孩子们坚持团结、坚持抗战。一些跟随父母到了台湾的同学，后来成为国民党的高官，担任台湾的"海军司令""空军司令"等要职，他们坚持团结，反对分裂，年逾古稀仍奔走于两岸之间，为祖国统一大业尽力。

1944年，窑埠街小学、志锐中学部分师生合影。前排中为郑黎亚，前排右二为伍世文。

2012年6月，杨应彬（前排右二）、郑黎亚（前排左二）夫妇会见伍世文（前排右一）、张唯娴（后排右四）夫妇。

杨应彬（左）与曾宪梓在一起。

岭南知名作家

杨应彬一生勤于笔耕，在繁忙的党务政务工作之余，仍挤时间写作，共创作散文、诗词、政论等多种体裁的文章130多万字，刊印30多万册。

1985年后，杨应彬兼任中国国际文化交流中心广东分会理事长，中国陶行知研究会副会长、名誉会长，中华诗词学会副会长，广东诗词学会、广东陶研会会长，广东黄埔军校同学会名誉会长等职务，是中国作家协会和广东作家协会会员。出版著作有：《小先生的游记》，散文集《岭南春》，诗集《东湖诗草》《东山浅唱》《东廓吟鞭》《杨应彬诗词》，论文集《碎砖集》《春草集》《杨应彬文选》，回忆录《金华集》（与郑黎亚合作），以及《杨应彬珍藏》等。

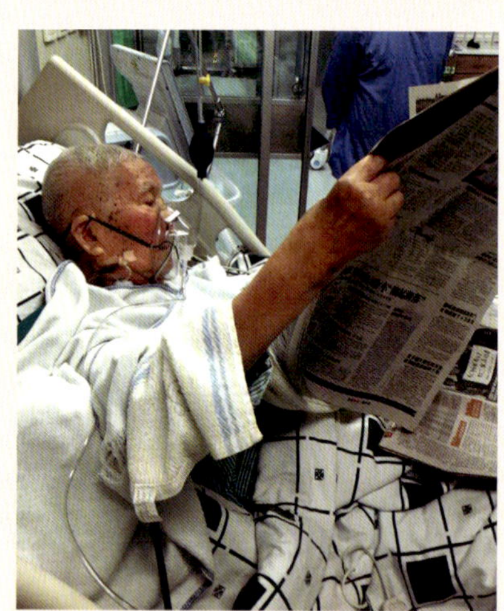

杨应彬酷爱读书。这张摄于ICU病房的照片拍摄时间距杨应彬去世仅十几天。

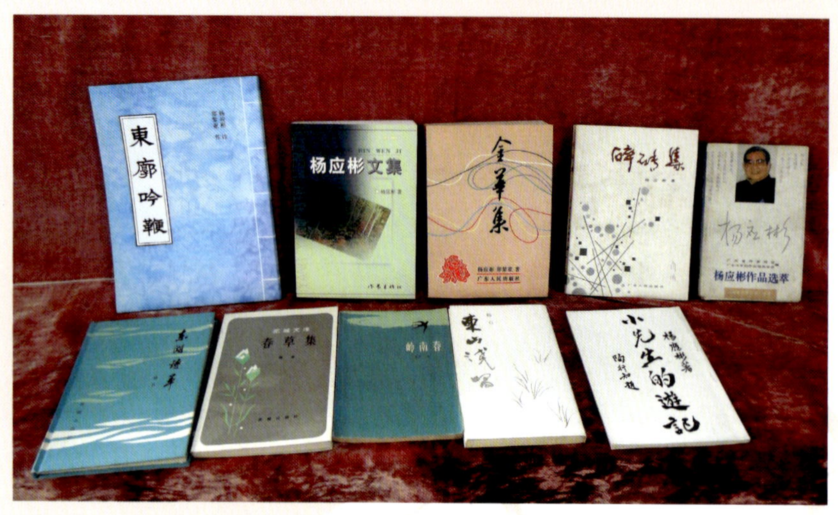

杨应彬部分著作书影。

模范夫妻

杨应彬和郑黎亚相识于烽火连天的1938年，1945年结婚，争取民族解放和中华复兴的共同理想，使他们走到了一起，并为之奋斗了终生。他们相恩相爱，相濡以沫，携手走过了75年人生历程，被誉为模范夫妻，成为家庭生活方面的楷模。

20世纪50年代，杨应彬夫妇合影。

20世纪80年代，杨应彬夫妇合影。

1999年，杨应彬夫妇于大埔祖屋合影。

革命伴侣杨应彬夫妇。

2009年春节，杨应彬全家福。

杨康华

一腔热血写春秋

1915—1991

大事年表

1915年	出生于广东广州一个知识分子家庭，祖籍浙江会稽。原名虞焕章
1936年3月	加入中国共产党。同年毕业于中山大学
1938年4月	任中共广州市委常委兼宣传部部长
1938年10月	先后在香港任中共东南特委宣传部部长，中共香港市委书记
1942年2月起	任广东军政委员会委员、广东人民抗日游击总队副政委兼政治部主任、东江纵队政治部主任
1946年7月初	东江纵队北撤山东烟台后，10月任华东军政大学第五大队政委、校党务委员会委员。后调任中共中央城市工作部第二室主任
1948年1月	任两广纵队政治部主任
1950年至1952年	任珠江军分区副政委、珠江地委副书记兼组织部部长
1952年9月	任广东省教育厅副厅长，后任华南分局宣传部副部长、广东省委文教部部长、省委候补委员
1961年12月起	历任广东省副省长、省政协第一副主席、省委统战部部长，暨南大学校长、党委第一书记，兼任中国人民对外友好协会广东分会会长、对外文化协会广州分会会长。是第三届全国人大代表
1978年4月起	任广东省革委会副主任，同时兼任广东省体委主任、党委书记，广东省科委主任、党组书记。复任暨南大学校长、党委第一书记等
1979年12月	任广东省副省长
1982年	任广东省顾委会副主任
1991年10月	在广州逝世

1931年九一八事变后，在民族危难的关头，许多年轻人在抗日救亡运动中摸索着寻找革命真理的道路。杨康华这位中山大学学子、广州地区抗日救亡运动的骨干，义无反顾投入到金戈铁马的行列中，历经地下党的秘密工作、抗日敌后武装斗争的烽火，在东江纵队的领导机关中肩负着重任。中华人民共和国成立后在省领导岗位兢兢业业、鞠躬尽瘁。半个多世纪来，他用忠诚和知识为党工作，一腔热血写春秋。

广州“一二·九”抗日救亡运动骨干

20世纪30年代中期，正在中山大学法学院政治系读书的杨康华成为广州地区“一二·九”抗日救亡运动的骨干。1936年夏从中大毕业后，杨康华在中大附中、教忠中学任教，秘密从事工人、学生运动及上层统战工作。

当时，杨康华在中大教授何思敬（中共党员）、邓初民（中国社会科学家联盟发起人负责人）等人指导下，更加系统地阅读马列著作，并参与组织“马列主义读书会”等左翼秘密组织和“救亡前哨社”等进步团体，在《新宇宙》半月刊等左翼报刊上发表文章，探寻救国救民的革命道路。

学生时代的杨康华。

1935年，中山大学学生组织、参加“一二·九”学生抗日救亡运动的示威游行。图中杨康华（右边扛旗者）与同学走在队伍的前面。

在抗日救亡活动中，杨康华遇到了思想进步的女青年张逸，便发展她参加中大的秘密读书会。并帮助她补习文化知识，考进了教忠中学（今广州市第十三中学）高中“读书”。张逸“读书”是为了开展革命工作，学费都是向亲友借来的。当时确定的工作任务是：秘密物色进步分子，开展抗日救亡工作，组织秘密读书会，公开则利用班会、学生会组织，广泛联系同学，进行“合法”活动。

1982年11月，杨康华夫妇在广州从化参加广州青年运动史座谈会。二排右三为杨康华，前排坐轮椅者为张逸。

“夫妻档”地下工作者

1936年，中共中央北方局派薛尚实到香港建立中共南方临时工作委员会，杨康华先后在薛尚实、张文彬、李大林等同志单线领导下进行活动。同年，杨康华从中山大学法学院毕业，在中大附中和教忠中学任教。此间，他将张逸的家当做了南临委的联络站，转接书信、油印文件、收藏分发等。杨康华安排张逸出席广州地下“学联”，这是各校进步分子组织的代表性会议，讨论救亡运动和学生工作问题。

1937年3月，张逸等人由市委批准接收为中共正式党员，编入教忠支部。全面抗战爆发后，到社会上参加各方面的抗日救亡活动成了张逸的主要工作。1938年春，中共广州市委决定组成妇女工作支部，张逸在杨康华家主办了女工夜校。

1990年9月，杨康华（左）与曾生合影。他们是20世纪30年代的中大校友，一起参加当年抗日救亡学生运动。

1938年春，广州市德宣东路都土地巷三友里二号的虞家古老祖屋里，张文彬主持召开广东恢复和重建党组织以来的一次具有历史意义的会议，决定撤销南临委，成立中共广东省委员会。出席这次会议的有李大林、薛尚实、梁广、张越霞、吴有恒、曾生等。杨康华与张逸负责在虞家祖屋照应和掩护出席人员。

从抗日救亡运动到全面抗战的烽火中，杨康华与张逸结为夫妇，也是亲密战友。1938年正值日军对广州频频轰炸，他们的长女出生了，因忙于工作无暇照顾女儿，只好将她送到育婴院，孩子不到一个月就因肺炎夭折。

1938年10月，广州沦陷，正准备接替中共广州市委妇委工作的张逸奉命与杨康华一同撤到香港，在中共东南特委、香港市委工作。为了掩护身份，此时夫妇俩将虞焕章和徐静如的原名分别改为杨康华与张逸。

20世纪30年代中期一起参加广州地区“一二·九”抗日救亡学生运动的战友合影。左为张逸。

在“秘密大营救”中

1942年1月，广东人民抗日游击队奉命展开对滞港文化人的秘密大营救。杨康华是营救行动负责人之一。

当时，香港—九龙—白石龙（深圳羊台山的抗日游击队驻地）是抢救文化人最多的一条线路，但这一带四面受敌。文化人一批批撤下来，每天都有数十人到白石龙，最多时上百人。为避免暴露，杨康华当即决定，把接待站分散设在白石龙附近一些隐蔽的山窝里，请乡民搭起一些茅（草）寮作为文化人的住所 。同时，杨康华

秘密大营救中文化人在白石龙丫髻山居住的草寮，此图为复原后。

还负责安排从香港撤退下来的大批党员和进步分子，能参加部队的留下，有社会关系掩护能从事隐蔽工作的人员，则组织到国统区去。

由于杨康华留在部队日后要打仗，张逸还带着年仅两岁的儿子，随部队行动不便，组织上安排张逸驻守坪石为东纵特派联络员。为此，夫妇俩都做好了分离两地、几年不能见面的思想准备。1942年春节前夕，张逸带着儿子与粤南省委组织部部长王均予、党员黄云耀，护送第一批离开东江游击区的文化人茅盾夫妇、张友渔夫妇、胡风夫妇、宋之的夫妇等十多人回大后方。

北撤山东　重返广东

1946年6月在东江纵队北撤过程中，集结最困难的是东纵粤北部队。时任粤北党政军委员会书记的杨康华作为粤北地区撤军谈判中共代表（上校衔），在南雄与国民党代表开展了斗智斗勇的谈判，从而为部队南下集中、安全北撤争取到有利的条件。

粤北谈判过程中，国民党代表黎国熹不断用英语与美方代表纳尔逊交谈，杨康华懂英语却不动声色，暗中记下，夜里与同志们研究和商讨第二天的对策。经过四天的谈判斗争，我方基本取得了胜利，双方都在协议上签了字。我军南下途中，又发现国民党军队第131师3个团尾随我军左右行动，违反了协议规定。东纵粤北指挥部负责人王作尧、杨康华即令我军鸣枪警告，同时杨康华拉着有关人员一道到现场测勘，事实证明国民党军队违反了规定，黎国熹、纳尔逊又只好在备忘录上签字。

经过几番周折、几度斗争，我粤北部队800余人终于冲破了国民党的重重障碍，挫败了他们的种种阴谋，到达北撤集结地——大鹏湾沙鱼涌，与参加北撤的其他部队会合，胜利完成了从五岭南下的任务。

1990年1月，杨康华（右）与王作尧两位老战友合影。

1946年年初，时任粤北指挥部、广东区党委粤北党政军委员会书记的杨康华（左一）与战友在粤北山区。

1946年6月30日下午，奋战在东江的部分干部和战士2583人（包括珠江纵队89人，韩江纵队47人，南路人民抗日解放军23人，桂南的革命干部与战士各1人）在司令员曾生、副司令员王作尧、政治部主任杨康华的率领下，从深圳沙鱼涌沙滩涉水上船，7月5日抵达山东的烟台港。

同年10月，杨康华被任命为华东军政大学第五大队政治委员、军政大学党委委员。

1946年6月，率领东纵北撤部队的领导人在葵涌合影。左起：曾生、王作尧、杨康华。

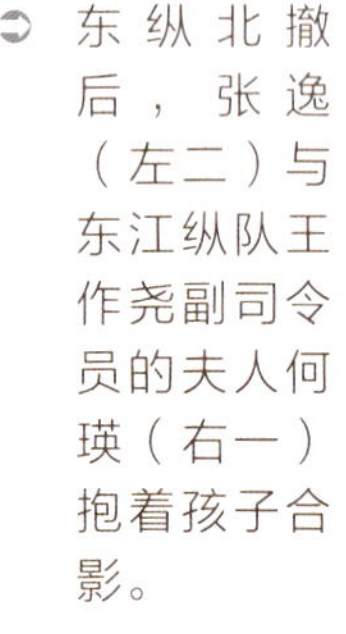

东纵北撤后，张逸（左二）与东江纵队王作尧副司令员的夫人何瑛（右一）抱着孩子合影。

1948年年初，张逸在新华总社干部处任职时留影。

1947年3月，中共中央指示以“东纵为基础成立两广纵队”，杨康华任纵队政治部主任。1949年，杨康华随部队返广东，次年张逸也回到广东。

两广纵队政治部主任杨康华

1949年，杨康华南下前任中共中央城市工作部第二室主任，与夫人张逸合影。

1950年，杨康华担任珠江军分区副政委、珠江地委副书记兼组织部部长。图为杨康华在做工作动员报告。

文化省长 鞠躬尽瘁

1965年9月，杨康华（右）任中日友好协会访问代表团团长，率团到日本友好访问。

中华人民共和国成立后，杨康华曾长期担任广东省副省长，分管文教、科学、卫生、体育以及外事工作。他在工作中认真执行党的政策，总是直言不讳、忠诚热忱，对于历次运动中那些过火的违反知识分子政策的行为深恶痛绝并竭力纠正。杨康华曾两度担任暨南大学校长。“文化大革命”前亲自主持制定《暨南大学十年规划》，提出要把暨南大学办成一所重点大学的目标；“文化大革命”后又几乎一切从零开始复办暨南大学。经过半年的艰苦努力，终于按中央指示精神当年复办当年招生。

1980年7月，杨康华（右）与著名数学家华罗庚合影。

1982年杨康华退居二线后，对革命事业兢兢业业、勤勤恳恳的精神使他一直没有停止过工作。他为撰写广东党史、军史、青运史付出了不少心血，常年带病四处奔波，搞调查、写材料、做报告。他去世后，家人在他病房和家中清理遗物时，看到大批“三史”资料，无不为之动容。杨康华的病故太突然了，就在去世的前一夜，他还挂记着未能完稿的史料，还念叨着自己还有多少字的撰写任务。他生前常说：“我还有很多很多任务未完成啊！”

1985年12月，全国政协原主席邓颖超在广州松园宾馆会见杨康华并亲切交谈。

20世纪80年代在广州。左起：杨康华、童小鹏、陈遐瓒。

夫妻长相伴 传承好家风

杨康华与张逸既是夫妻又是战友，他们风雨同舟五十载，相濡以沫。

张逸（1916—1985），广东惠阳人，原名徐静如。1935年开始从事革命活动。1937年春加入中国共产党。抗战时期，任中共东南特委青年干事、香港市委青委干事、香港区委常委组织干事、东江纵队政治部组织干事、民运股股长，东纵北撤时任妇女干部大队政治委员等职。解放战争时期，任华东军政大学、新华总社、中央广

1951年的张逸。

播事业管理局干部处（科）干事、党支委等职。中华人民共和国成立初期，先后任广州市公安总局、市人民检察院科长、副处长、处长。1958年后，先后任广州市执信女中校长兼党支部书记，中山医学院人事处处长、统战部部长等职。

20世纪60年代初，杨康华夫妇合影于广州。

1979年夏，杨康华夫妇在从化疗养。

杨康华的孩子们从小就受到父母革命思想的熏陶和教育。杨康华经常对儿女们讲战争年代部队生活的艰苦故事，要求他们保持和发扬艰苦朴素的优良传统和生活作风。夫妇俩也以自己的行动为儿女们树立了榜样。在20世纪90年代，家里的陈设几乎都还是50年代的，杨康华的一些衣物还是他自己亲手缝补的。在父母的言传身教下，孩子们都很有出息，分别成为大学生、单位骨干。

永远不能有“骄娇”二气，老老实实做人，勤勤恳恳工作。杨康华夫妇的教诲永远铭记在六兄弟姐妹心中。

杨康华夫妇与儿女们。1960年年初摄于准备搬离广州梅花村住宅前夕。

1973年春，杨康华夫妇与儿女们在广州。

吴有恒

梅花为骨玉为魂

1913—1994

大事年表

1913年11月	出生于广东恩平沙湖镇上凯岗村
1936年至1938年	1936年加入中国共产党。历任香港全国各界救国联合会华南区总部干事、香港市工委书记、香港市委书记，中共广东省委委员，广州市委学生工委书记，粤东南特委组织部部长，中共广东省委港澳地区特派员等职，在中共香港海员工委兼任工作
1939年	当选为中共七大代表
1941年	在中共中央党务研究室任研究员
1942年至1945年	先后在中央党校一部学习，参加延安整风运动；出席中共七大。会议结束后任南下广东工作团级干部连指导员，随八路军南下支队进军华南，中途在日本投降后奉命向广东区党委报到
1946年	任中共广东区委南路地区副特派员、特派员
1947年3至5月	任粤桂边人民解放军司令部司令员
1947年至1949年	调粤中区工作，发动群众搞武装斗争；任中国人民解放军粤中纵队司令员
1950年至1952年	任粤中地委书记、粤西区党委常委兼秘书长
1953年	任广州市委常委兼秘书长、广州市委书记处书记等职
1954年	当选为广州市第一届全国人民代表大会代表
1956年	当选为中共八大代表
1958年	被打成“地方主义反党集团头目”，受到迫害。开始从事业余文学创作活动
1963年	加入中国作家协会成为专业作家
1966年至1976年	“文化大革命”中受到迫害，被囚禁监狱；1977年恢复工作
1978年	当选为广东省文学艺术界联合会副主席、中国作家协会广东分会副主席、广东省民间文艺研究会主席、广东省新闻学会会长等
1980年	任《羊城晚报》党委书记兼总编辑
1982年	当选为中共十二大代表，出席党的第十二次全国代表大会
1983年	任广东省人大常委会副主任
1985年	离职休养
1994年8月	在广州病逝

吴有恒的革命生涯中，在工作上有很多转变，有很多身份——政治家、军事家、革命家、作家、报人，但不变的是坚守一生的信念和一以贯之的实事求是。对事业执著和忘我，甘于寂寞，淡于名利，不计毁誉得失，不求荣华富贵。“儒将风范，人杰表率”是人们对这位具有专业作家和政界领导双重身份的政治人物的评价。

书香人家走出“七大”代表

吴有恒的家族是村里有名的书香人家，他自幼就在家乡“因树书屋”里接受国学教育，就读于恩平郁文中学、广雅中学及知用中学。在广州期间，接触了进步思想，逐渐信仰共产主义。1931年“九一八”事变后，他积极组织学生在广州街头游行示威，受到反动军警的镇压并被学校开除。后到香港参加全国各界救国联合会，遇到了党在香港的地下组织。

1938年10月12日，日本侵略军在大亚湾登陆。八路军驻香港办事处主任廖承志随即召集中共香港市委书记吴有恒和香港海员工委书记曾生共商对策，决定从香港大量抽调党员与积极分子回东江发动抗日游击战，并派人带队。吴有恒和曾生争着去。最后廖承志同意熟悉东江情况的曾生回惠阳坪山开辟敌后战场的请求，吴有恒与香港市委抽调了200名党员和知识分子作为抗日武装骨干给曾生。

1939年，吴有恒作为香港代表参加中共七大。同年11月，他从香港启程长途跋涉北上，途经6个省，历时一年零一个月才抵达延安。1945年4月，吴有恒出席中共七大。会议结束后，他任南下广东工作团级干部连队指导员，跟随八路军南下第二梯队进军华南。当部队到达河南洛阳，日本宣布投降，部队转往东北。吴有恒奉命离开部队，秘密回到香港，向广东区党委报到并传达中共七大的精神。

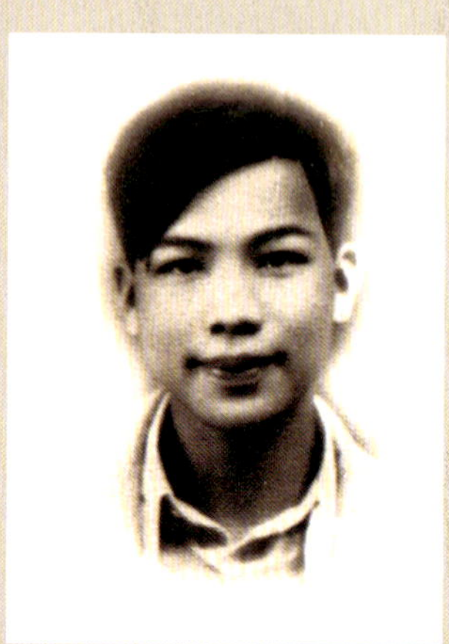

1934年，在广东台山当教师时的吴有恒。

1938年，任中共香港市委书记的吴有恒。

1947年，吴有恒从南路去香港汇报工作时留影。

1950年，吴有恒在粤中穿军装照。

驰骋疆场

中国人民解放军粤中纵队于1949年7月成立。吴有恒被任命为司令员，图为1949年粤中纵队领导合影。左起：副政委兼政治部主任谢创、司令员吴有恒、政委冯燊、副司令员欧初。

1949年冬解放军南下，中国人民解放军粤中纵队政委冯燊（左）、司令员吴有恒（右）与野战军代表（中）合影。

惯於厮杀忘年节偶有闲心溺酒
钟[illegible][illegible]行藏多剑气一生俯首多
工农不将文彩缯戎马敢遣温
情上笔锋写得迎春诗一首年
头岁尾傲东风
一九五零年初旧历除夕於长沙

1950年年初农历除夕，吴有恒在开平县长沙镇迎新年，即兴赋诗一首《无题》。图为吴有恒该诗手稿。

1950年，吴有恒（前排中）、曾珍（前排左）夫妇和战友、警卫员合影。

懂价值规律的市委书记

1956年，吴有恒任广州市委书记时，以“方集”笔名在北京《大公报》上发表《价值规律在社会主义经济条件下的作用问题》一文，对斯大林的经济思想进行商榷。这篇文章，让吴有恒与顾准、孙治方、卓炯一起，成为中国最早倡导重视商品经济和价值规律的思想先驱。

1950年，吴有恒在开平三埠地委。

20世纪50年代，吴有恒（左二）在广州人民北路参加中苏友好大厦奠基典礼。

1954年，吴有恒（前排左二）当选广州市首届全国人民代表大会代表。

摘去乌纱不做官

1958年吴有恒在反“地方主义”运动中被重点批判，受到撤职、降级、留党察看处分，下放到广州造纸厂当车间副主任。吴有恒在逆境中利用工作之余从事文学创作活动，他立志摘去乌纱不做官，在有生之年创作10部长篇小说。他凭借文学创作的成功，于1963年加入中国作家协会广东分会，同年调广东作协成为一名专业作家。之后，他又写出长篇小说《北山记》及杂文《榕荫杂记》等文学作品，成为一个为人民、为革命历史讴歌的作家。当时“北有《红灯记》，南有《山乡风云》”，红色经典粤剧及电影《山乡风云》就改编自吴有恒的长篇小说《山乡风云录》。一批批作品的问世，体现了吴有恒的一种圣洁而崇高的创作境界。

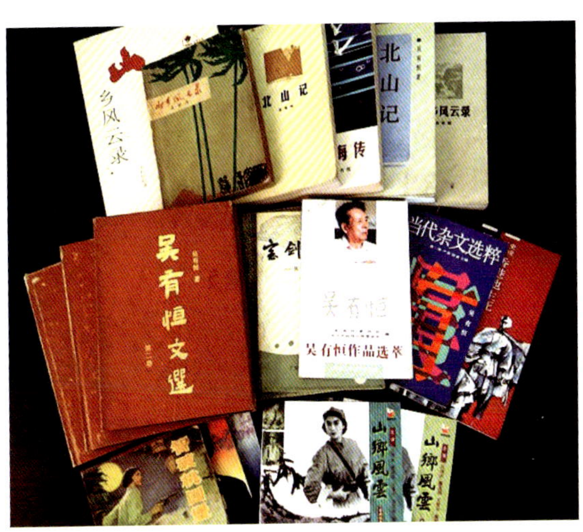

吴有恒创作的文学作品。

锐意创新《羊城晚报》

1979年10月，已60多岁的吴有恒受命主持《羊城晚报》复刊工作，担任羊城晚报社党委书记兼总编辑。同年12月15日，在复刊第一次全体干部大会上，吴有恒庄严提出：“哀兵必胜！”要求大家战胜困难，锐意创新，为办出一份有水平、有特色、有影响的《羊城晚报》而奋斗。

1980年2月15日，《羊城晚报》正式复刊。一纸风行，广州街头未见黑，早早就有人在报摊前排队等《羊城晚报》“出街”，市民以极大的热情迎接它的重生。吴有恒提出《羊城晚报》“姓党、姓晚、姓羊”的办报特色，制定“反映生活、干预生活、指导生活、丰富生活”的十六字办报方针，深受广大读者喜爱，《羊城晚报》的发行量很快就突破百万大关，成为广东省乃至全国极有影响力的报纸。

1980年2月1日，《羊城晚报》总编辑吴有恒（左一）与副总编辑何军（左二）、许实（右一）、报社总经理吴柳斯（右二），在印报车间审阅复刊后试印版的首张《羊城晚报》。

1980年9月，吴有恒（中）出访比利时期间参加欧洲共同体记者招待会时留影。

1985年，吴有恒（左二）在《羊城晚报》印刷车间检查工作。

1982年9月，吴有恒出席党的十二大。他的一生中曾三次出席具有重大历史转折意义的全国党代会，即七大、八大和十二大，时间跨越了37年。他于十二大会议期间在《人民日报》上发表文章《我们的党总是自强不息》，文中表达了他的心情："我这劫后余生，又复得见我们党终于拨乱反正，回到七大、八大的实事求是的思想路线上来。"

吴有恒（中）在中共十二大准备投出神圣的一票。

笔耕不辍

吴有恒终生勤奋好学，笔耕不辍。1985年离职休养后，仍继续写短篇小说、散文、杂文和诗歌等，已收集出版的有《当代杂文选粹·吴有恒之卷》、历史小说集《香港地生死恩仇》等作品，还出版了《吴有恒文选》《吴有恒作品选萃》等作品。

1990年夏，广州，写作中的吴有恒。

1991年7月，吴有恒（左二）参观江门革命历史展览。

夫人曾珍

吴有恒的夫人曾珍于1919年出生在香港贫苦家庭。她曾任女校毕业班学生会主席，受从南洋归国的苏惠（后为中共中央香港分局负责人方方之妻）教育，1936年加入共产党。1936年10月，吴有恒、曾珍以夫妻名义住进刚成立的中共香港地下党支部。朝夕相处，生死与共，两颗年轻的心渐渐靠拢。经上级批准，他们从“假夫妻”成为终生革命伴侣。

吴有恒夫人曾珍。

1949年春，香港跑马地，曾珍从广州回到香港汇报工作时，与女儿短暂相聚。

1950年，吴有恒在粤中区委工作时与曾珍的合影。

1957年，吴有恒夫妇合影。

1949年12月，吴有恒夫妇和长子吴锦湖、长女吴小坚在广州团聚。

中华人民共和国成立后，曾珍在广州市妇联、卫生局、手工业局、二轻局和广州市政协担任领导职务。图为1956年曾珍参加中央高级党校学习期间，摄于北京。

家人

1964年夏，吴有恒夫妇与子女摄于广州。

1974年，吴有恒夫妇在广州流花湖公园。

古稀之年的吴有恒夫妇在广州梅花村安度晚年。

吴仲禧

深潜龙潭老将军

1895—1983

大事年表

1895年10月	出生于福建闽侯（今福州市）一个小商人家庭
1911年10月	参加辛亥革命福建北伐学生军。翌年进入武昌陆军第二预备军官学校，后被选入保定陆军军官学校第三期学习，1916年12月毕业
1917年至1922年	在福建宁德地方团队当候补员，后参加粤军许崇智部任旅参谋
1924年4月	在广东肇庆李济深主办的西江讲武堂任教官。随后参加北伐战争，先后任第三十团团副、代理团长，第二十四师参谋长
1927年1月	参加第二期北伐，任第二十六师副师长、代理师长，第二方面军总部副官长
1931年	在福州积极参加邓演达、季方等人组织的国民党临时行动委员会(第三党)活动，被指定为福建省负责人。“闽变”时参加福建人民政府军事参谋团任高参。后被通缉，流亡广州
1937年7月起	加入中国共产党，并按照党组织指示，留在国统区进行抗日民族统一战线工作。先后任国民党军第八集团军少将高参，第四战区少将军务处处长、韶关警备司令、中将军法执行监。抗日战争胜利后，任国民党军第二方面军中将军法执行监，后调任军事参议院中将参议
1947年至1949年	在担任国民党政府国防部监察局首席监察官和国防部部员期间，先后获取多项重要军事情报，并积极推动时任国防部史政局局长吴石靠拢我党
1950年至1958年	历任广东省人民法院副院长、代院长，广东省参事室副主任，广东省司法厅厅长、厅党组书记，广东省政协常委、副秘书长、党组成员。先后兼任省民革第一至第五届副主任委员
1978年至1983年	任全国政协第五届委员会委员，广东省政协副主席
1983年6月	在广州病逝

吴仲禧一生有着不平凡的经历。他参加过北伐战争，从坚定的革命民主主义的爱国将领，成长为一个忠诚的共产主义战士；他作为我党在敌方工作的一颗“冷棋子”，在斗争的关键时刻，发挥了人们意想不到的重要作用。他毕生追求真理，跃马挥戈沙场，大智大勇显忠诚，深藏虎穴立奇功，是我党隐蔽战线上杰出的战士。

参加北伐　与共产党人并肩作战

1911年辛亥革命，吴仲禧响应武昌首义，参加福建北伐学生军，时年仅16岁。

1924年年初，吴仲禧从福建来到广东，在李济深创办的西江讲武堂任教官。1926年，参加北伐战争，与共产党人并肩战斗。

部分学生军学员合影。

北伐军攻占武昌后，吴仲禧（后排左二）和夫人王静澜（二排右一）及儿女（前排右一、右二）与友人合影。

秘密加入中共　掩护进步力量

1933年，吴仲禧参加“闽变”反蒋活动失败后，避居广州期间，由季方介绍结识中共秘密党员王绍鏊，并协助王实现与陈济棠见面，达成粤赣边境陈济棠部队与红军互不侵犯的默契。抗日战争全面爆发前夕，吴仲禧在浙江嘉兴，由王绍鏊、何克希介绍秘密加入中国共产党。

抗日战争期间，吴仲禧按照党的指示，留在国统区执行中共中央的抗日民族统一战线政策，积极支持和掩护隐蔽在张发奎部队中的中共特支工作，保护八路军驻韶关办事处的安全。

1942年，吴仲禧任第四战区中将军法执行监，摄于广西柳州。

1938年，吴仲禧任第四战区少将军务处处长，摄于广东韶关。

1985年，在抗日战争期间与吴仲禧共同战斗的原第四战区中共“特支”同志专程到寓所看望吴仲禧夫人王静澜（中坐者）时合照。一排左起：左洪涛（左二）、沈丹凤（中坐椅背）、方兮（左四）、吕璧如（左五）、郑黎亚（左六）、黄凛（左七）、吉联抗（左八），二排左起：杨治明（左一）、孙慎（左二）。

吴仲禧一直暗中支持和掩护中共“特支”工作。1941年1月“皖南事变”发生后，时在柳州的中共特支到市郊独登山吴仲禧家开会，传达上级指示并研究应对措施。为了不让特务抓辫子，各人身边阅读的马列主义及其他进步书籍，都送到吴家里保存。虽然常有人散布“共产党又在独登山开会”，但吴仲禧照样处之泰然，有时也借张发奎到独登山检查工作，在家中宴请张和长官部一些官员，以堵住特务的口。

1945年9月，第二方面军司令官与日本华南派遣军司令举行受降仪式后，中方将领合影。前排左五为张发奎，前排右二为吴仲禧。

吴仲禧赴监察局就任前与夫人王静澜合影。

从事情报工作

1946年年初，吴仲禧到上海向潘汉年、张唯一、王绍鏊等中共地下党负责人汇报工作。经潘、张请示周恩来决定，吴仲禧继续留在蒋管区谋取实职，从事军事情报工作。他通过时任国民党国防部史料局局长吴石（后与共产党正式建立联系，提供重要情报）推荐，担任国防部监察局中将首席监察官，后调任国防部部员。

当时，吴仲禧在上海交大读书的大儿子吴群敢也是中共党员，但父子间并不知对方的政治身份。1946年春，上海地下党组织将吴群敢从学生系统调入情报系统，配合吴仲禧从事军情工作。

1948年，吴仲禧偕大儿子吴群敢赴港联系工作路经广州时，与留住在广州的夫人及八个子女合影。

吴仲禧夫妇与大儿子吴群敢在上海合影。

2005年，西柏坡国家安全教育馆展出的《无名丰碑》一个专栏，介绍吴仲禧提供军事情报文字说明：“淮海战役前，潘汉年领导的我秘密党员吴仲禧以国民党国防部中将部员身份被派往徐州剿总视察工作。期间，他利用参观机要作战室的机会，了解了徐州剿总关于‘徐蚌会战’的计划，凭记忆写出了《徐州剿总情况》上报党中央。这是淮海战役前，我军获取的最早而又较为全面的情报，对全面部署淮海战役起到了重要作用。”吴仲禧为解放战争的胜利做出了特殊的贡献。

西柏坡国家安全教育馆展出的《无名丰碑》专栏。

争取吴石、陈宝仓

抗战时期，吴仲禧对第四战区参谋长吴石、副参谋长陈宝仓等高级将领进行争取团结工作。解放战争期间，吴仲禧在与吴石密切交往中，交流思想，讨论时局，进一步加深了共识和默契，相互为对方从事军事情报工作提供条件。1949年，吴仲禧还介绍陈宝仓在香港参加民革，并约定赴台后配合吴石做军事情报工作。

1950年春，台湾中共地下组织遭破坏，吴石、陈宝仓被国民党杀害。后来他们被中央人民政府追认为革命烈士。

吴石

陈宝仓

2013年10月，国家在北京西山国家森林公园内建了一座无名英雄纪念广场，在广场中央的浮雕墙前，竖立着四尊高大的烈士塑像，分别是吴石、陈宝仓、派往台湾与吴石联系的女共产党员朱谌之（原名朱枫）、吴石的侍从副官聂曦。两则花岗岩墙壁上还铭刻着846位在台湾白色恐怖下被害烈士的名字。

在共和国的岁月

1949年10月，广州解放后吴仲禧从香港回到广州，与夫人王静澜合影。

1950年2月广东省人民法院成立时，吴仲禧任副院长、代院长。图为吴仲禧（右二）与省人民检察院检察长周楠（左二）、省法院刑庭庭长陈山林（左一）和民庭副庭长王洪（右一）合影。

1965年，吴仲禧（前排左三）参加省政协慰问团在惠州慰问中国人民解放军坦克部队。

1972年，吴仲禧与家人合影。

一九七四年十二月廿六日为结婚五十五年纪念
两合摄
群策吾儿存纪
时余年七十有九，澜年七十有三，于广州

1974年，吴仲禧与王静澜结婚55周年，给每个子女一张纪念照片。

1976年，吴仲禧重读并书写的毛泽东诗一首。

雪壓冬雲白絮飛萬花紛謝一時稀高天滾滾寒流急大地微微暖氣吹獨有英雄驅虎豹更無豪傑怕熊罷梅花歡喜漫天雪凍死蒼蠅未足奇
毛主席詩一首
一九七六年十月重讀之更深啓發因而敬録以示不忘
吳仲禧

和談大計豈容疑祖國人民迫切期
已見三通孔兩峽更希立樹一中旗
庚申中秋寄懷台灣故友
吳仲禧

1980年，吴仲禧在广东省政协中秋赏月茶话会上赋诗，寄怀台湾故友，殷切盼望早日实现祖国统一。

1980年，吴仲禧出席全国政协会议时与夫人王静澜摄于北京万里长城。

閩江澄碧閩山青 剑履天涯十万程
虎穴深藏擒虎子 龍潭奋起剥龍鳞
半生戎馬馳前路 一代風流啟后昆
百战相看人未老 举觞称賀武夷春

吴老八十五诞辰時曾献诗祝賀現抄录以纪念
奋公百岁诞辰
杨應彬 郑黎亚 诗书
一九九五年二月

1980年，杨应彬、郑黎亚夫妇曾赋诗祝贺吴仲禧八十五诞辰。1995年杨应彬、郑黎亚夫妇重新抄录以纪念吴仲禧一百周年诞辰。

1995年，广东省政协文史资料研究委员会编印的《吴仲禧诞辰百年纪念》文集。全国政协原副主席叶选平为文集题写书名。全国政协原副主席萧克为文集撰写了序言，指出：“在吴仲禧同志一生不平凡的经历中，我想特别值得记述的大概是这样两件事：一是他从一个坚定的革命民主主义的爱国将领，终于成长为一个忠诚的共产主义战士；二是他作为党在敌方工作的一颗‘冷棋子’，在斗争的关键时刻，果然发挥了人们意想不到的重要作用。”2015年，广东省政协文化和文史资料委员会公开出版吴仲禧纪念文集《深潜龙潭老将军》。

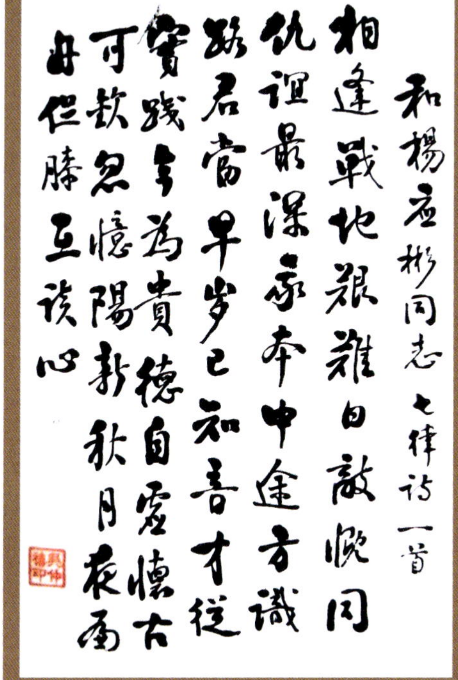

1980年，吴仲禧和杨应彬所作的七律诗一首。

吴伯仲

归侨赤子　抗战志士

1909—1996

大事年表

1909年2月	出生于广东海丰联安东燕潭村一个农民家庭
1933年至1937年	在新加坡教书。其间参加中共海外组织和抗日救亡活动
1937年10月	到达陕北，在陕西咸阳参加青训班学习
1938年 1月	在延安参加抗日军政大学学习；4月加入中国共产党
1938年11月	任广东海丰县华侨回乡服务团团长
1939年4月至12月	任海丰县委常委、宣传部部长
1940年1月至1941年6月	任博罗县工委书记
1941年7月至1942年9月	任龙门县中心县委书记
1942年9月至1944年12月	在韶关始兴县清化风度中学教书（“粤北省委事件”后，暂停党的公开活动，转入地下活动）
1944年12月至1949年10月	先后任始兴抗日自卫队指导员，粤赣湘边区纵队始兴北山武工队大队长，北江第二支队团长、团政委，第三支队长等职
1949年10月至1950年1月	任广东韶关警备区司令员
1950年1月至4月	任北江地委调研室主任
1950年4月至1953年1月	任中南军政委员会土地改革委员会宣教处处长、秘书处处长
1953年2月至1960年12月	任广东省总工会干训教育长
1961年1月至1966年	任广东教育学院党委副书记兼党委办公室主任
1977年1月	离休
1996年1月	在广州病逝

吴伯仲早年在香港、广州读书时就受到革命思想影响，立志为民族解放而斗争。在新加坡教书期间参加了中共海外组织。抗日战争全面爆发后，他在当地积极参加抗日救亡活动，发动华侨民众踊跃捐钱、捐物、捐药品。后从海外来到延安，又转战南粤。粤赣湘边留下了他战斗的足迹，一生坚定跟党走。

从延安回广东工作

1938年11月，党组织派吴伯仲从延安回广东海丰县，任华侨回乡服务团团长。时任中组部部长陈云亲自请他转交党组织给彭湃烈士母亲的生活费。回到海丰后，经过多方努力，吴伯仲圆满地完成任务。

1938年，吴伯仲在延安抗日军政大学学习时留影。

1940年夏，中共前东特委派吴伯仲到博罗接管党的领导工作，组成中共博罗县临时工作委员会。

1941年至1942年，吴伯仲任中共龙门县委书记，以教师为公开职业作掩护。他布置在国民党龙门县政府工作的中共地下党员吴宪俊开展空白地区的组织工作，介绍地下党员到左潭乡的学校教书，在县立初级中学组织学生排练宣传抗日的文艺节目，寒假期间到黄溪宣传演出。同时组织读书会，在学生中培养了数名建党对象。当时国民党曾贴出告示悬赏4000大洋捉拿吴伯仲。

1979年冬，吴伯仲（中）和夫人张励参加博罗县党史座谈会。

1982年1月，吴伯仲（前排左六）和夫人张励（二排左六）等老战友参加博罗县第一次党史资料征集座谈会时合影。

1986年冬，吴伯仲（右五）和夫人张励参加龙门县党史办座谈会后到建设工地与部分人员合影。

20世纪40年代中后期，粤赣湘边纵队北二支主力团政委吴伯仲（右一）与团长叶昌、政治部主任陈子扬摄于湖南汝城。

1950年1月，广东曲江大塘乡，北江地委调研室主任吴伯仲向群众宣传党的土改政策。

1949年4月，人民解放军渡过长江，国民党反动军队节节败退。其时，吴伯仲任人民解放军粤赣湘边纵队北江第二支队下辖的第三支队支队长，三支队与五支队活跃于始兴南北大地，先后开展了反征抗粮、反“围剿”等斗争，攻打反动派据点，歼击进犯敌人，在革命根据地建立区、乡政权，尝试开展减租减息、土改、废债等运动，取得显著的成效。

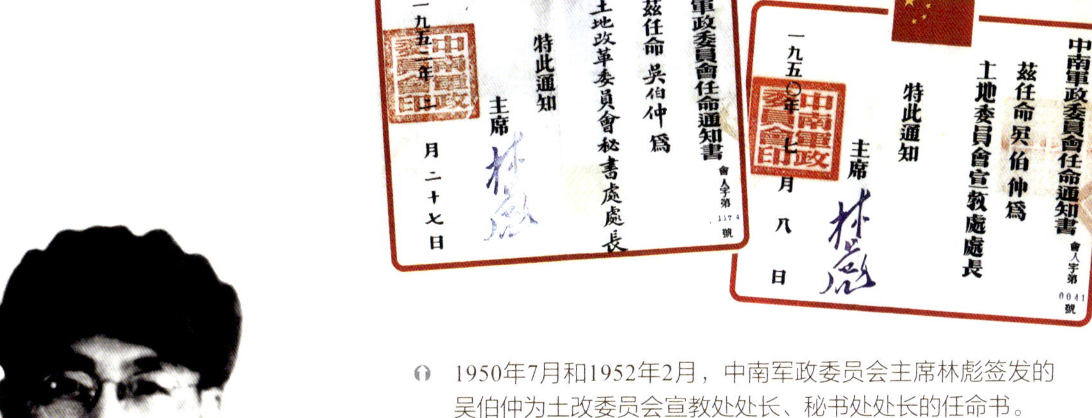

中南軍政委員會任命通知書
會人字第1174號
茲任命 吳伯仲為
土地改革委員會秘書處處長
特此通知
主席 林彪
一九五二年二月二十七日

中南軍政委員會任命通知書
會人字第0041號
茲任命吳伯仲為
土地委員會宣教處處長
特此通知
主席 林彪
一九五〇年七月八日

1950年7月和1952年2月，中南军政委员会主席林彪签发的吴伯仲为土改委员会宣教处处长、秘书处处长的任命书。

1950年1月，吴伯仲任韶关警备区司令员。

1952年10月，吴伯仲（右一）与邓子恢（左二）、郝中仕（中）、张根生（左一）等领导，在武汉汉口“中南区土地改革展览会”会场外合影。

1953年冬，吴伯仲（后排中）夫妇与胞弟吴慕奇（后排左）及部分子女在广州越秀山镇海楼前合影

1979年秋，吴伯仲（前排右六）与郑重等老战友参加粤赣湘边纵队第六支队活动，在汕尾合影。

1978年冬，吴伯仲（中）重回革命圣地延安，与袁鉴民（左一）等老战友在周恩来旧居前合影。

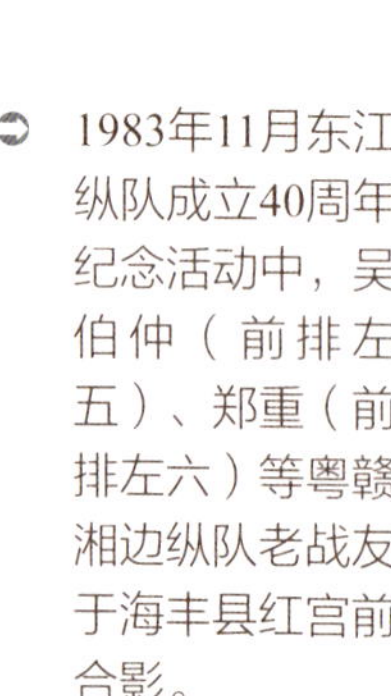

1983年11月东江纵队成立40周年纪念活动中，吴伯仲（前排左五）、郑重（前排左六）等粤赣湘边纵队老战友于海丰县红宫前合影。

1995年冬，粤赣湘边纵队北二支队战友合影。前排左三为吴伯仲。

安度晚年

1980年10月，离休后的吴伯仲与夫人张励到广西南宁、桂林旅游留影。

1982年11月，吴伯仲和夫人张励在省委干休所家门前浇花。

1992年春节，吴伯仲夫妇与子女们合影。

吴慕奇

在党的金融战线上奋斗一生

1913—2014

大事年表

1913年5月	出生于广东海丰联安东燕潭村一个农民家庭
1938年至1939年6月	在陕北公学学习，并在1938年加入中国共产党
1939年7月至1940年12月	在延安马列学院第四期学习
1941年1月至1945年12月	在延安马列学院、中央研究院、中央党校三部任财会科科长
1946年1月至1949年9月	任晋察冀边区（张家口）银行总行及察哈尔省银行业务科科长
1949年10月至1953年年初	任晋察冀边区（张家口）人民银行总行及察哈尔省人民银行业务科科长
1953年年初至1954年年底	任粤东人民银行办事处主任
1955年年初至1957年6月	任中国人民银行广东省分行农金处处长、广东省农行副行长
1957年7月至1960年1月	任中国人民银行广东省分行副行长
1960年2月至1961年3月	任中国人民银行广东省分行代理行长
1961年4月至1972年	任中国人民银行广东省分行行长
1972年至1973年	任广东省商业局副局长、党组副书记
1974年年初至1986年5月	任广东省财贸办公室副主任、党组副书记等职
1986年6月	离休
1983年至1993年	任广东省顾问委员会委员
2014年11月	在广州逝世

从一个香港爱国热血青年到加入中国共产党，并成长为一名金融专家，吴慕奇经历了抗日战争和解放战争的洗礼，并见证了中华人民共和国成立后建设时期金融战线的风风雨雨。为了发展中国人民银行事业，他贡献了全部的力量，掌握好人民交予他的金融大门的钥匙，实现了为人民把好关的誓言。

在延安从事金融

1937年吴慕奇在香港培真小学任教员时，在其二哥吴伯仲的影响下，参加了共产党的外围组织活动，接触到了共产主义思想。七七事变后，吴慕奇积极投入抗日组织募捐活动，多次组织高年级的学生上街游行抗议日本侵略军的罪行，受到了党组织的关注。1938年，吴慕奇受廖承志的委托，带着介绍信、三辆爱国华侨捐赠的救护车及物资，与一批热血青年奔赴延安，加入由中国共产党领导的抗日行列中去。随后，经西安八路军办事处安排进入延安陕北公学学习，同年加入中国共产党。

抗战胜利65周年。四川成都的收藏家樊建川先生建立的《建川博物馆》之“抗战博物馆——中国老兵手印广场”对外开放。

中国老兵手印广场占地面积3000平方米，呈V字形，寓意胜利。每座手印墙宽约1.2米，高约2.6米，采用腐蚀钢化玻璃将老兵手印表现出来。抗战老兵手印广场是该馆与四川省老干局合作，并从四川黄埔同学会以及部分慕名而来的抗战老兵收集而得到的，共有3810名抗战老兵的手模。

2006年，抗战老兵吴慕奇的手印收藏于建川博物馆手印广场，编号：147—250。

参加解放区银行工作

1939年，吴慕奇被推荐到延安马列学院第四期学习，毕业后留任学院财会科科长。1946年年初，调任晋察冀边区（张家口）人民银行总行暨察哈尔省人民银行业务科科长。解放战争时期的银行工作主要是为解放区和部队服务，银行基本上是随军行动，部队打到哪银行就跟到哪，被人们亲切地称为“马背银行”。

1949年4月，中共中央华南分局经请示党中央同意，筹备建立南方人民银行，发行南方券，筹备物资，迎接大军南下。这是华南解放区最早建立的银行。同年7月，南方人民银行发行钞票，在华南地区闽粤赣解放区流通。

1949年秋，吴慕奇奉命随车押送一车南方券到汕头，组织发行南方券。

1947年，吴慕奇与夫人田淑芬在晋察冀边区人民银行总行工作时合影。

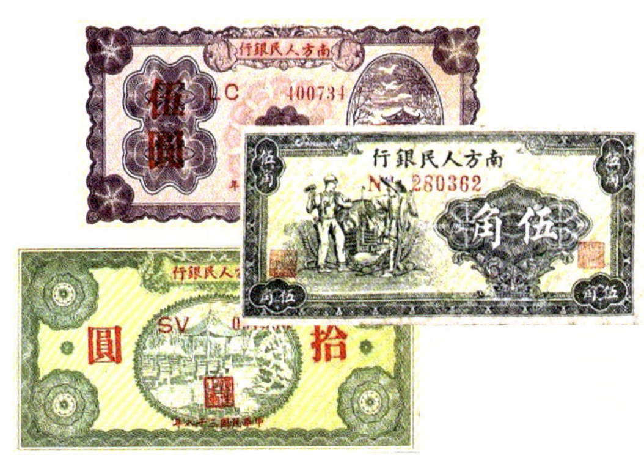

南方券。

接收汕头金融，组建人民银行

1949年10月，吴慕奇受叶剑英、方方等领导的委派，到广东省汕头市接收国民党政府留下的几家旧银行，筹建中国人民银行广东省汕头中心支行并任行长。吴慕奇果断采取措施：在共产党领导的前提下，对旧银行职员进行整编留用，银行仅三天就开张营业；同时提出南方券与港币1：1兑换率的建议，得到中共汕头地委书记罗天的首肯，使南方券在汕头地区得以顺利发行，扭转了金融混乱的局面。

1949年，参与组建中国人民银行广东省汕头中心支行的老同志合影。前排右六为吴慕奇。

1989年，原南方人民银行行长蔡馥生（前排中）在广州主持召开“纪念南方人民银行建行40周年”大会，与参会人员合影。前排左八为吴慕奇。

1953年，中国人民银行广东省分行各地区办事处主任第一次会议时留影。前排右为吴慕奇。

在省银行工作

1957年前后，广东根据中央用人的指示：依靠大军，依靠南下干部，将广东各地的党政干部作了大幅度的调整。当时吴慕奇任中国人民银行广东省分行副行长，主管业务。银行急需既懂得业务又熟悉当地情况的干部开展工作，如果只按地域划分来使用干部，既不利于取长补短，又不利于团结，更不利于工作的开展。因此，他在使用转业干部和南下干部的同时，亦大胆使用工作能力强、熟悉当地情况、熟悉业务的当地老干部和部分旧银行的留用人员，及时完成了上级交予的任务。

20世纪50年代的吴慕奇。

1956年，原中国人民银行广东省分行行长任元志（前排右六）与省行部分人员合影。前排左二为吴慕奇。

吴慕奇在当中国人民银行广东省分行行长时，工作认真负责，对每笔大宗的贷款项目都严格把关，认真审核。对有疑问的事一定要查清楚，对不符合规定的借贷、不符合要求的项目，绝不会因为领导的批示或纸条而放弃原则。丝毫不考虑个人的利益和得失，为党和人民牢牢地守护着金融大门。

1972年重新安排工作后，吴慕奇参观毛泽东故居时留影。

1973年，广东石化总厂成立筹备领导小组，吴慕奇（左一）是小组成员之一。图为随团参观照。

1983年，吴慕奇（前排右）参加广东财经学院八三级干部专修科商业会计班开学典礼。

发挥余热

1987年，中国人民银行广东省分行历任行长合影。右三为吴慕奇。

1989年，吴慕奇（左一）重回阔别多年的延安杨家坪。

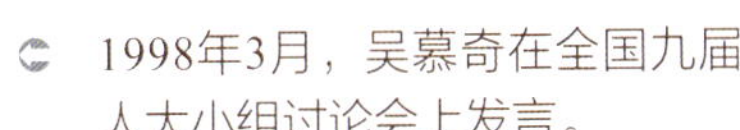

1998年3月，吴慕奇在全国九届人大小组讨论会上发言。

2002年摄于广州。左二为吴慕奇。

家人

1953年冬，吴慕奇（后排左）和二哥吴伯仲（后排中）等家人摄于广州越秀山。

1973年，吴慕奇、田淑芬夫妇与儿女在广州的全家福。

老当益壮

1992年摄于广州。

2006年，吴慕奇、田淑芬夫妇摄于广州东山湖公园。

2013年，广东省人民医院东病区12楼医护人员为吴慕奇庆祝百岁生日。

大事年表

沙飞

用相机记录历史

1912—1950

1912年5月	祖籍广东开平赤坎，出生于广州。原名司徒传
1926年年初	考取广东省无线电专门学校及广州育才英文学校
1926年7月至1931年	参加国民革命军，投身北伐，任随军报务员
1932年至1936年8月	在汕头电台当特级报务员
1936年9月	考入上海美术专科学校西画系
1936年10月	在上海第二次全国木刻流动展览会展览《鲁迅最后的留影》《鲁迅与青年木刻家》等照片
1937年9月	在全民通讯社任摄影记者
1937年12月	在河北阜平参加八路军，正式改名为沙飞；任晋察冀军区政治部宣传部第一任编辑科科长兼抗敌报社副主任（副社长）
1939年2月	任晋察冀军区政治部宣传部新闻摄影科科长
1942年5月	任晋察冀军区晋察冀画报社主任（社长）
1942年7月	在《晋察冀画报》创刊号发表战地摄影作品80余幅
1942年11月	成为中共党员
1948年5月	任华北画报社主任
1948年5月至1950年3月	因患肺结核病到石家庄白求恩国际和平医院疗养。后去世
1986年5月至6月	北京军区军事法院撤销原华北军区政治部军法处对沙飞的错误判决，军区纪委恢复其军籍、党籍。

沙飞是抗日战争时期八路军第一个专业新闻摄影记者，他用照相机记录了中国人民抗击侵略者的珍贵历史瞬间，记录了中华民族那段可歌可泣的抗战历程。他和他的战友们创造了中国摄影史乃至世界摄影史上光辉的业绩。他是中国摄影史上划时代的人物。

“沙飞”诞生

“我要像一粒小小的沙子，在祖国的天空中自由飞舞。”这是沙飞的名言。1936年9月，司徒传到上海美专学习。10月8日，他第一次用“沙飞”之名发表了他的摄影作品。1936年12月，沙飞在广州举办第一次摄影展览，其中有他拍摄的鲁迅的照片26幅；1937年年初，他在桂林第二次摄影展中，又再次展出19幅鲁迅照片，并在影展专刊《鲁迅先生最后的留影》里，亲笔题写“我们要继续鲁迅先生的对恶势力毫不妥协的伟大精神奋斗到底——沙飞1937年元旦”。

沙飞拍摄的《鲁迅》《鲁迅与青年木刻家》，摄于1936年10月8日。

八路军第一个专业新闻摄影记者

1937年9月，司徒传以相机为武器北上抗日。12月，经晋察冀军区司令员聂荣臻批准，他在河北阜平参加八路军，正式改名为沙飞，成为我军第一位“专职”战地摄影记者，并担任晋察冀军区政治部宣传部第一任编辑科科长兼抗敌报社副主任（副社长）。1942年5月1日，晋察冀画报社在河北石家庄平山县碾盘沟村成立，沙飞任主任，全社共计百余人。1942年7月7日，《晋察冀画报》创刊号以晋察冀军区政治部名义出版，印数为1000本，共刊登150多帧照片。封面是彩色套版的《塞上风云——八路军挺进长城》，封底是铁骑兵，均为沙飞的摄影作品。1948年5月，《晋察冀画报》与晋冀鲁豫的《人民画报》合并为《华北画报》，沙飞、石少华分别任正、副主任。1951年2月《华北画报》更名为《解放军画报》。

在战火纷飞的年代和动荡的环境下，沙飞组织战友们，冒着生命危险，随身携带大量的底片资料转移，使沙飞在战争中拍摄的上千张底片今天大都完好地存放于解放军画报社，成为中国共产党领导下中国革命历史中的红色经典摄影作品。沙飞被后人称为中国革命摄影事业的先驱者。

由沙飞主持编辑的《晋察冀画报》创刊号。

1939年，工作中的沙飞。

1943年秋，在日寇对晋察冀根据地制造的“柏崖惨案”中负伤的沙飞（中）。

1943年，沙飞（左四）参加晋察冀边区第一届参议会，文艺界参议员五人合影。左一至左三：诗人田间、木刻家沃渣、华北联合大学文学院院长沙可夫，左五作曲家周巍峙。

1944年11月，沙飞创办晋察冀军区摄影训练班，培养出了一批战地摄影师。图为沙飞（右一）为晋察冀军区摄影训练班第一期学员传授摄影技巧。

1945年，晋察冀军区摄影科长叶昌林（左一）、沙飞（左二）、吴印咸（右二）、石少华（右一）在张家口晋察冀画报社门前留影。

《沙飞摄影全集》（长城出版社2005年出版）封面。

位于石家庄双凤山陵园的沙飞铜像。

沙飞经典摄影作品选

《聂荣臻将军》。

《聂荣臻与日本小姑娘》。

《保卫国土 保卫家乡》。

《战斗在古长城》。

《摄影记者雷烨（右）与抗敌剧社小演员田华（左）》。

《八路军胜利归来，民众夹道欢迎》。

沙飞镜头下的白求恩

国际主义战士、加拿大著名胸外科医师诺尔曼·白求恩1938年来到中国参与抗日。白求恩大夫与八路军摄影师沙飞是影友，也是沙飞摄影采访报道的对象。

1938年6月，白求恩率医疗队从延安到五台县松岩村建立晋察冀军区模范医院。沙飞用相机拍摄了白求恩在中国工作和生活中许多生动的场景。共同的摄影爱好使白求恩与沙飞成为挚友，1939年11月，白求恩临终前在遗嘱中将自己最喜爱的德国莱丁娜相机留给沙飞。这部照相机记录了这两个反法西斯战士用照相机作武器，为抗日战争服务的历史及他们之间一段情谊。1959年，沙飞的家人将这个珍贵的相机交给中国摄影学会收藏。

白求恩（前排右二）与八路军战士。

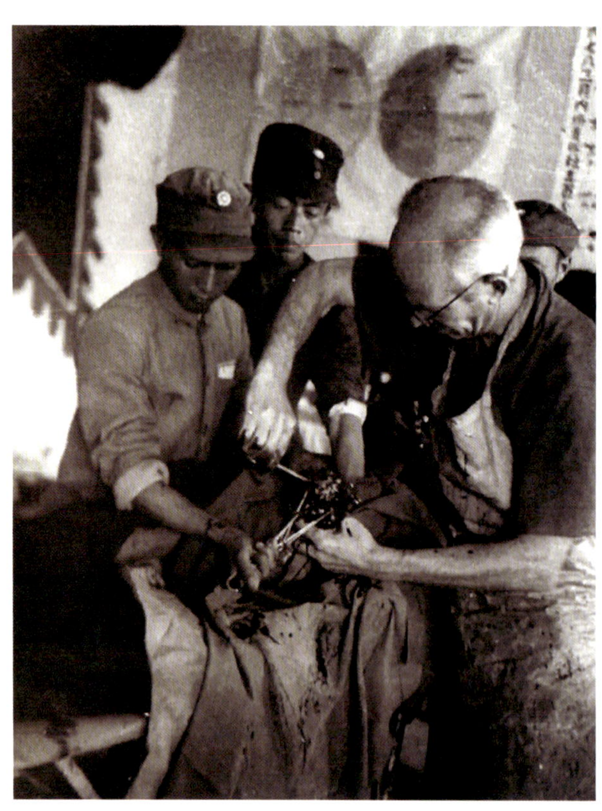

白求恩（右一）在山西五台山岩口模范病室做手术。

白求恩遗赠给沙飞的莱丁娜相机。

就餐中的白求恩。

沙飞与亲人

沙飞、王辉在南京国民议会厅前留影。

沙飞、王辉在苏州虎丘山。

沙飞、王辉在苏州留园。

沙飞、王辉在苏州狮子林石舫。

1933年，21岁的汕头电台特级报务员司徒传（沙飞）和22岁的王辉结婚。爱好摄影的司徒传与新婚夫人到杭州、南京旅行结婚，并拍下一组见证他们爱情的照片。在20世纪30年代的中国，这样的照片并不多见。这是沙飞仅存于世的10张照片中的几张。沙飞去世后，他的一位好友在寻觅了王辉数十年之后，终于在20世纪80年代亲自送还给王辉。对于王辉来说，这是一份惊喜。

沙飞的夫人王辉，1911年11月在香港出生，祖籍广东潮安。

1936年秋，参加中共领导的潮汕抗日义勇军，1937年10月加入中国共产党。抗战时期，历任中共汕头中心县委、汕头市委梅县中心县委妇委书记、妇女部部长，桂林八路军办事处会计、重庆中共南方局及八路军重庆办事处会计，晋察冀边区人民银行总行、石家庄分行股长等职。

1948年起，先后在石家庄、北京、广州等地的中国人民银行分行、总行等部门工作。1958年后，历任中国银行广州分行经理，中国人民银行广东省分行副行长，广东省财贸办公室组长，广东省财政局副局长，中国人民银行广东省分行党组副书记、副行长，中国人民银行广东省分行顾问，广东省第一至第五届政协委员等职。1987年离休。2005年5月在广州逝世。

我要像一粒小小的沙子，在祖国的天空中自由飞舞。
——沙飞
93岁 王辉抄录
2004年春

1945年，沙飞夫妇在河北阜平团聚（顾棣摄）。

1946年，沙飞夫妇摄于张家口。

1937年全面抗战爆发后，王辉奔赴桂林、重庆等地，投身到中共中央南方局、重庆八路军办事处工作。之后，又奔赴延安及晋察冀。他们的两个儿女流落为“难童”。1940年12月，王辉在由桂林八路军办事处奉调重庆八路军办事处的途中，在远在家乡千里之外的贵阳“意外”捡回了两个孩子。抗战胜利后的1946年，全家奇迹般地团聚在晋察冀军区八路军的队伍里。

1946年，沙飞夫妇与子女在张家口合影。

1954年，王辉与子女们在北京合影。

陈恩

新中国广州团市委首任书记

1921—2011

大事年表

1921年9月	出生于广东广州，祖籍东莞。曾用名陈欣、廖冲
1936年至1938年10月	在广州勷勤大学附中、中山大学附中读高中时加入中国青年抗日同盟参加抗日救亡工作。1937年8月加入中国共产党，任中大附中党支部委员
1938年至1940年	任广东青年抗日先锋队总队副总队长；党内任总队部党团书记
1940年10月至1946年年初	在南路特委，先后任遂溪县委常委、特委青年干事，雷州中心县委副书记、特派员，南路人民抗日解放军第一支队政治委员
1946年至1947年8月	由广东区党委派到越南，任越北华侨工作委员会书记
1947年至1949年	先后任桂滇黔边区委常委兼桂西地委书记、华南分局青妇组副组长
1949年4月至11月	任华南青年联合会筹备委员会主任委员。
1949年11月至1953年12月	先后任华南团工委副书记、华南分局青委副书记；广州市委委员，广州市青委书记，广州团市工委书记
1954年至1956年10月	在广州市工会任副主席兼秘书长
1956年10月至1958年5月	任广州市委肃反领导小组办公室主任，广州市委副秘书长
1958年6月起	在反“地方主义”运动中受到错误处分，下放到岭头农场劳动锻炼。后任广州市第二教育局属劳动大学、市业余大学副校长，广州市文教办副主任
1979年	任广州市委统战部副部长、中共广州市顾问委员会常委
2011年6月	在广州逝世

陈恩16岁加入中国共产党，投身广东抗日救亡运动，在斗争中机智勇敢的表现甚得好评。中华人民共和国成立后，陈恩最早担负领导广州青年工作的重任。他本是年轻有为，但自20世纪50年代初起屡遭政治运动冲击，受到错误处分，历史的悲剧令人唏嘘。在逆境中，他从未抱怨，始终坚守信念，矢志不改初衷。

从“中青”盟员到中共党员

陈恩出生于知识分子家庭，父亲陈冠纯是广东国民大学附中教导主任。陈恩受堂哥陈健（1926年的共青团员，民大学生）的影响，于1935年与同学组织读书会。“一二·九”运动爆发后，参加广州的声援活动，宣传抗日。

1936年2月，陈恩参加中共外围秘密组织“中国青年同盟”，开始了他的革命生涯；1937年8月入党，任中国青年抗日同盟中青部书记。

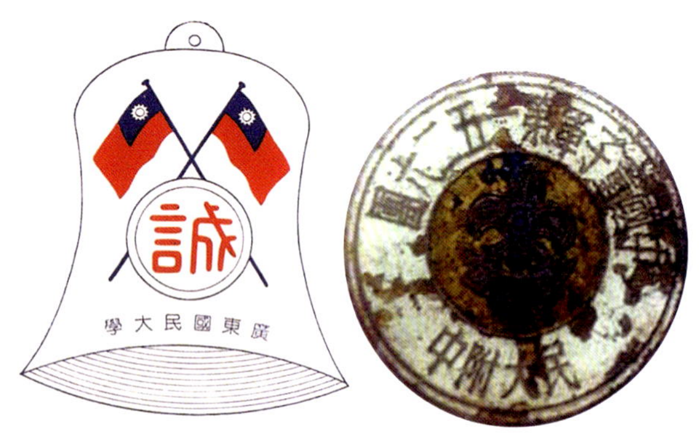

广东国民大学校徽和广东国民大学附中童子军白铜徽章。

“抗先”副总队长

1938年，陈恩在中大附中参加广州市第一个“抗先”组织（国立中山大学抗日先锋队）。接着他作为发起人之一，参与建立广东青年抗日先锋队总队（以下简称“抗先”）。在1938年我党召开的全国青年工作会议上，“抗先”得到中央青委的肯定。1938年广州沦陷前夕，“抗先”撤离广州赴西江等地。在这期间，在广东省委的直接领导下，召开“抗先”代表大会，选举陈恩为副总队长。之后陈恩任“抗先”党团书记。

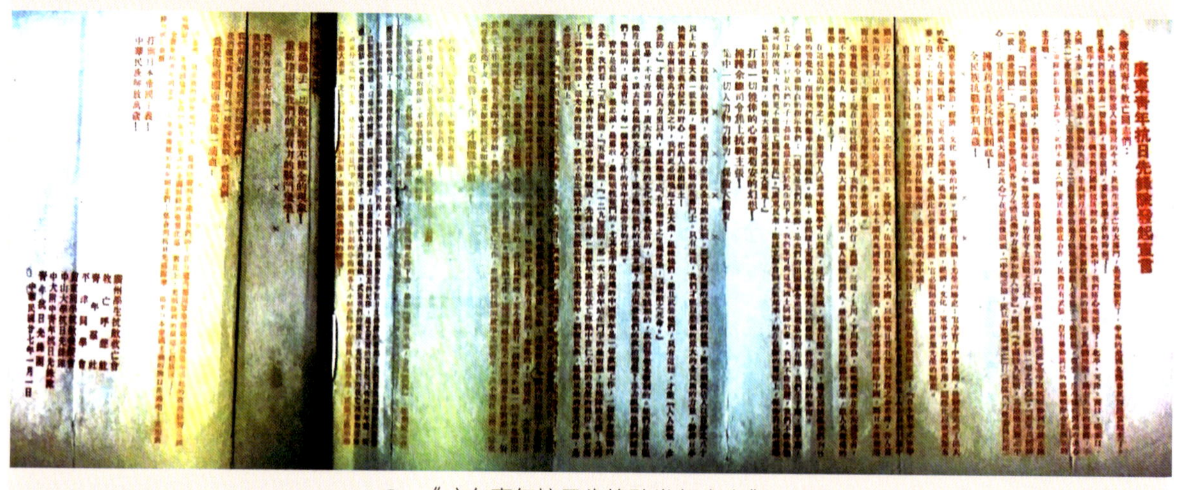

《广东青年抗日先锋队发起宣言》。

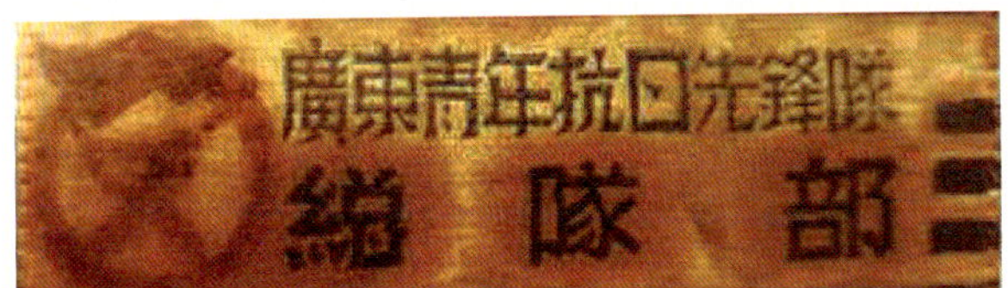

广东青年抗日先锋队总队部人员的证章。

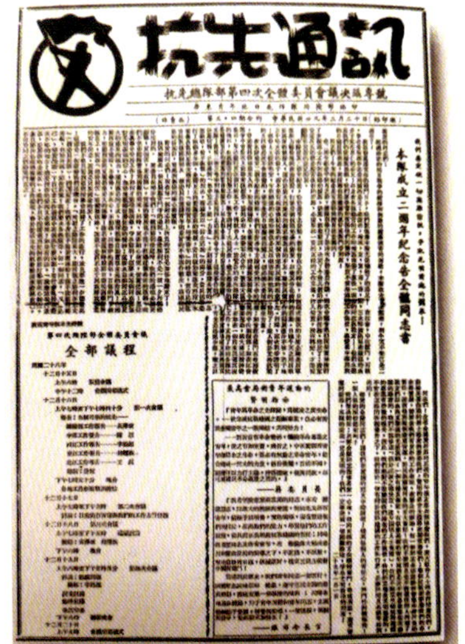
抗先通訊

抗先總隊部第四次全體委員會議決議專號

本隊成立二週年紀念告全體同志書

全部議程

1940年2月4日编印的抗先总队部第四次全体委员会议决议专号。陈恩在此次会议上作工作报告。

1998年，陈恩在广东青年抗日先锋队成立60周年纪念大会上发言。

1995年7月，老“抗先”相聚在广州。前排左起：温盛湘、梁嘉、梁威林、徐英（梁威林夫人）、许桂生（梁嘉夫人）；后排左起：梁绮、陈恩、邓楚白、梁杰（邓楚白夫人）、杜襟南、黄梅（杜襟南夫人）。

冒险与国民党谈判

1940年，国民党掀起第一次反共高潮，下令“抗先”在三天内必须解散，队员一律加入三青团（即三民主义青年团）。陈恩按当时广东代理省委书记李大林的指示，与几名“抗先”队员冒着被捕的危险，同国民党特务高信等人谈判。陈恩指出，“抗先”是群众性的抗日团体，只要还坚持抗日，就没有解散的理由；是否加入三青团，要按自愿的原则。两个团体应共同携手，一致抗日。这一番话，令高信气愤又无可奈何。陈恩在“抗先”机智勇敢的表现甚得好评。

1995年8月，在全国抗战初期参加广东青年抗日先锋队的老战士集会，纪念抗日战争胜利50周年。前排左四为陈恩，右四为梁威林，右三为梁嘉。

1995年7月，陈恩与广东青年抗日先锋队的老队员在广州。左起：杜襟南、徐英、梁绮、陈恩、温盛湘。

1998年1月，陈恩（左）与战友于光远在广州重逢。1938年广州沦陷时，在广东省委机关工作的于光远与陈恩等人同广东青年抗日先锋队一同撤离广州。

转战南路

1944年遂溪县老马起义后，同年10月，中共雷州特派员陈恩代表南路特委于吾良，宣布把队伍整编为雷州人民抗日游击队第一大队。同时主持召开会议，传达中共南路特委指示，研究决定部队今后的行动计划。

1946年年初，国民党反动武装5000余人，对十万大山游击区根据地进行更大规模的“清剿”。在此紧急形势下，中共中央香港分局经请示党中央同意，指示老一团（南路人民武装主力部队）进入越南整训。当时，中共华南分局代表陈恩会见越共领导人黄文欢、黎德寿，处理撤越部队事宜。1946年4月初，老一团隐蔽番号分批进入越南。

1946年，陈恩在越南时留影。

吾良整编遗址。

新中国广州团市委首任书记

1949年1月，陈恩到香港向中共中央香港分局汇报工作，方方书记对他在桂西地委和边纵的工作表示满意。分局决定把当年参与创建广东青年抗日先锋队的陈恩留下来搞青年工作。

陈恩是中华人民共和国成立后中共广州市委（1950年至1954年，由中南局直辖）委员、首任青委书记、中国新民主主义青年团广州市工作委员会书记。他在团市工委工作了两年多，在广州团市委的创始时期，对青年团和青年工作建树良多，给人留下深刻的印象。

1950年，任团市工委书记的陈恩。

1950年10月，林西（时任华南分局办公厅副主任，也负责青年团工作）为陈恩拍摄的照片。

1950年10月，陈恩（左一）欢迎世界民主青年代表团到广州访问。

蒙冤二十二载不说假话

20世纪50年代，受广东反“地方主义”运动的冲击，陈恩被开除党籍，行政职务降四级，下放到广州市岭头农场劳动。“文化大革命”中受到迫害。

1979年，陈恩的冤假错案得以平反改正。

2005年的陈恩。

2001年11月，陈恩与老朋友和家人在广州合影。前排左二为陈恩，右二为钟明。

1990年1月，广州市顾委第九次全会委员合影。前排左起：樊志刚、曹云屏、肖鸣、朱森林、黄菘华、黎敏、胡毅、陈恩。

20世纪70年代初，陈恩（右）在广州。

希望在青年

陈恩的夫人莫芸追忆："他很喜欢跟青年打交道，青年都很喜欢他演讲。""希望在青年"是陈恩生前喜欢说的一句话。中华人民共和国成立初期，党组织还比较薄弱，一是靠工会，另一个就是靠青年团。陈恩一生的大部分时间都与青年运动有很密切的关系，他一直放不下团的工作。1982年，陈恩出任广州市青年运动史委员会首任主任、市老团干联谊会首任会长，一干就是26年。

1982年2月，在纪念青年文工团成立32周年团友联欢晚会上合影。前排左三起：赖大超、黄焕秋、陈恩、梁克寒。

1997年，陈恩（右一）在广州青运史研究委员会年会上。

2005年，陈恩、莫芸夫妇被分别授予抗日战争胜利60周年纪念章。

1982年春节，陈恩（右四）参加老团干聚会。

1999年，广州团市委历任书记陈恩（右三）、叶维平（右一）、廖志刚（右四）、朱小丹（左二）、徐咏虹（左一）共同切生日蛋糕。

“真假”夫妻

抗战时期，陈恩在湛江的那一段潜伏经历，让他收获了一生的伴侣。

1942年，出生于香港的进步青年莫芸（1938年加入中国共产党）接到党组织通知，要求她前往广州湾（今湛江）秘密交通站工作，并与陈恩假扮夫妻。

这个隐藏在湛江寸金桥民居中的普通家庭，实际上是南路特委的机关所在。工作中，陈、莫两人的感情越发深厚，后来成为真正的夫妻。

1995年，陈恩、莫芸夫妇在广州市抗日战争老战士金婚纪念图片展览现场合影。

20世纪90年代，陈恩的全家福。

陈健

赤子初衷留远影

1911—1984

大事年表

1911年6月	出生于广东东莞城内上清观村
1926年至1929年	在香港的英文学校读书。参加省港大罢工活动，1926年5月加入中国共产主义青年团
1930年至1935年8月	在广东国民大学读书，接受革命思想启蒙教育，创办秘密读书会“正路社”，后合并入“中国青年同盟”
1935年9月至1937年9月	为寻找中共党组织，由广州“中国青年同盟”介绍到中共东京支部，并就读于日本中央大学研究院，成为经济学研究生
1935年11月	经何干之、林基路介绍加入中国共产党。历任中共东京支部组织委员、支部负责人
1937年9月	率最后一批东京支部党员和积极分子回到广州，并组织成立了留东同学抗敌后援会
1938年3月	任中共广州市委宣传干事，后在广东省委与广州市委合办的党员训练班（两期）上讲授马列主义课程
1938年至1939年	任八路军驻（广州）韶关办事处秘书兼党支部书记
1940年至1945年	历任中共琼崖特委宣传部部长兼党校校长、抗日新闻社社长、琼崖特委驻湛江代表
1946年至1949年9月	历任中共中央香港分局机关报正报社社长、中共中央华南分局军事组组长
1949年至1951年7月	历任中共广州市委常委、组织部部长、秘书长，兼任市纪委副书记、市委研究室主任
1951年至1962年	任中共中央中南局宣传部办公室主任，中共中央第五中级党校副教育长、副校长（期间曾在中央党校学习，任第27支部书记），中共湖北省委党校副校长、党委书记
1963年至1984年	任中共广东省委党校校长、党委书记
1984年11月	在广州病逝

陈健从1926年参加共产主义青年团以来，在50多年的革命生涯中始终不忘初心："今天下之志士全心全意为人民服务，其最终目的在求全体人类人人有饭吃，人人有衣穿，人人有屋住，人人有书读，人人康乐，子子孙孙享太平。"①他毕生追寻真理，孜孜不倦地传播马克思主义理论，始终保持着共产党员的高风亮节。正是：赤子初衷留远影，古稀晚节尽余晖。

有志青年　负笈东瀛

1930年至1935年，陈健在广东国民大学读书，在何干之指导下研读《唯物辩证法教程》等进步书籍。创立"正路社"，后合并到广州"中国青年同盟"，他成为"中国青年同盟"骨干之一。1935年11月，陈健在日本留学期间，经何干之、林基路介绍加入中国共产党。

1957年，东京支部的战友们相聚北京。左起：宋之光（曾任驻日大使）、陈健、伍乃茵、陈茵素、梁威林、张建。

1936年至1937年，陈健是日本中央大学研究院经济学研究生，领导"国际无产阶级世界语联盟"，成为留东学生拉丁文化新文字运动的创始人之一。图为在东京的世界语学者合影。站立者：杨克毅（左一）、吕秋望（左二）、苏曼（左五）、陈健（左六）、邓克强（左七）、秋田雨雀（左八）、胡成放（左十）。蹲者：潘沃权（左一）、陈秋帆（左三）。其中还有：黄一寰、李必星、古子坚。

① 1948年年初，黎和兴（陈健的舅父）给陈健3万元劝其经商。于是陈健写了这句话并请沈钧儒先生写成一幅字送给其舅父存念，以表达自己的心志。

1937年4月，陈健主持中共东京支部工作。七七事变爆发，留日学生纷纷回国。支部接到上海党的密信指示，要求他们“坚持到最后回国”。8月初，陈健偕同党员和“文化座谈会”成员30余人离开东京。原定回上海，经过神户时上海战事爆发，改乘船回广州。

当时有国共合作抗日的趋势，广州开始掀起抗日救亡的群众运动。支部立即动员大家投入运动，并成立“留东同学抗敌后援会”。

抗战足迹

1938年6月至9月，广东省委、广州市委合办两期党员训练班，受训人数共76人。课程有张文彬主讲“政治形势和党史”、石辟澜主讲“抗日民族统一战线”、陈健主讲“马列主义”、李大林主讲“党的建设”、尹林平主讲“游击战争”、梁广主讲“工人运动”、罗范群主讲“青年与解放运动”、张越霞主讲“妇女运动”等。

1938年10月广州沦陷，八路军驻广州办事处工作人员迁至韶关西河攀桂坊9号安园，正式更名为“八路军驻韶关办事处”，云广英任办事处主任。陈健、肖力克、陈英、邱松、李汉、张玉声、黄荔容（陈健夫人）、赖仰高、黄惠珍等人先后在韶关八路军办事处工作过。陈健任支部书记。

1945年，抗战胜利时陈健留影。

1950年，琼崖区党委和琼崖纵队派往协助野战军渡海作战的同志在广州合影。前排左起：陈健、马白山、林克泽、叶彬、符振中；中排左起：黄大仿、梁国栋、陈说、谢应权；后排左起：莫逊、陈子广、李独清、曾昌明。

1939年年底，经中共中央批准，陈健任琼崖特委宣传部部长。他到琼后，向琼崖特委传达了省委关于加强部队政治工作、建党和建立山区根据地的指示。同时带来了中央联络电台频率、呼号、密码、联络时间。

1942年至1945年，陈健是琼崖特委驻湛江的代表，公开身份由南路特委安排在晨光小学任教，公开姓名为陈汝森。日本投降后，陈健被调往中共中央香港分局工作。

新中国要诞生了。

新中国不能是旧中国的复原。

新中国乃过去数千年中国历史总清算上的一个新历程。

新中国乃全世界人类社会总改造上的一个新尝试。

新中国是我们的。

和平只是斗争的又一形式，今天只是旧的斗争和新的斗争的分界线和连接点。

要是她不会[illegible]倒在一旁，旋将[illegible]脚下，我便看见一位英勇[illegible]的新战士，一个新的斗争中一枚新的光辉夺目的火花。

为惜别写给

全[illegible]学妹留念

[illegible] 一九四五年十月十九日

惜别任教学校时，陈健写给学生的话。

在中共中央香港分局工作

1945年年底陈健到香港后，组织安排他参加筹办“新华南通讯社”（即香港新华社的前身）。

1948年7月，陈健任中共中央香港分局机关报正报社社长，他主编的《正报》宣传我党方针政策，报道广东各地革命斗争动态。陈健还以“千山”为笔名主持其中的“粤局述评”专栏。

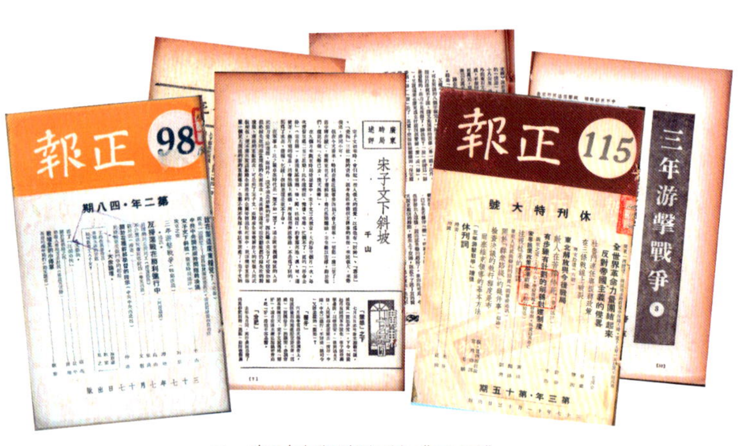

当时出版发行的《正报》。

1949年5月，陈健任中共中央华南分局军事组组长，掌握、分析华南敌我双方军事情况。

陈健与夫人黄荔容在香港合影。

舅父黎和兴

陈健的舅父黎和兴是澳洲著名的侨领。从陈健孩童时起到广州解放，他多年来一直不断地在学习、生活上给予陈健资助。黎和兴多次捐款支持十九路军、八路军、新四军。中华人民共和国成立后，他被选为首届全国人民代表大会代表。

1948年年初，在香港码头的留影。左起：黎笑（黎和兴之女、黄文俞夫人）、黎和兴、黄文俞（黎和兴女婿）、陈健、黄荔容（陈健夫人）。

迎接解放 接管广州

1949年9月，叶剑英在赣州主持召开著名的“赣州会议”，部署解放广东工作。陈健参加会议，并把华南分局范围内敌我军事情况向叶剑英汇报。

1949年10月，中共广州市委成立，陈健为市委常委、组织部部长，同时为广州市接管委员会委员。

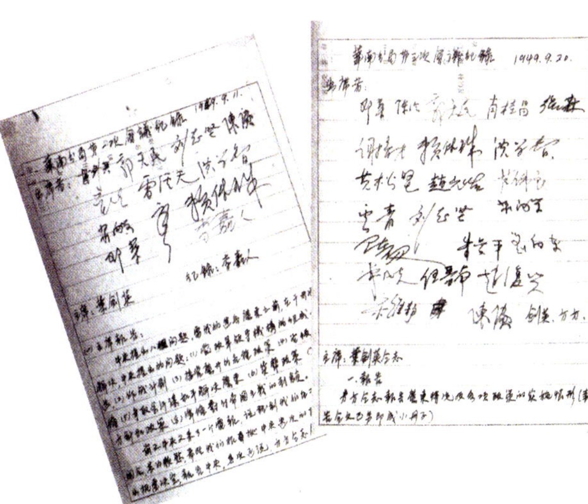

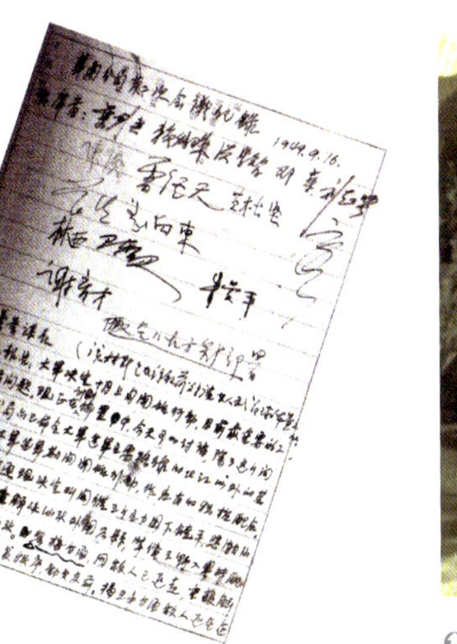

参加“赣州会议”的代表签名手迹。

1949年冬，陈健在广州市委会门前留影。

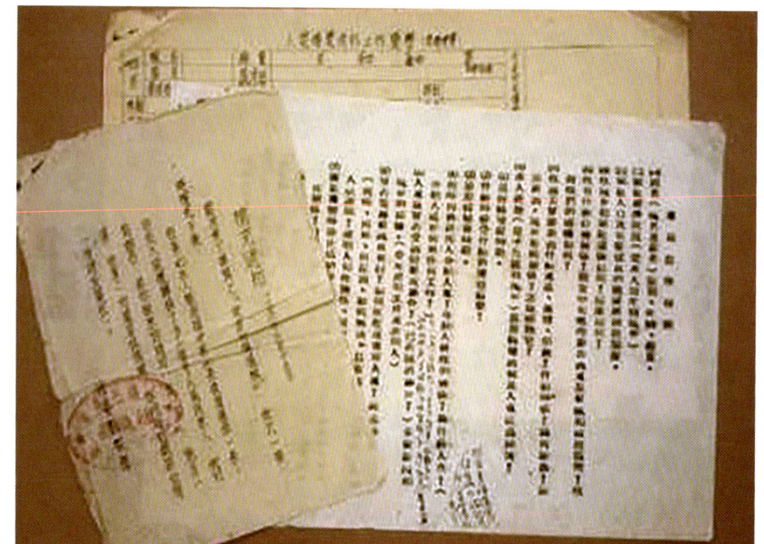

中华人民共和国成立初期，广州市委组织部制作的党员简历表、自传提纲，有陈健修改的笔迹。

1950年，陈健（后排右二）、黄荔容（后排左三）、张光（后排中）、黄文俞（前排右一）、黎笑（前排左二）两家人从香港回到广州。

通知　辦秘通一號

一九五〇年九月廿日

經分局批准市委各部委室的分工如下：

市委書記　葉劍英同志
副書記　朱光同志（代理書記）
副書記　馮桂昌同志
秘書長　陳健同志
組織部長　鍾明同志
代理宣傳部長　陳翔南同志
統戰部長　朱光同志（兼）
工委書記　梁廣同志
副書記　廖似光同志
郊區工委書記　馮桂昌同志（兼）
副書記　安平生同志
青委書記　陳恩同志
副書記　胡澤羣同志
婦委書記　蘇蕙同志
副書記　余慧同志
紀律檢查委員會書記　馮桂昌同志（兼）
副書記　梁廣同志
陳健同志
學校黨委書記　陳恩同志
辦公室主任　林若冰同志
研究室主任　陳楚同志（兼）
副主任　吳介民同志

特此通知。

此致

中國共產黨廣州市委員會

1950年，广州市委分工通知。

在中南局工作

1951年，陈健调到武汉，在中共中央中南局工作，任宣传部办公室主任。

1952年，陈健在中南局。

宣传部同事们在中南局合影。前排左起：陈健、赵毅敏（部长，候补中央委员）、戈枫（右一，理论教育处处长）

陈健在群众大会上讲话。

1952年，陈健率领中南局直属机关干部到江西省修水县参加土地改革。

长期主持党校工作

1956年4月，陈健任中共中央第五中级党校副校长。

1959年，陈健（中）在湖北省委党校。

1955年，陈健在武汉。

1963年，陈健任广东省委党校校长。

1965年“四清”运动时，陈健（后排中）与卓炯（后排右二）等同事在韶关地区曲江县仙人庙公社合影。

1957年，毛泽东等中央领导人与中央党校学员合影。三排（从上往下）左三为陈健。（出处：东莞市政协主编，本书编选组编选：《执着的追求——陈健自述》，广东人民出版社2014年版，第127页。）

1979年5月，陈健（中）在广州与罗马尼亚共产党中央政治局委员、中央党校校长勃拉图·珀翁（左五）交流两党革命斗争经验。图为合影留念。

夫人黄荔容

黄荔容（1914—2009），原名黄润容，广东东莞人。1934年与陈健结婚。1935年参加中国青年同盟，1937年在日本参加中共东京支部组织的革命活动，七七事变后回国参加抗日工作。1938年夏参加东莞县抗日壮丁模范队，后调到八路军驻韶关办事处工作。1940年，受八路军驻香港办事处主任廖承志委派，只身冒险渡过琼州海峡，将电台送达琼崖特委，并留在琼崖纵队抗日新闻社工作。解放战争时期，在党组织办的香港培侨中学任教。

中华人民共和国成立后，1952年加入中国共产党，曾在广州市委、中南局、湖北省委党校工作。

1977年，从中共广东省委党校离休。

2009年9月，在广州逝世。

1947年，黄荔容在香港。

1996年春节，黄荔容于广州。

1952年，黄荔容（二排右一）在湖南参加土改运动。

陈健与黄荔容合影。

陈健夫妇养育七个子女健康成长，在各自的工作岗位上为保卫和建设祖国做贡献。图为1961年，老三国宝参军时全家合照（大儿子陈国强在哈军工任教）。

陈健的大儿子陈国强。

陈 德

从长征中走来的潮籍将军

1914—1983

大事年表

1914年7月	出生于广东潮安古巷村贫苦农民家庭
1932年7月	于广东南雄参加工农红军，红四军第一〇师第二九团战士
1933年	加入中国共青团。红一军团兵站医院任文书。同年7月，转为中国共产党党员
1934年10月	参加中央红军长征，任红一军团第二师第五团连政治指导员
1937年至1938年	任八路军第一一五师第三四三旅第六八五团连政治指导员，东进抗日挺进纵队第五支队组织股股长，东挺纵队第六支队政治部副主任兼第七团政委
1940年	任冀鲁边一区党政军委员会书记，兼任冀北军区七团政委
1941年1月	任山东军区教导第六旅第十六团政委，受命赴鲁东北开辟抗日根据地
1942年	任山东分局党校总支委员、滨海军区政治部组织科科长
1943年至1945年	任清河军区垦区军分区政委兼区地委书记，山东渤海四地委、一地委书记、分区政委，第七师第二十一旅党委书记兼政委
1946年至1947年	率部攻打长春，保卫四平，任师政委
1948年	东北军区上干大队党委委员
1949年	第四十九军第一四五师政委
1950年至1952年	率部赴广西剿匪，任广西军区党委委员。同年12月，调海南军区，任海南军区副政委兼海南行政区党委副书记，海南行政区党委书记兼代海南行署主任
1953年	任第四十二军副政委兼政治部主任，政委
1955年	获授少将军衔，并被授予三级八一勋章、二级独立自由勋章、一级解放勋章
1960年至1969年	任广州军区党委委员，广东省军区党委书记，政委
1975年	任山东省军区党委书记、政委，山东省省委常委
1980年	任广州军区顾问、广东省顾问委员会副主任
1983年8月	在广州病逝

少年陈德因家里贫穷，当窑工做苦力，被军阀抓壮丁，历经苦难。所幸在粤北遇到红军并毅然参加中国工农红军，从此走上了革命道路，最终成长为一位潮籍开国将军。在几十年的军旅生涯中，他身经百战，恪尽职守，睿智刚毅，正直不阿，人民解放军艰苦卓绝的奋斗历程中留下了他坚韧的足迹。

长征北上抗日

长征路上，陈德从一名普通士兵成长为一名出色的政工干部，被任命为红二师第五团第三连政治指导员。工作中，他运用各种形式表扬好人好事，鼓舞连队斗志；积极筹措和妥善安排连队生活。湘江战役时，负责连队的收容工作，他几天几夜不曾合眼。他爱兵为兵，战士没水壶，陈德就带领大家用竹子锯成竹节，装上塞子作水壶。陈德所带领的连队是“模范连队”，长征出发时有183人，在陕北胜利会师时有147人，是军团保员率最高的连队之一。

抗战时期的陈德。

1937年7月，抗日战争全面爆发，陈德任八路军第一一五师第三四三旅第六八五团第一营第四连指导员，随部队挺进山西抗日前线。9月25日凌晨，在平型关战役中，第六八五团负责占领老爷庙西南至关沟以北高地，截击日军先头部队，陈德与连长率全连战士多次击退敌军的进攻，与日军展开白刃搏斗，全歼顽敌。

次年5月，陈德率领部队转战奔袭庆云和毛家集，并攻克黑牛庄，收复乐陵、宁津、庆云、盐山等大部地区，为开辟和巩固连片的抗日根据地做出了贡献。

1942年，陈德在冀鲁边抗日根据地。

驰骋南疆

解放战争中，陈德参加了辽沈战役和平津战役。1949年年初，陈德南下广西剿匪，仅半年就将广西匪情最为严重的平乐地区的土匪基本肃清。

1953年，陈德任第四十二军副政委、政委。

1947年，陈德在东北民主联军。

20世纪50年代初，在四十二军驻地惠州与战士们合影。前排右四为陈德，右三为彭龙飞。

20世纪50年代初，四十二军领导班子在驻惠军部前合影。前排左一军长吴瑞林，左二陈德，左三副军长彭龙飞。

1955年，陈德被授予少将军衔。

1959年，陈德下连队当兵与战士们合影。

军民情深

在战争年代，陈德带兵一向以纪律严明、雷厉风行出名。而在和平年代，陈德更把军民关系作为一项重要内容来抓。1959年夏，惠阳地区遭受百年罕见的特大洪灾。他亲临抗洪前线，检查堤防，组织官兵加固堤坝，抢救物资，解救被洪水围困的群众；让出部分军营，给流离失所的灾民栖身。有位农妇在部队医护人员的精心护理下，在营房产下一男孩，胡继成军长、陈德政委为新生儿取名“军生”。洪水过后，陈德还带领部队协助当地政府组织灾民生产自救。这一切都让惠阳地区人民对部队感激不已，都说：“还是共产党好，解放军亲！”

1959年，惠阳县遭遇特大洪水，四十二军政委陈德（右）与副军长彭龙飞在组织指挥抢险。

陈德（右一）在惠阳县城组织抗洪救灾。

1962年，广东潮剧团一团慰问四十二军。军政委陈德（二排左三）由省委宣传部副部长吴南生（二排左一）、汕头地委书记罗天（二排右三）陪同接见全体演职员。

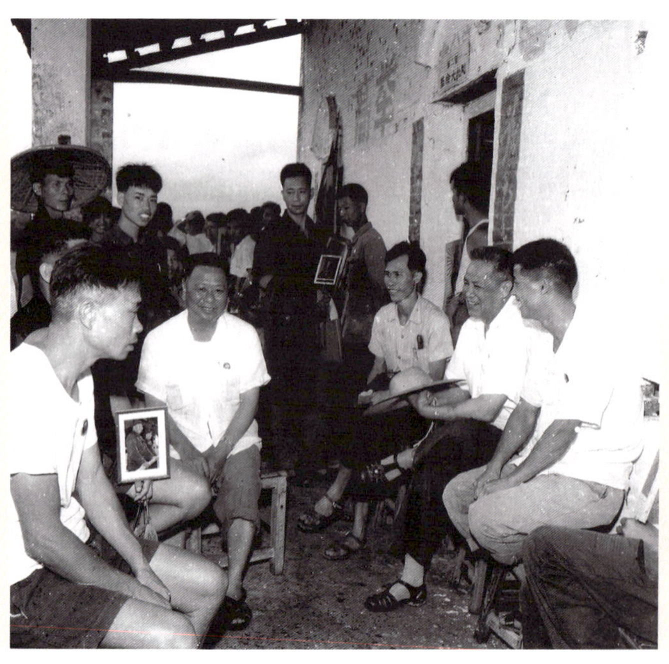

1965年，陈德（左二）在恩平县横陂公社同白银大队民兵座谈。

抓部队建设

1954年，陈德任第四十二军政委。陈德狠抓部队现代化、正规化建设，从抓领导带头、抓点带面入手，迅速在全军掀起军事训练、学习马列主义理论和学习科学文化的高潮。第四十二军的正规化建设开展得很成功，当时广州军区的示范性军事演习都在这里进行，苏联、保加利亚外宾观看演习后更是赞叹不已。

1959年，陈德（前排左二）陪同林伯渠（前排右二）观看军事演习。

20世纪60年代，四十二军领导集体学习坦克技术。前排左起：军长胡继成，副政委郭超，陈德，副军长彭龙飞，副军长王道全。

20世纪60年代，陈德（右）和军长胡继成一起研究军事技术。

20世纪60年代初，陈德在广东省军区做报告。

20世纪60年代在广州，陈德（前排左一）等接待外宾。

陈德（前右）下连队视察。

在四十二军下连当兵。

“文化大革命”期间及之后

1966年，陈德出任广东省军事管制委员会副主任。他着令各级军管会和军管小组，想尽一切办法，恢复交通，组织货源，保证人民群众生产、生活的正常运行；他不分昼夜，不避风险，接见两派头头，晓以大义，制止武斗。1967年，陈德任第二十一届中国出口商品交易会主任。

“文化大革命”中，陈德受到打击和迫害。1971年4月调到湖南，名义上是湘黔枝柳铁路总指挥部的政治委员、党委书记，实际上被隔离审查。身处逆境中，陈德忍辱负重，带着患病之躯依时报到。在此后的两年多时间里，他把全副心血和精力都倾注于三线建设事业上。

1966年，陈德（前排左）出任广东省军事管制委员会副主任。

20世纪70年代的陈德。

陈德（前）视察铁路建设。

1982年3月，广州军区司令员吴克华（左一）和军区顾问赖春风（左二）、陈德（右一）带领工作组到驻广东经济特区部队调查研究。图为在广东某部高炮连听取汇报。

战地姻缘

1938年5月，陈德随部队挺进冀鲁边区抗战。在这里，通过老上级肖华的介绍，他认识了在战地医院当指导员的安徽女孩李伟。虽然陈德只念过几年私塾，但酷爱学习，深深地吸引了李伟这位性格刚烈的安徽姑娘。他们于1943年在山东根据地结婚，肖华亲自主持了简朴的婚礼。

20世纪50年代，陈德、李伟夫妇在广州艳芳照相馆合影。

陈德夫妇有三个儿子。陈德一直对儿子们严格要求，虽然工作忙碌很少和孩子们在一起，但还是经常教育他们爱劳动，能吃苦，要为人民做事。孩子们放假，陈德安排他们每天早上扫院子。三个儿子都先后入伍。大儿子从解放军后勤工程学院毕业后，主动要求“到最艰苦的地方去”，到西藏边防部队去实习。他在部队严格律己，处处带头。在国防施工中不幸牺牲，年仅23岁。

20世纪60年代中期全家福。

20世纪90年代，陈德的夫人李伟（前排右）及家人与原东北民主联军第六纵队司令、军委原副秘书长洪学智（前排中）及广州军区顾问赖春风夫人黄海云（前排左）合影。

陈洪潮

1911—1994

默默耕耘　坚守初心

大事年表

1911年11月	出生于广东台山斗山镇朝美村。又名陈毓华，号孔畅
1929年2月	就读于台山任远中学初中
1932年9月	就读于上海市复旦大学附中（后转南方高级中学）。经林基路（林为梁）介绍参加中国共产主义青年团和中国左翼作家联盟
1934年9月	就读于上海复旦大学中文系，任共青团上海江湾区大学团总支书记兼复旦大学团支部书记
1935年9月	前往东京日本帝国大学学习，经林基路介绍加入中国共产党，任中共东京支部组织委员、团支部书记
1937年8月	从日本回国，进入陕北公学第二期学习，毕业后在延安历任中央医院政治教导员、中央办公厅秘书处党总支委员、中央干部休养所所长、招待科科长等职
1941年3月	历任西北局宣传部秘书，陕甘宁边区陇东地区合水县县委宣传部副部长、副县长、县长等职
1945年9月	历任吉林省延边专区和龙县县委副书记、副县长、民主联军副团长；吉南专区副专员、解放军师副政委等职；到伊通县搞土改，兼任伊通中心县县委宣传部部长
1949年2月	任广东南下干部南昌市留守处主任
1949年11月	任中共中央华南分局行政处副处长
1952年8月至1955年8月	到北京中央党校学习
1955年9月至1957年12月	任交通部广州造船厂党委书记
1958年至1966年	先后任广州工学院、中南科技学院党委副书记、副院长，广东工学院党委副书记，兼任广东石油化工设计研究院院长
1970年	任广东省港务局党核心小组成员兼生产组副组长
1980年6月	离休，享受老红军和副省级医疗待遇
1994年5月	在广州病逝

20世纪30年代是个风起云涌的年代，有许多热血青年到日本留学，追求真理。陈洪潮在同乡林基路（原名林为梁）的影响和带领下，负笈东瀛，从此，他从一个积极进行抗日活动的先进青年成为坚定的共产党员。他一生在不同的工作岗位上始终保持旺盛的工作热情和务实精神，是一位默默耕耘的老红军。

革命启蒙

1929年，陈洪潮在台山任远中学就读初中，与林基路（革命烈士，1943年9月与陈潭秋、毛泽民一同在新疆被害）既是同乡，又是同学。正是结识了林基路，陈洪潮受到思想启蒙，走上革命道路。

校友會之廣州組

1931年九一八事变后，参加林基路在广州成立的任远中学广州校友会，积极进行抗日活动。图为任远中学校友会广州组同学合影，前排右二为陈洪潮，右三为林基路。

1932年，陈洪潮与林基路一同到上海复旦大学附中（后转南方高级中学）读高中。1933年3月，林基路介绍陈洪潮加入了共青团和左联。暑假，他们回到台山，成立台山剧社，在台城、斗山多地演出了一批宣传新思想的话剧，深受欢迎。图为台山剧社成员在台山一中的合影，前排左一为黄日东，左二为陈洪潮，左四为林基路，左五为黄新波。

1934年1月，台山同学与上海南方中学共青团负责人王兰西在黄浦江边合影。前排右一为林基路，右二为黄新波，后排左一为陈洪潮，左二为黄日东，左四为王兰西，中为梅景钿。

参与建立中共东京支部

1935年8月，经上海团组织批准，陈洪潮前往东京日本帝国大学学习。同年9月，由林基路介绍，陈洪潮加入中国共产党。当月，按照中共上海文委负责人周扬指示，中国共产党上海文委东京支部（中共东京支部）成立，林基路为支部书记，陈洪潮为支部组织委员，官亦民为支部宣传委员。接着，陈洪潮又把从上海来的10多个共青团员组织起来，成立共青团东京支部，并兼任支部书记。

1935年，陈洪潮在日本。

1936年，中共东京支部部分成员在东京井之头公园的合影。前为陈洪潮，后排左起：林基路、梅景钿、黄日东、陈子秋、陈茵素、陈兆平夫人。

1982年12月，原中共东京支部部分成员和留日同学相聚广州，座谈当年在东京的战斗历程。图为与会同志合影。前排左起：杨克毅、张建、伍乃茵、梁威林、陈洪潮、吕俊君；后排左起：古志坚、邓建今、侯甸、陈健、刘坚。

1982年，梁威林（左）、陈健（中）、陈洪朝（右）在广州合影。

奔赴延安

1937年7月，抗日战争全面爆发。同年8月，陈洪潮从日本回到广州，经八路军广州办事处主任云广英安排前往延安，进入陕北公学第二期第九班学习，后到中央医院等部门工作。

1939年11月7日延安中央医院举行成立典礼后，与会领导姜齐贤（后三排左七）、王首道（后三排左四）、张鼎丞（后三排左五）、傅连暲（后三排左六）等同中央医院及中央卫生处工作人员合影。彩门上方的院名“中央医院”为毛泽东题写。后四排左三为陈洪潮。

转战东北

1946年陈洪潮（右）在吉南专区工作时与俄语翻译（左）合影。

1948年冬，陈洪潮（右）参加吉林省南下干部大队时与战友在吉林合影。

1948年，陈洪潮在吉林省四平地区伊通县参加庆祝“八一五”三周年纪念日群众大会时与群众合影。主席台前排左五为陈洪潮。

1948年，陈洪潮在伊通县大孤山区搞土改，山区军民欢送陈洪潮转业南下时合影。二排中为陈洪潮。

建设新中国

1952年，陈洪潮前往中央党校学习前夕摄于广州。

1949年11月，陈洪潮在广东迎宾馆主楼前留影。

1955年6月，陈洪潮（前排左三）与全组同学在北京中央马列学院西苑新校舍前合影。

1993年，在广东省石油化工设计研究院建院30周年时于广州沙面研究院旧址前合影。前排左三为陈洪潮。

怀念烈士

1986年，陈洪潮（前排中）在任远中学林基路纪念亭前与学校领导等合影，上方为陈洪潮题词。

2016年4月，台山市斗山镇人民政府在任远中学建立“中共东京支部任远三杰”（左起：黄日东、林基路、陈洪潮）铜像群。

安享晚年

1988年，陈洪潮在广州家中。

1970年，陈洪潮（前排中）与家人在广州合影。

1986年春，陈洪潮（右六）与分别50多年的大哥陈毓星（右五，旅加华侨）在广州和家人合影。

大事年表

1914年9月	出生于广东东莞篁村袁屋边村
1936年7月至1937年7月	在北平大学法商学院经济系学习，参加北平学联和中华民族解放先锋队领导的抗日救亡学生运动。在第三战区交通团从事党的宣传教育工作
1938年至1939年	先后在西北联合大学学习， 参加中华民族解放先锋队和中共地下党活动，在第一战区政训处民运科工作。1939年10月加入中国共产党
1941年6月至1943年6月	任陕甘宁边区关中分区统战部干事、科长
1943年7月至1947年5月	为延安中央党校学员、校刊编辑、文化教员、科长，期间参加延安整风运动，以及带队撤离延安
1947年5月至1949年8月	任冀鲁豫区党委宣传部宣传科科长、编审科科长
1949年8月至1952年10月	任平原省委宣传部宣传处处长、秘书主任
1952年10月至1955年8月	任中共中央华南分局宣传部办公室主任、 广州市委宣传部副部长兼华南人民出版社社长
1955年8月至1958年8月	任广东省委办公厅主任、副秘书长
1958年8月至1969年9月	任广东省委宣传部副部长、省委委员、省监委委员，广东省委中级党校校长、广东省委宣传部部长
1969年9月至1972年12月	任南方日报社革委会副主任、党委书记、社长、总编，省革委会政工组副组长
1972年12月至1978年3月	任广东省委宣传部部长、省委委员
1978年3月至1983年3月	任广东省委常委、宣传部部长，兼任省社会科学院院长、党组书记和广东省社会科学界联合会主席
1983年3月至2001年	任广东省顾问委员会副主任，后兼任广东省社会科学界联合会名誉主席、广东省精神文明建设研究中心顾问等职
2001年8月	离休
2012年2月	在广州逝世

陈越平

以身作则　严于律己

1914—2012

多年从事党的宣传工作，以身作则，率先垂范，是陈越平的一贯作风，也是他的家风。他对子女们谆谆教诲和严格要求，鼓励他们在艰苦环境中锻炼成长。他去世后虽然没给子女们留下丰富的物质财产，但却留下了无穷无尽的精神财富。他的故事告诉我们，好的家风、家教是弘扬中华美德、薪火相传的重要精神力量。

陈越平的座右铭

在陈越平家的书柜右上方，一直放着一个小长方框架，上面是他手写的座右铭——天行健，君子以自强不息。陈越平就是遵此严格律己做人处世的，并为全家树立了榜样。

从1947年起，陈越平从事党的宣传教育工作，先后任冀鲁豫区党委宣传科科长、编审科科长等，后来又到中共平原省委宣传部、中共华南分局宣传部、中共广州市委宣传部任处长、副部长。1958年4月到中共广东省委宣传部当副部长、部长、省委委员，1978年起任广东省委常委、宣传部部长，直到2001年离休，总共是54年。他富有深情而又斩钉截铁地说："我干了几十年宣传工作，酸、甜、苦、辣都尝过，但至今不悔。"

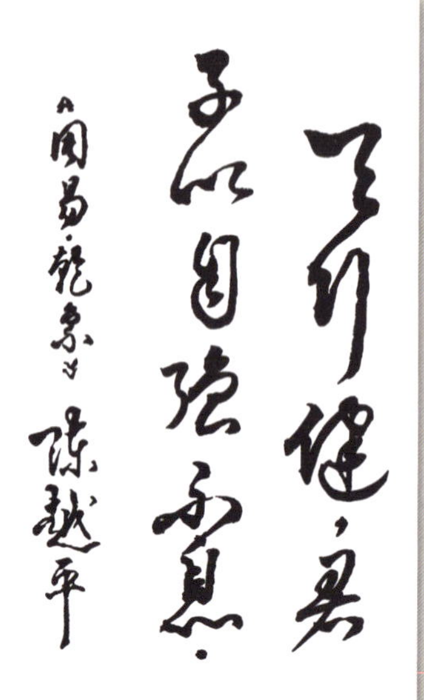

陈越平手书座右铭。

20世纪50年代的陈越平。

"文化大革命"结束后，陈越平重新走上宣传战线工作岗位。

1992年，陈越平（右一）与王匡（右二）到羊城晚报社开座谈会，力求掌握第一手资料。

1988年2月，在珠江电影制片公司庆祝影片《孙中山》获奖大会上，任仲夷（左）与陈越平同在主席台上。

97岁的陈越平。

实事求是的一贯好作风

抗战时期，陈越平夫妇曾在延安参加整风和大生产运动，并均在中央党校新三部工作过，一直受延安实事求是作风熏陶。毛泽东亲笔书写的“实事求是”四个大字深深铭刻在他们心中。

1985年，陈越平夫妇重返延安时留影。

革命圣地延安

陈越平

（一）

宝塔巍峨镇边疆，
愚公移山斗志昂。
军民合力驱豺豹，
苦难神州现曙光。

（二）

不怕征途万里长，
千锤百炼铸成钢。
轩辕文明传千载，
延安精神播四方。

1991.5.

➲ 1991年1月，陈越平为革命圣地延安吟诗一首。

1978年5月，《光明日报》发表《实践是检验真理的唯一标准》文章，由此引发一场关于真理标准问题的大讨论。陈越平为部长的省委宣传部旗帜鲜明、责无旁贷地担起组织全省这一大讨论的工作。

1980年《羊城晚报》正式复刊，宣传部推荐吴有恒任该报社党委书记兼总编辑。数月里，陈越平与杜埃四次到吴家倾谈，并拿来省委为他平反冤案的红头文件，终于请出吴上任。

➲ 1978年，陈越平在“实践是检验真理的唯一标准”讨论会上讲话。

➲ 1992年，陈越平（右二）与吴有恒（左一）、吴南生（左二）、杜埃（右一）交谈宣传工作。

“学到老，干到老”的典范

1932年陈越平初中毕业，代表东莞中学参加全省会考，获全省第一名，由当时的省教育厅厅长颁发了一面银质奖牌，上书“褒然居首”四个大字。初中毕业后报考几所名校被同时录取，最后就读于中山大学高中部。晚年时家中书柜里有几千本书，如《新青年》，还有《鲁迅全集》等；有的是他冒着生命危险，跟他走南闯北的书籍，如《向导》《解放》等。他的这些书内文圈圈点点，有不同颜色的笔迹批注。可见他翻阅了多遍，并以之指导言行。

20世纪30年代初，在广东省东莞县立中学读书的陈越平（中）。

93岁的陈越平仍笔耕不辍。

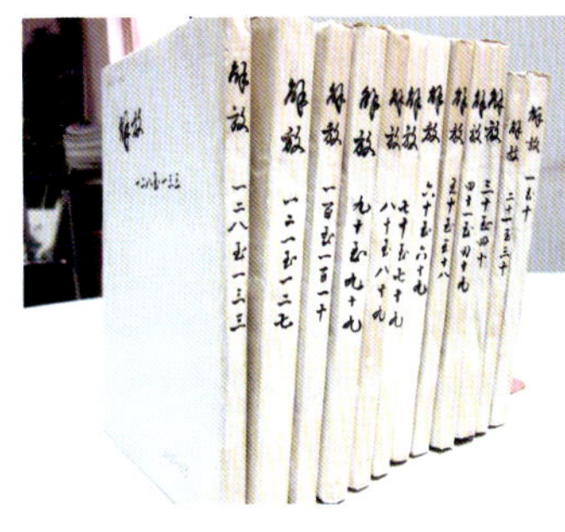

陈越平家的书柜中摆放着1946年出版的《鲁迅全集》；1937年至1941年边区解放周刊社出版的《解放》共133期，由他自己整整齐齐装订为12册。

1989年，陈越平在家中练习书法。

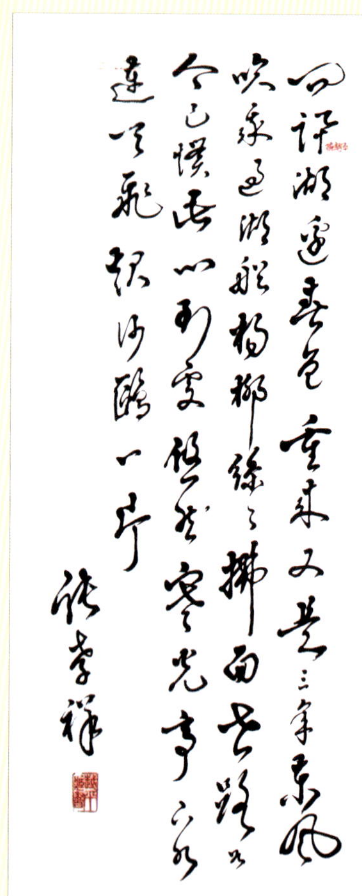

陈越平喜欢泼墨挥毫，这是他手书的张孝祥诗一首。

家风代代传

陈越平的弟弟陈荣业是一位革命烈士，1938年参加中国共产党，同年10月参加东莞抗日模范壮丁队，任分队长。1945年9月，25岁的陈荣业在东莞为革命献身。1972年至1986年陈越平夫妇多次带着孙子们到陈荣业曾经生活与战斗过的地方查访与悼念，为的是让子孙后代发扬革命优良传统。

陈越平对子女、孙辈的成长严格要求，多次为子女题词，鼓励他们进步。

20世纪70年代，陈越平照于东莞老家。

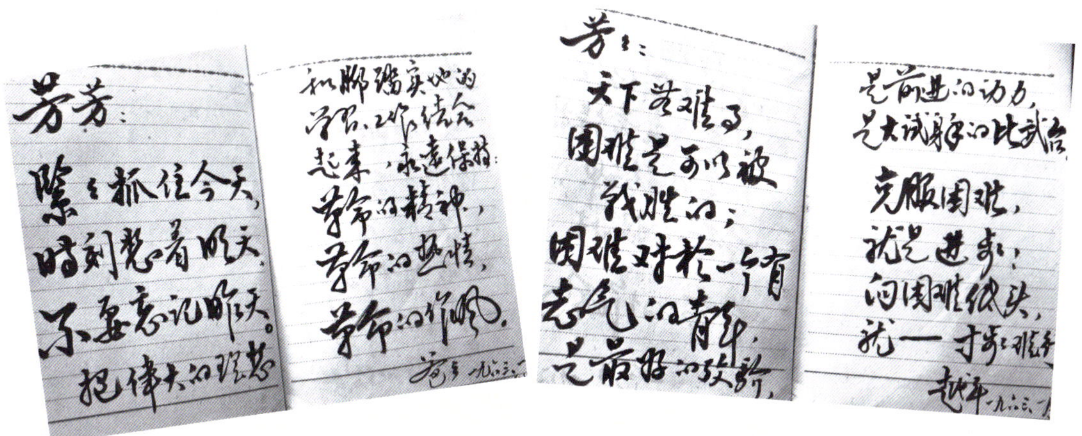

芳芳：
紧紧抓住今天，
时刻想着明天，
不要忘记昨天。
把伟大的理想
和脚踏实地的
学习、工作结合
起来，永远保持
革命的精神，
革命的热情，
革命的作风。
爸爸 一九六三

芳芳：
天下无难事，
困难是可以被
战胜的；
困难对于一个有
志气的青年，
是最好的锻炼，
是前进的动力，
是大试验的比武台。
克服困难，
就是进步；
向困难低头，
就一寸步难行。
越平 一九六三

陈越平给女儿的题词。

子女四人在父母的言传身教下，继承和发扬自强不息、顽强拼搏的精神。大儿子初中毕业就去军事院校深造，经历艰苦训练，参加过抗洪救灾；二女儿大学毕业后分到条件艰苦的河源曾田公社教书，住简陋泥巴房、点煤油灯、打井水、无通讯设备，但她坚持住了；三女儿从中国科学技术大学毕业后，分到广西平南县农机厂当工人，靠自身努力当了报刊记者；四女儿是老三届初中生，被安排下乡到海南白沙县卫星农场割橡胶。艰苦环境的磨砺使他们得到锻炼成长。

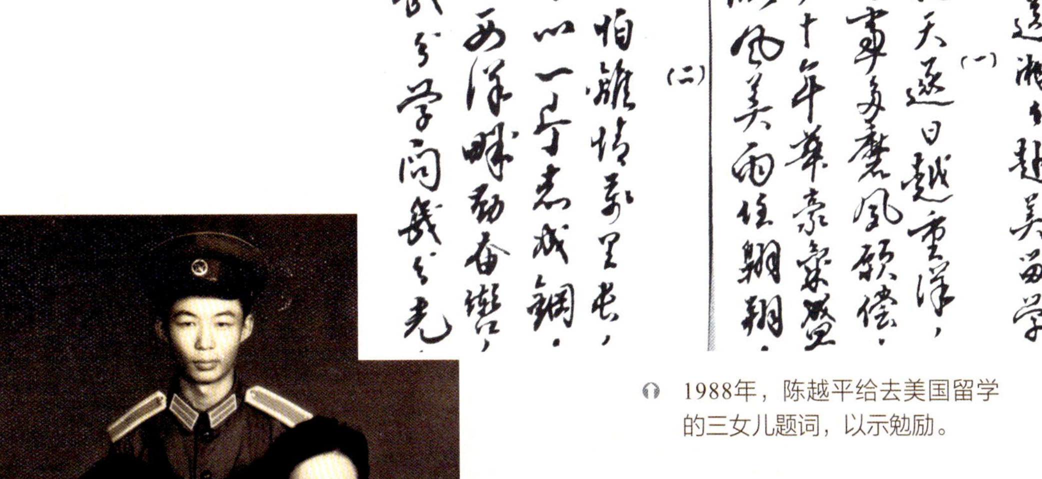

送湘女赴美留学
（一）
航天逐日越重洋，
好事多磨夙愿偿。
四十年华[illegible]，
欣风美雨任翱翔。
（二）
不怕离情万里长，
毋以一寸志成钢。
大西洋畔勤奋学，
我为学问我为光。

1988年，陈越平给去美国留学的三女儿题词，以示勉励。

20世纪60年代初，大儿子从部队回家探亲，与父母合影。

20世纪70年代初，三女儿大学毕业分配到广西平南县农机厂当工人。图为在广西平南县当讲解员的情景。

1972年，二女儿（前排右）在广东河源县曾田中学，与几个学生一起在学校的课室、宿舍、校舍门前合影。

20世纪70年代初，三女儿（前排右二）到海南岛白沙县卫星农场看望妹妹（后排左一），与知青合影。

1989年8月，五个孙子辈小孩赴北京游玩，陈越平写诗为孙辈们鼓劲、加油。

五小闹北京，
冒雨登长城。
看谁最好学？
学好见分晓。

罗明

忠诚印寸心 浩然充两间

1901—1987

大事年表

1901年	出生于广东大埔平原乡岩霞村。原名罗善培，曾用名罗亦平
1924年	参加革命，在厦门集美学校师范部任广东共青团通讯员
1925年	考入广东大学，担任省港罢工委员会《工人之路》采访员
1925年9月	加入中国共产党，任中共广东区委宣传部秘书
1926年8月	担任汕头地委书记，主办农工养成所，开展农工运动，支援北伐
1927年1月	任中共闽南特委书记
1928年1月	任中共福建临时省委书记，6月出席中国共产党第六次全国代表大会
1928年春	任中共福建省委书记
1930年5月25日	领导厦门思明监狱破狱斗争、劫狱斗争
1931年4月	任闽粤赣边区特委组织部部长
1931年11月	任闽粤赣边区特委书记
1932年2月	任中央苏区福建省委代理书记
1933年2月	受到王明“左”倾教条主义的打击，被撤销福建省委代理书记职务。被迫接受开展反对“罗明路线”的斗争
1933年3月	任中央苏区党校教育处处长
1934年10月	参加中央红军长征。次年遵义会议后任三军团政治部地方工作部部长。在娄山关战斗中负重伤，奉命留贵阳搞农运
1935年7月	到上海寻找党组织时遭叛徒出卖被捕，拒绝国民党的诱降
1936年春	获释后回到原籍大埔，后来在百侯中学任教
1937年9月	主动寻找到党组织，并在党组织的领导下继续工作
1949年	历任南方大学副校长、广东民族学院院长、广东省民族事务委员会副主任、主任，广东省政协第二、第三、第四届副主席，广东省第五届人大常委会副主任，全国政协第三、第四、第五届委员和第六届常务委员。
1980年10月	经中共中央批准，恢复罗明的党籍，党龄从入党时算起
1987年4月	在广州病逝

罗明是中国共产党早期的革命活动家、中央苏区福建省党组织和闽西革命根据地的重要创建者之一；是党史上闻名的“罗明路线”的主角——1933年因坚决执行毛泽东为代表的正确路线，受到王明“左”倾教条主义的无情打击。在挫折磨难中他忍辱负重，矢志不渝，始终相信党、跟随党，按党的指示竭力工作。他对祖国对人民的无限忠诚，体现了一个共产党人的崇高气节。

追求光明　献身革命

1921年9月，罗明考入厦门集美学校师范部。求学期间，经中学同学、共产党员蓝裕业的推荐，与广州国民党中央组织部杨匏安（共产党员）联系，利用课余时间与进步同学积极发展国民党左派，建立秘密组织，并成立星火周刊社，为闽南地区建立党团组织打下思想基础。1925年，罗明因参与领导学生会开展对革命先行者孙中山的追悼活动，以及组织纪念五一国际劳动节大会活动，被校方开除学籍而被迫离开厦门，于是年9月考入广东大学理预科并先后入团入党，在共青团广东区委兼任宣传干事。

罗明就读的厦门集美学校师范部旧址

中央苏区福建省委书记

罗明曾五次担任福建省委书记职务。其中1928年2月，中共福建省临时省委成立，中共闽南特委书记罗明任书记，并被选为党的六大代表。1932年3月任中共福建省委代理书记。

1983年，罗明、谢小梅夫妇在南京中山陵合影。

1985年，在福建与老战友合影。左起：伍洪祥、谢小梅、罗明、魏金水。

“厦门破狱”

1930年5月，为营救被国民党关押在厦门思明监狱的中共厦门市委书记刘端生、共青团省委书记陈柏生等48名主要领导干部，罗明策划和领导了著名的“厦门破狱”。

“破狱”行动前，中共福建省委成立以罗明为首的“破狱”委员会，委员有谢景德、王海萍、王德、陶铸等。罗明亲自探监，勘察地形，摸清敌情，策划和制订了“破狱”方案。由于计划周密，组织得当，行动迅速，5月25日“破狱”行动仅用10分钟，在未伤一兵一卒情况下，成功营救了关押在厦门思明监狱的全部革命同志，并转送往闽西苏区。这一胜利，受到党中央来电嘉奖，而这也是中共在白区斗争史上罕见的成功范例。

1985年5月25日，罗明（左）与王德在厦门破狱斗争遗址前合影。

1984年，罗明（中）、谢小梅（左）夫妇与王德（右）在广州合影。

1984年在福建厦门召开“5·25厦门破狱学术讨论会”，罗明（前排左三）、谢小梅（前排右三）夫妇同与会代表合影。

长征路上的命运转折

1932年，罗明在中央苏区任中共福建省委代理书记，1933年他遭到“左”倾教条主义错误批判，受到撤职等残酷打击。

1934年10月参加中央红军长征。1935年，罗明在娄山关战斗中身负重伤 。红军四渡赤水，行进至黔西北盘江的时候，他和夫人谢小梅被安排留在贵阳郊区搞农运。没有向战友们告别，他们秘密地离开长征队伍，开始了艰难坎坷的两个人的“长征” 。

离开红军队伍后，在同行者携款叛变、举目无亲、身无分文且与党组织失去联系的情况下，罗明只好在当地做清道夫、消防员，潜伏下来。在内外交困，饥寒交迫，接不上组织关系，各种危险接踵而来的艰难情况下，最后被迫只身到上海找党组织。在上海，罗明再次因人告密被捕关监。面对国民党方面的诱降，他保持警惕，宁死不从。

1982年，罗明夫妇在福建中央苏区当年工作过的交通站前留影。

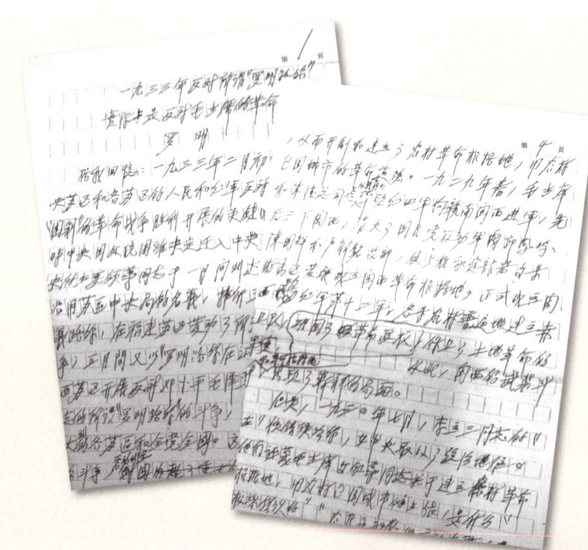

罗明关于当年“罗明路线”的回忆手稿。

1986年10月在福建龙岩，罗明（前排左）在纪念红军长征胜利50周年大会上发言。

以合法身份开展抗战工作

1936年春，罗明获释，返回家乡广东大埔百侯中学教书，后任代校长。其间，罗明积极主动寻找党组织，积极投入抗日救亡运动。

抗日战争时期的罗明。

1937年7月，抗日战争全面爆发后，罗明终于在福建龙岩找到闽粤赣省委党组织。党组织指示他以百侯中学任职的合法身份做好教师工作。罗明回校后，实施“抗日救国”五项教育方针，引导许多师生走上革命道路。百侯中学成为当地抗日救亡的中心。

1939年寒假，经中共南方工委书记方方同意，罗明去南洋宣传八路军、新四军英勇抗战的事迹，为八路军、新四军募捐慰劳金，慰劳金直接汇香港廖承志收转。同时，他还为百侯中学筹集扩办高中部的经费。

1942年“中共南委”受到破坏时，局势十分险恶，“中共南委”书记方方指示：“在任何艰难恶劣的情况下，你都不可撤退，必须坚守工作岗位，以安人心。”罗明坚决执行，冒着再次被捕和牺牲的危险想方设法成功保存了革命力量。

1937年，大埔百侯中学第三届毕业生与老师留影。前排左一为罗明。

1949年，在香港参与中共党组织研究策反吴奇伟的工作。罗明（左二）、梁耀南（左一）等合影。

1981年，罗明（前排右）回家乡大埔枫朗镇，与乡亲们合影。

1943年春，家乡闹旱灾，哀鸿遍野。在罗明提议下成立了教育会属下的赈灾救济会。罗明听说闽西有米，并想到国民党福建省平和县委书记陈培英是他在集美的同学，就立刻到平和再三恳请陈帮忙，终于顺利将第一批米运回枫朗，解了群众燃眉之急。而罗明却不允许自己家人去买这些米，全家人仍吃糠和野菜度日。

筹建南方大学

1949年10月，方方转达叶剑英的命令，要罗明参加南方大学的筹建工作。10月14日广州解放的当天，罗明回到广州，立即投入南方大学筹建工作中。11月24日，中央根据华南分局的报告批复：叶剑英任南方大学校长，罗明、陈唯实任副校长。

罗明带领全体师生艰苦创业、自力更生，为筹建好学校，培养建设人才付出了艰辛的努力。

1950年3月，罗明副校长（前排中）与南方大学师生一起参加修建广州越秀山体育场的劳动。

1950年6月9日，中共中央华南分局第三书记方方（前）在南方大学讲授中共党史，课后陈唯实（左）、罗明（右）副校长陪同步出礼堂。

1950年6月，罗明代表南方大学参加第一次全国高等教育会议，在中央领导接见会议代表时，毛泽东向罗明招手，大声说："罗明同志，欢迎你！"图为当时毛泽东、周恩来等中央领导与代表合影，前排左四为罗明。

1950年7月1日，南方大学举行庆祝中国共产党建立29周年纪念活动。古大存（中）与参加活动的部分人员合影。左为陈唯实，右为罗明。

20世纪50年代初，罗明（前排左二）与包德列夫院士（前排中）在南方大学讲学后与校领导合影。

20世纪50年代初，罗明在南方大学向师生讲话。

1984年，罗明在阳江南方大学校友会成立大会上讲话。

1986年春节，邓颖超在广州松园宾馆接见罗明、谢小梅夫妇。

谢小梅的无怨无悔

罗明的夫人谢小梅（1913—2006），福建龙岩人，15岁参加革命，1929年4月加入共青团，1930年8月加入中国共产党，先后在厦门中共福建省委秘密印刷厂、福建省委秘书处、苏区中央党校教务处工作。参加过第二、三、四次反“围剿”斗争。

1931年1月初，由曾志介绍，在厦门福建省委秘书处工作的谢小梅与罗明结为夫妻。

1934年10月，长征出发前一天，谢小梅还在医院，怀里抱着尚未满月的女儿。这位为人母的女红军，忍痛将骨肉送给了瑞金附近的一个红军家属，踏上漫漫长征路。长征开始时，谢小梅被安排在红一方面军中央纵队干部团休养连，刚生完孩子，她虚弱得连话都说不出来，但暗下决心：一定要坚持到底，凭自己的双脚跟上队伍。

中华人民共和国成立后，谢小梅在各个岗位上始终是一名普通干部。一直到1980年，罗明才被正式恢复党籍，次年，广州市委批准恢复谢小梅的党籍，承认她是“老红军”。

2006年6月底，在医院病榻上的谢小梅对子女说，今年是建党85周年，又是长征胜利70周年，要好好庆祝一下。7月2日，这位92岁的红军女战士与世长辞，在弥留之际拉着女儿的手说，为了信念，她无怨无悔。

1992年，谢小梅回到瑞金，在红军医院旧址前留影。

1992年，谢小梅（右）与老战友张昭娣（中）重逢。

2001年，谢小梅（中）在“罗明同志诞辰100周年纪念会”上。

20世纪90年代初，谢小梅（中）与福建省委、军区领导同志参加“庆祝1932年福建省委成立纪念大会”时交谈。

迟到的党籍“恢复”

1980年，经广东省委上报，中共中央批准恢复罗明、谢小梅党籍，党龄从1925年9月入党时算起，罗明热切盼望40多年的政治生命终于得以恢复。罗明夫妇加倍努力为党工作，为抢救党的历史史料，不顾年迈体弱，奔跑于广东、福建，积极宣讲党史，撰写党史资料，直至生命最后一息。

风雨同舟一家人

罗明夫妇晚年合影。

1986年，罗明全家福。

钟 明

为党奉献终生的香港学子

1919—2003

大事年表

1919年8月	出生于广东惠阳葵冲镇坝岗洞梓村（今属深圳市龙岗区）。原名钟子骍，曾用名钟子鸿
1935年至1936年11月	在香港英皇书院读书期间，任青年进步团体晨钟社社长，香港秘密抗日救国会九龙区负责人、香港学生救国会会长、香港各界救国联合会执委
1936年11月	加入中国共产党，参加革命工作
1936年11月至1939年11月	任中共香港学生支部书记，中共香港市工委、市委青年部长，中共粤东南特委青年部部长、九龙区区委书记
1939年11月至1940年12月	被选为党的七大候补代表，随团从广东艰难跋涉经11省到延安
1941年至1946年6月	入中央高级党校一部参加整风学习，出席中共七大。后参加南下粤桂队伍，经上海秘密返香港
1946年7月至1949年10月	任中共广州特派员（市委书记）、中共香港分局城工委（港粤工委）副书记
1949年10月至1950年8月	任中共广州市委副书记。参加中共赴苏联组织工作参观团
1950年9月至1958年2月	任中共广州市委常委，组织部部长、宣传部部长，广州市副市长，广州市委副书记，书记处书记兼监委书记
1957年10月至1960年	在反“地方主义”整风运动中受批判和处分，被撤职下放
1961年至1966年	任中共广州市委常委、广州市副市长，兼市文教办、科委主任
1966年7月至1968年2月	“文化大革命”中受冲击
1968年2月起	历任广州市革委会常委，文教办、农业办主任，中共广州市委书记、市革委会副主任，兼市委党校校长。参加中央高级党校学习
1975年至1988年	被选为第四、第五、第六届全国人大代表，广东省第七届人大代表
1980年	得到平反，恢复政治名誉
1980年至1988年1月	任广东省第五、第六届人大常委会副主任
1988年5月	任广东省顾问委员会副主任
1991年7月	离休。参加广东省关心下一代工作委员会工作
2001年1月	任广东省关心下一代工作委员会第二主任。中央批准为正省长级待遇
2003年1月	在广州病逝

钟明从积极投身进步学生运动，奋力献身抗日救亡和民族解放斗争，到奔赴延安参加中共七大，他在复杂的革命历程中经受了锻炼和考验，成为一名坚定的共产主义者。中华人民共和国成立后，在省、市领导岗位上，坚持实事求是，深入调查研究，坚持改革开放，勤奋致力，卓有成效地开展工作。他一生为党和人民的事业鞠躬尽瘁，死而后已。

放弃留学　投身学运

钟明出生于一个中产家庭，从小父母将其送到在香港的祖父及叔父家读书，于油麻地官立小学毕业后，考入英皇书院。当时日本步步入侵中国的现实，使其忧心国家的危亡和民族的苦难，痛恨家长拟包办婚姻的封建旧习。他拒绝父辈拟送其到英国留学、将来参管家业的安排，在港投身抗日救国学生运动，找到共产党，走上了为祖国和人民解放事业终生奋斗的人生道路。

1937年9月，香港大学学生会发起组织香港学生赈济会（简称学赈会），后发展成为香港抗日救国学生联合会，是团结面非常广泛的抗日救亡统一战线组织，在宣传抗战、募捐支前、组织青年回国服务等方面做出显著成绩。钟明是学赈会创始人之一。

1938年9月1日，香港英皇书院学生参加学赈会中西区委员合影。前排右三为钟明。

钟明参加抗战时期香港学运座谈会。前排左起：袁少屏、杨德元、陈达明、钟明、陈一民；后排左起：莫芸、方兰、张瑜、何雪云、袁惠慈、何小冰、梁柯平。

奔赴延安参加党的七大

1939年12月，20岁的钟明被选为香港区中共七大候补代表，与广东及其他南方代表在八路军、新四军及各地党组织的掩护下，巧渡长江、汶口突围，两过平汉铁路，连闯五道封锁线，经11省，整整一年后抵达延安。在延安参加马列学院及党校整风学习后，钟明于1945年4月至6月参加党的七大。

参加党的七大给了钟明极大的精神鼓舞，他受到深刻的教育。回忆参加七大的岁月，他写道：“我是在党的培养下成长的，七大的教育，坚定了我的革命理想和信心，锻炼了我的革命意志，使我在复杂的革命历程中经受住对敌斗争的锻炼，党内斗争的考验。”

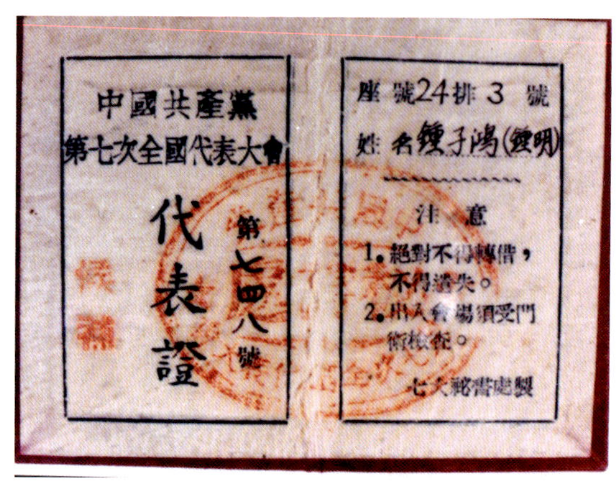
中國共產黨
第七次全國代表大會
代表證
第七四八號
候補
座號24排3號
姓名鍾子鴻(鍾明)
注意
1.絕對不得轉借，不得遺失。
2.出入會場須受門衛檢查。
七大秘書處製

钟明参加中共七大的代表证。

1987年8月，钟明重回延安，参观中共七大中央大礼堂并留影。

周密部署　无一损失

解放战争时期，钟明任中共广州特派员（市委书记）。为了粉碎敌人革命力量“杀尽灭绝”的阴谋，根据共产党在蒋管区工作十六字方针，他领导具体制定了撤离转移、单线联系、纵深配备等一套组织形式和斗争策略，使党组织得以保存，隐蔽地开展工作。他当时以其叔父的大华保险公司经理的身份来活动，在一次晚宴上，国民党政府机关官员对其大讲共产党近期活动的情况，却未想到地下党的领导人竟在其面前！

1947年，钟明与夫人何琼。

1983年，与中华人民共和国成立前一起在隐蔽战线从事地下斗争的战友合影。左起：李国霖、罗湘林、钟明、王达、潘佛章、陈超、何君侠、何雪云。

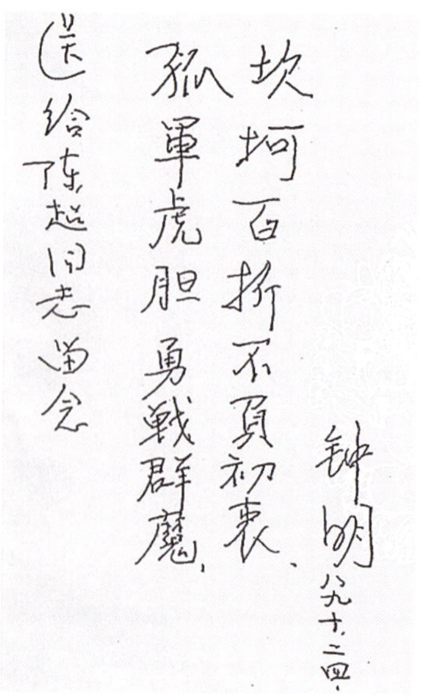
坎坷百折不負初衷、
孤軍虎胆勇戰群魔。
送给陈超同志留念
钟明
八九.十.二四.

1989年，钟明给解放战争时期共产党打入敌特机关作出卓著贡献的陈超题词的手稿。

2002年5月30日，钟明（左）在纪念广州地下学联成立暨“五·卅一”运动55周年座谈会上讲话。

1947年3月，中共广州地下党根据斗争形势建立秘密的外围组织“地下学联”（原称“爱国民主协会”），由钟明拟定章程并领导“地下学联”工作，后又由“地下学联”发展了“工协”“教协”等5个秘密组织。这些外围组织成为党发动群众开展斗争的依靠力量和有力助手。在地下党领导下，曾胜利开展了几次大规模的群众斗争，粉碎了敌人两次大逮捕的阴谋，为配合解放军解放广州做了各方面部署准备。

勤政廉洁　克己奉公

1949年冬，任广州市委副书记的钟明参加中共中央派出的新中国首个“党的组织工作者代表团”赴苏联考察学习。1957年，钟明在反“地方主义”运动后到工厂任职，他坦然无怨，在厂里与工人打成一片，想方设法解决工厂生产和职工生活问题，还坚持学习工程师必修课，深得群众好评。

1949年11月至1950年8月，中共赴苏联组织工作参观团成员在莫斯科近郊合影。箭头指着为钟明，小照为回国时留影。

虽在领导岗位，钟明对很多工作都亲力亲为，深入基层调研，昼夜伏案起草讲话、报告，很少要秘书代劳代笔。他从不利用职权，也不允许家人利用他的名义谋私利。大儿子小学毕业时拟报考广雅中学，他分管市文教工作，明确对儿子讲：“我不会为你入校讲话、写条子，你要靠自己去考。”他从未为家人、亲属谋官和利用其社会关系经商谋利，并多次讲道：“封建官僚曾国藩尚能做到一不敛财，二不福荫子孙，难道共产党的领导干部就不应该做到？”20世纪80年代初，曾是抗日救亡“学赈会”战友的某港商，送了三台彩电给他，他全部转送教师进修学院等单位。

20世纪50年代初，钟明在下矿井参加劳动后留影。

1956年10月，钟明夫妇携儿子建民、建平参观中山纪念堂。

1960年12月16日，广州市市长、副市长在市政府大楼前合影。前排左起：张瑞权、李朗如、梁湘、曾生、焦林义、钟明；后排左起：杜祯祥、罗培源、孙乐宜、林西、李广祥、杨毅。

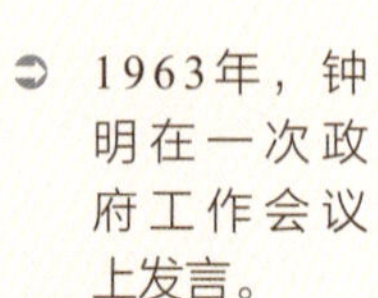

1963年，钟明在一次政府工作会议上发言。

1971年，任广州革委会副主任，到海南岛探望上山下乡的广州知识青年。前排左三为钟明。

20世纪70年代末，广州市领导会见先进青年代表并座谈。前排右一为钟明。

1978年3月五届全国人大第一次会议期间，中央领导接见广东省人大、政协部分代表。二排左二为钟明。

2001年2月，广州市历任市长、副市长新春座谈活动与会人员合影。前排左二起：石安海、曾庆申、张根生、焦林义、林若、朱森林、黄华华、林树森、雷宇、钟明；二排右三张广宁，右七黎子流，右八杨资元。

务实立法 依法办事

1980年，钟明到广东省人大任职，受人大常委会主任李坚真委托，主持省五届人大常委会日常工作，李坚真曾称赞他这位助手当得好。

1980年，钟明在省五届人大主持工作期间，曾兼任法制委员会主任，正值广东省建立深圳、珠海和汕头三个经济特区，急需法律、法规来引导和规范特区建设。他倾注很多精力加快特区立法，特别是《深圳经济特区土地暂行规定》。在有人认为“这不成了解放前的租界？”的议论下，他和其他领导顶住压力，从实际出发，突破禁区，审议批准该法规，把土地所有权和使用权分开，实行土地有偿使用，这在全国是首创的，从而推动了深圳特区建设。担任省六届人大常委会副主任时，钟明曾分管选举工作。有个县选举县长，在只有到会代表过半数而不是全体代表过半数的情况下作当选有效。他了解到这种违法情况，经召开主任会议研究后，宣布该选举无效，要依法重选。当地干部群众纷纷称赞和支持。

钟明（左二）在广东省五届人大常委会工作期间会见外宾。

1982年7月，广东省人大常委会代表团访港期间，李坚真（左二）、钟明（右一）与香港文汇报社社长、全国人大常委会委员、知名人士费彝民（右二）交谈，新华社香港分社社长王匡（左一）在座。

1987年，钟明在广州柴油机厂春节联欢会上讲话。

1992年5月，钟明在香港参加“学赈会”成立55周年纪念活动，于九龙尖沙咀留影。

1987年，广东省人大代表到西北地区考察，在新疆伊宁赛里木湖旁哈萨克牧民家探访做客。右一为钟明。

1991年6月26日，广东省广州地区老党员建党70周年座谈会与会人员合影。前排左起：廖似光、薛焰、吴南生、任仲夷、谢非、王德、朱森林、寇庆延、杨应彬、钟明。

生命不息　工作不止

1991年7月，钟明离休。离休后有人问他经常关心什么事，他说："我经常思前想后。"

他积极参与广东省青运史、广州党史研究工作，领着一批同志搜集、编纂抗日战争时期香港青年救亡运动史料，提供广州地下党资料，撰写回忆录；考虑在领导地下党斗争时遗留的历史问题的解决和落实处理。

他非常关心在新时期、新形势下对青少年培养教育。1995年被推选出任广东省关心下一代工作委员会主任，他亲自到基层、学校调研，拟定工作计划，总结经验。

晚年，他致力于"关心下一代"的工作，实践了自己的诺言："把教育下一代作为我一生的最后革命事业，坚持到最后一息。"

1993年，钟明（右二）在省老干部关心青少年成长研究会上发言。

关心孙辈的成长

在家里，钟明非常关心孙辈的成长。离休时，正值一对孙女、孙子入读华南师范大学附属中学初中部。当其发现孙子缺乏努力目标，沉迷于电脑游戏时，他便告诫孙子：“人如果不能朝着某一方向成长的话，最终将不可避免地转化为破坏性行为。”他还写信鼓励大学毕业后即将赴英国留学读研的孙女：“将来学成回国，力促事业有成，回报祖国，服务人民。”

1983年12月，钟明夫妇、大儿子、儿媳、孙女、孙子在家中天台合影。

钟明与孙女春英、孙子晖杰合影。

钟明写信教育、勉励孙女。

2000年8月，81岁的钟明为可以上网了解更多信息，学习使用电脑。

大事年表

1906年1月	出生于广东大埔西河镇漳溪漳北村。曾用名饶益初、饶君强、饶志雄、姚仲云、仲云
1924年	入读广东大学（中山大学前身），参加中共领导的学生反帝斗争，投身革命活动
1925年	任共青团广东大学支部书记、共青团广州地委委员。任中共中央驻粤代表谭平山的秘书，参与领导广州学运。参加省港大罢工，任罢工委员会党团书记、顾问邓中夏秘书，在第二次全国劳动大会筹备处工作任中华全国总工会秘书
1926年1月起	加入中国共产党。历任广东大学党支部书记，中共广东区委书记兼组织部部长陈延年的秘书，中共汕头市委组织部部长。同年秋奉派到苏联莫斯科东方大学学习。期间参加中共六大和全国共青团五大
1928年年底起	回国任中共香港市委委员、九龙区委书记、广东省委秘书长。1929年代表中共参加印度支那共产党第一次代表大会。1930年任中共南方局秘书长。后调上海中央交通局，受命组建华南交通总站并为首任站长
1931年秋	任中共中央巡视员，向福建和满洲省委传达党中央指示，恢复和加强两地省级地方的党组织活动，支持满洲省委发动东北日商控制的大型企业的产业工人罢工，参与组建东北抗联
1937年9月起	任陕北公学秘书长。1938年，由党中央派回广东先后任东江特委组织部部长、中共粤北省委组织部部长。在东江、西江、北江、赣南等地区恢复和壮大党的组织，并开展抗日工作。1944年任东江纵队军政干校秘书长
1946年	随东江纵队北撤山东。1947年11月到河北平山西柏坡中央工委报到，分配到中共中央华北分局，任全国总工会石家庄办事处部长、石家庄市总工会副秘书长
1949年2月起	编入中组部南下干部队，在天安门参加开国大典，不久派回刚解放的广州。任市总工会筹备会常委兼广州市工人合作总社经理，广州市总工会劳保部部长兼任广东省和广州市工人疗养院副院长，市失业工人救济委员会副主任
1955年起	任广州市手工业管理局、市建材工业局局长，市手工业联社主任和全国联社理事委员会委员；兼广州市政协常委
1963年至1990年	任广州市政协第三至第六届副主席。改革开放初发起以社会力量兴办的新型综合性“老人之家”——广州岭海颐老会
1996年9月	在广州逝世

饶卫华

初心使命　历久弥坚

1906—1996

饶卫华的职业革命生涯中，有数次北上南下，肩负党中央赋予的使命，不畏艰险完成任务的经历。如20世纪30年代末首任上海至香港的华南交通总站站长，九一八事变后奉命进入已沦陷、情势凶险的东北等。他把个人生命融入革命事业，热血奋斗的生涯和传奇经历，体现了共产党人在国难当头之际挺身而出的大无畏精神。

第一次北上：赴苏学习　参加六大

1926年10，饶卫华从广州到苏联东方大学学习马列理论和军事，曾担任班长、党支部书记等。留苏期间在莫斯科作为指定及旁听代表参加了中共六大，并参加大会秘书处等工作。之后应邀出席中国共青团五大。会后协助阮啸仙整理中国农民运动资料，载入国际共产主义运动史册。

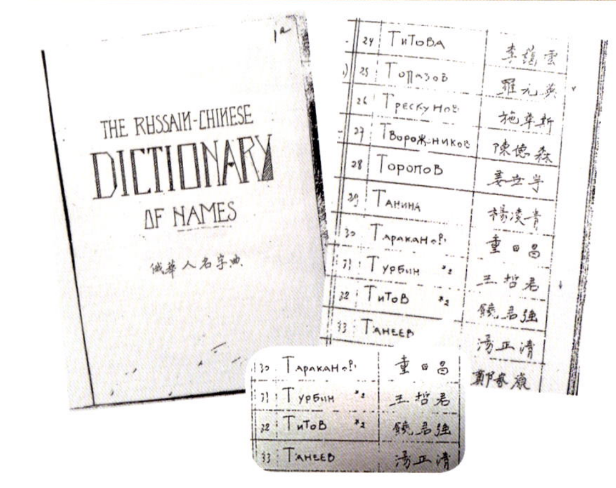

饶卫华在莫斯科苏联东方大学学习工作期间的花名册。

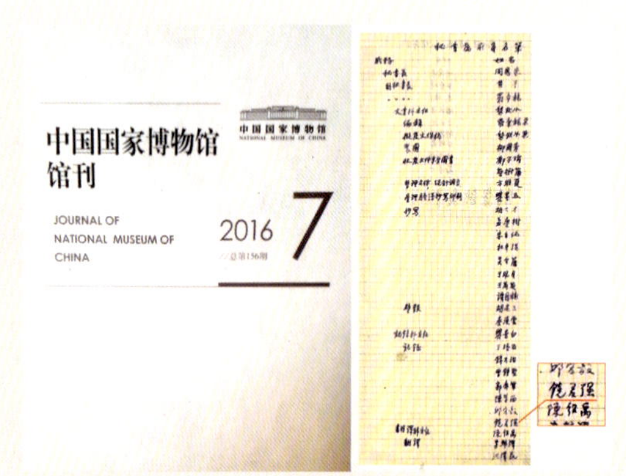

俄罗斯莫斯科“中共六大旧址纪念馆”展品——《中国国家博物馆馆刊》（2016年第7期第50页），记载了中共六大秘书处职员名单。其中第一页上有饶卫华的名字。

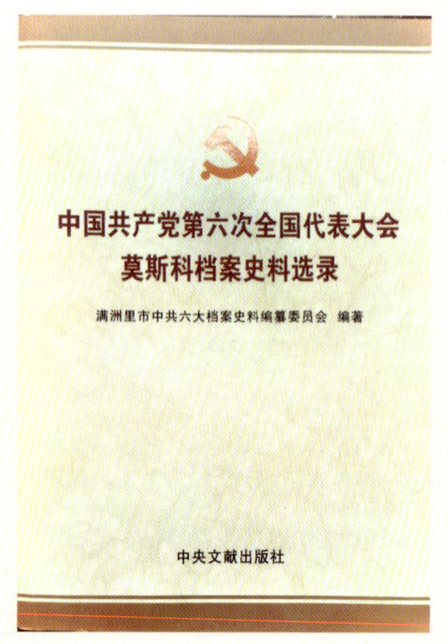

2017年中央文献出版社《中国共产党第六次代表大会莫斯科档案史料选录》中，对出席中共六大的142名代表和人员的后续情况进行了分类。饶卫华列为“为革命事业奋斗终生代表”之一（第350—351页）。

**Российский
Центр
хранения и
изучения
документов
новейшей
истории**

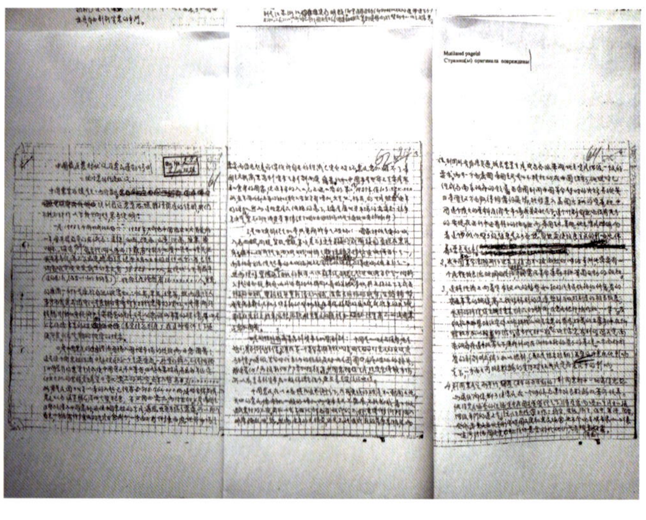

饶卫华在中共六大的手稿，题为《中国农村近况和农民运动情形》。原件在前苏联国家社会政治历史档案馆保存。

位于莫斯科的苏联东方大学是共产国际培养职业革命干部的大学。学员来自70多个国家。中共学员张善铭是饶卫华的革命指路人。

第二次北上：组建总站　巡视闽满

1930年底从香港到上海中共中央交通局。期间党中央派遣饶卫华在香港组建华南交通总站，并担任总站站长。他在周恩来直接领导下完成了搭建由上海经香港汕头乘船沿韩江到大埔到瑞金中央苏区、上海至闽西苏区、上海经香港越南海防河内过镇南关进入广西百色地区左、右江红区等几条华南红色交通线的使命。这个交通网，在红军反“围剿”斗争粉碎反动派对中央苏区封锁，为上海党中央一大批领导同志、绝密文件、紧缺物资安全送入中央苏区发挥了重要作用。

1930年3月于香港，饶卫华时任中共南方局秘书长。

2021年建党百年之际，由广州市岭南建筑研究中心主办的“南粤古驿道红色印记（广东段）展”中，以“无名英雄”专栏展示了饶卫华的红色交通生涯。

1932年，饶卫华任中共中央巡视员，化名姚仲云，先后巡视了福建和满洲等地。根据《福建革命史》记载，饶卫华指导完成重新组建中央直管福州、厦门两个中心市委的使命。“九一八”东北沦陷后，秘密赴满洲，帮助燃起共产党领导的民族救亡抗日烽火第一批火种。

기획련재

양림과 요위화의 동지적 인연 (1)

2018年民族出版社出版的《红军将领杨林》、延边日报2022年5-6月间连载文章“杨林与饶卫华战斗情谊”，记述了饶卫华与抗联创始人中共满洲省军委书记杨林（赵尚志前任）的东北烽火历程。

饶卫华“九一八”后巡视东北考证

中共辽宁省委党史研究室出版的刊物《沈阳党史》2015年第6期发表纪念饶卫华的文章。

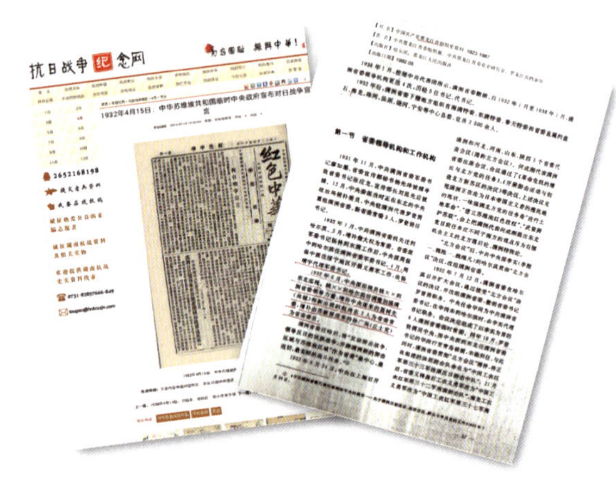

1932年，由毛泽东起草的中华苏维埃政府《对日战争宣言》（左图）公布。当月，饶卫华履行中央巡视员的职责。到哈尔滨后，在省委扩大会议上决定增补赵尚志为中共满洲省委常委，省委军委书记，贯彻党中央战略决策。《中国共产党黑龙江省委组织史料（1923—1987）》（右图）记载了这一史实。

2015年5月，“黑土军魂——东北抗联军军史展”巡展广州首展，其中有饶卫华支持罗登贤创立组建抗联史实的介绍。

2015年，原中共满洲省委书记罗登贤孙子罗超（左）、饶卫华之子饶潮生（右）、抗联三军军长赵尚志侄女赵元明（中）在广州合影。

第三次北上：首任陕北公学秘书长

1937年，饶卫华到延安党中央，被任命为陕北公学秘书长。陕北公学开办头十个月，毛主席为学员演讲九次，饶卫华参与了相关校务工作。

饶卫华（前排左三）1937年至1938年在延安期间与战友合影。

1938年秋，中共六届六中全会后，延安党中央派出饶卫华等同志南下开拓全民抗日斗争新局。图为军事科学出版社《华南抗日游击队》1889页、1985年12月《广东党史资料》第四辑李觉民回忆文章记载了相关历史。

《中国共产党组织史资料汇编——领导机构沿革和成员名录》（红旗出版社1983年版）记载了饶卫华在延安期间担任陕北公学秘书长，图为该书第479页。

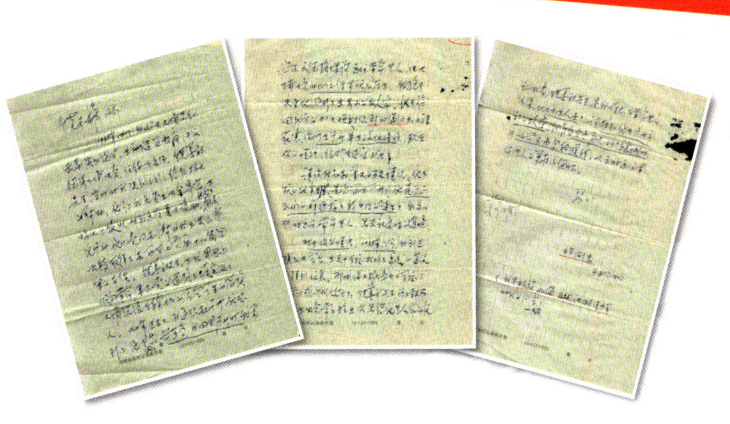

邓刚忠（即邓毓群，内蒙古自治区赤峰市体育局离休干部）1984年写给饶卫华一封信，信中忆述了饶卫华当年从延安寄给其父亲饶善初的家信，饶卫华的父亲饶善初带他见广州中共地下党同志，经八路军办事处介绍到了延安。对他等一批青年人走向革命道路产生了积极影响。

第四次北上：到西柏坡　赴京南下

抗日战争胜利后，饶卫华随东纵北撤到山东，次年抵达河北平山西柏坡中央机关驻地。中共中央工委书记刘少奇接见他后，由中央组织部派遣到刚解放的石家庄，后任石家庄市总工会秘书长和部长。北京和平解放，饶卫华编入中组部南下干部队，参加了天安门开国大典；广州解放日即被派回广州工作。

饶卫华南下广州后，参加新中国广州城市社会主义建设事业至晚年。

1949年2月，饶卫华调到北京工作，全家合影。

1957年在佛山，饶卫华（前排右一）接待蒙古人民共和国手工业代表团。

“文化大革命”期间，饶卫华遭诬陷迫害。拨乱反正期间在中央和地方领导同志关怀下，于1980年平反昭雪，恢复职务待遇名誉、恢复工作。

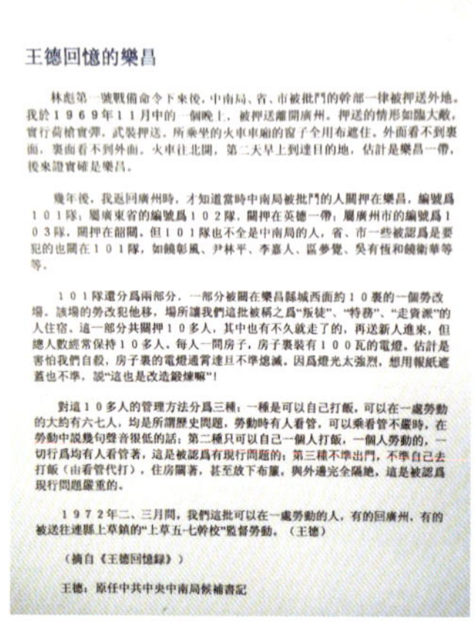

王德回憶的樂昌

林彪第一號戰備命令下來後，中南局、省、市被批鬥的幹部一律被押送外地。我於1969年11月中的一個晚上，被押送離開廣州。押送的情形如臨大敵，實行荷槍實彈，武裝押送。所乘坐的火車車廂的窗子全用布遮住。外面看不到裏面，裏面看不到外面。火車往北開，第二天早上到達目的地，估計是樂昌一帶，後來證實確是樂昌。

幾年後，我返回廣州時，才知道當時中南局被批鬥的人關押在樂昌，編號爲101隊；屬廣東省的編號爲102隊，關押在英德一帶；屬廣州市的編號爲103隊，關押在韶關。但101隊也不全是中南局的人，省、市一些被認爲是要犯的也關在101隊，如饒彰風、尹林平、李嘉人、區夢覺、吳有恆和饒衛華等等。

101隊還分爲兩部分，一部分被關在樂昌縣城西面約10裏的一個勞改場。該場的勞改犯他移，場所讓我們這批被稱之爲“叛徒”、“特務”、“走資派”的人住宿。這一部分共關押10多人，其中也有不久就走了的，再送新人進來，但總人數經常保持10多人。每人一間房子，房子裏裝有100瓦的電燈，估計是害怕我們自殺，房子裏的電燈通宵達旦不準熄滅。因爲燈光太強烈，想用報紙遮蓋也不準，說“這也是改造鍛煉嘛”！

對這10多人的管理方法分爲三種：一種是可以自己打飯，可以在一處勞動的大約有六七人，均是所謂歷史問題，勞動時有人看管，可以乘看管不嚴時，在勞動中說幾句聲音很低的話；第二種只可以自己一個人打飯，一個人勞動的，一切行爲均有人看管著，這是被認爲有現行問題的；第三種不準出門，不準自己去打飯（由看管代打），住房關著，甚至放下布簾，與外邊完全隔絕，這是被認爲現行問題嚴重的。

1972年二、三月間，我們這批可以在一處勞動的人，有的回廣州，有的被送往連縣上草鎮的“上草五-七幹校”監督勞動。（王德）

（摘自《王德回憶錄》）

王德：原任中共中央中南局候補書記

王德《回忆的乐昌》一文中，忆述了与饶卫华等老同志“文化大革命”期间在乐昌101队的情况。（《王德回忆录》广东人民出版社，2001年版，第239页。）

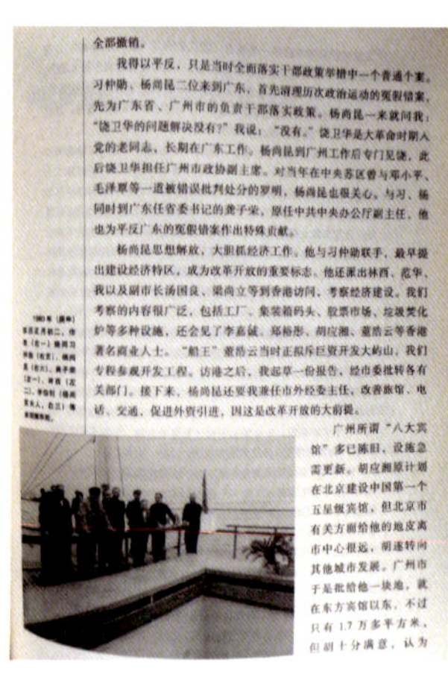

全部撤销。

我得以平反，只是当时全面落实干部政策举措中一个普通个案。习仲勋、杨尚昆二位来到广东，首先清理历次政治运动的冤假错案，先为广东省、广州市的负责干部落实政策。杨尚昆一来就问我：“饶卫华的问题解决没有？”我说：“没有。”饶卫华是大革命时期入党的老同志，长期在广东工作。杨尚昆到广州工作后专门见饶，此后饶卫华担任广州市政协副主席。对当年在中央苏区曾与邓小平、毛泽覃等一道被错误批判处分的罗明，杨尚昆也很关心。与习、杨同时到广东任省委书记的龚子荣，原任中共中央办公厅副主任，他也为平反广东的冤假错案作出特殊贡献。

杨尚昆思想解放，大胆抓经济工作。他与习仲勋联手，最早提出建设经济特区，成为改革开放的重要标志。他还派出林西、范华、我以及副市长汤国良、梁尚立等到香港访问，考察经济建设。我们考察的内容很广泛，包括工厂、集装箱码头、股票市场、垃圾焚化炉等多种设施，还会见了李嘉诚、郑裕彤、胡应湘、董浩云等香港著名商业人士。“船王”董浩云当时正拟斥巨资开发大屿山，我们专程参观开发工程。访港之后，我起草一份报告，经市委批转各有关部门。接下来，杨尚昆还要我兼任市外经委主任，改善旅馆、电话、交通、促进外资引进，因这是改革开放的大前提。

广州所谓“八大宾馆”多已陈旧、设施急需更新。胡应湘原计划在北京建设中国第一个五星级宾馆，但北京市有关方面给他的地皮离市中心很远，胡遂转向其他城市发展。广州市于是批给他一块地，就在东方宾馆以东，不过只有1.7万多平方米，但胡十分满意，认为

欧初《思想解放与杨尚昆》一文忆述了杨尚昆关切饶卫华政策落实情况。（《我亲见的名人与逸事》，广东人民出版社，2008年版，第79页。）

留得清香满人间

——梁威林同志诞辰百年追忆

《南方日报》2011年3月12日刊登郑群署名纪念梁威林的文章，谈到1977年梁回广州后，拨乱反正期间为饶卫华等老同志平反昭雪、恢复名誉奔走呼吁，努力促使党的政策在粤落实的情况。

饶卫华恢复工作后，陆续撰写几十篇回忆文章，回顾老战友，讴歌革命先烈的英雄事迹。

1984年，饶卫华（前排右七）应邀出席中共曲江县委党史工作会议。

1990年，饶卫华（二排右四）参加全国工作会议时在北京与邓颖超等国家领导人合影。

饶卫华以古稀之年，发起全国首家以社会力量兴办的综合养老机构——广州岭海颐老会。1993年，这项最早尝试老龄群体晚年福利的探索之举载入《广州之最》（广州史志丛书，广东人民出版社出版）。图为1981年11月，广州岭海颐老会成立典礼。饶卫华会长（左一）致开幕词。

7 文化公园

梅州日报

饶卫华：

隐蔽战线的坚强战士

客家童谣的启蒙作用

2022年8月8日梅州日报以《饶卫华：隐蔽战线的坚强战士》为题，介绍了其革命事迹。

青年时期整理及撰写公开发表的部分革命文章

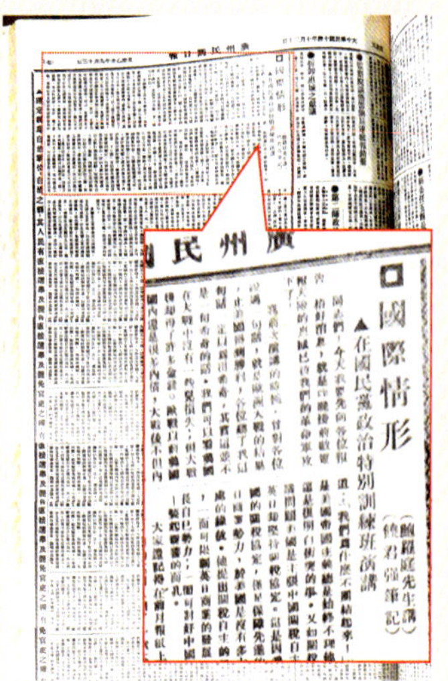
廣州民國日報

▲國際情形

▲在國民黨政治特別訓練班演講（鮑羅廷先生講 饒君強筆記）

饶卫华帮助整理成文的鲍罗廷演讲《国际情形》首次面世于1925年10月30日的《广州民国日报》。

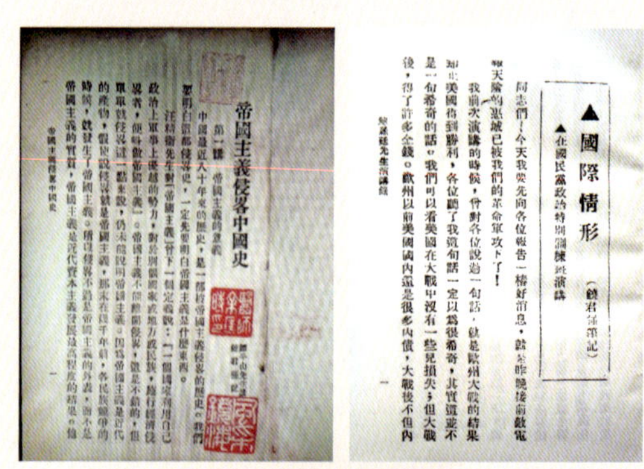
帝國主義侵略中國史

▲國際情形

▲在國民黨政治特別訓練班演講（饒君強筆記）

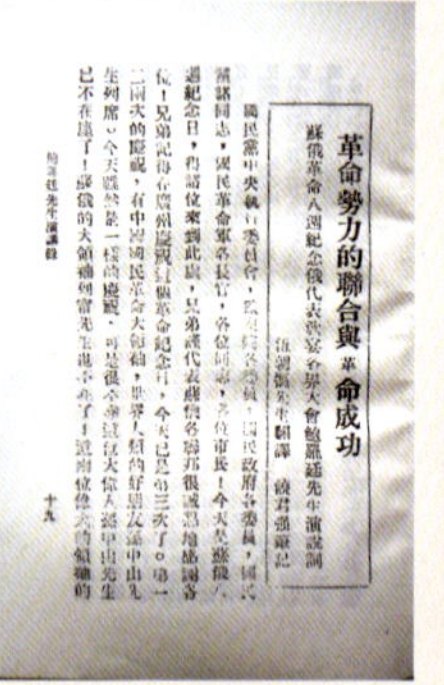
革命勢力的聯合與革命成功

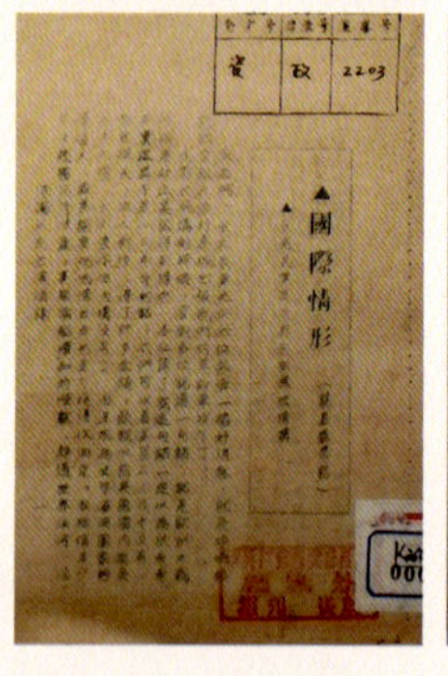
▲國際情形

1925年至1926年间饶卫华为革命先驱谭平山整理的《帝国主义侵略中国史》；为共产国际驻中国代表鲍罗廷整理的《国际情形》《革命势力的联合与革命的成功》等演讲稿编成的《鲍罗廷演讲录》，是黄埔军校教材，现藏于广州国家档案馆，展示于该馆的珍藏展厅《黄埔军校的档案》专题展橱。

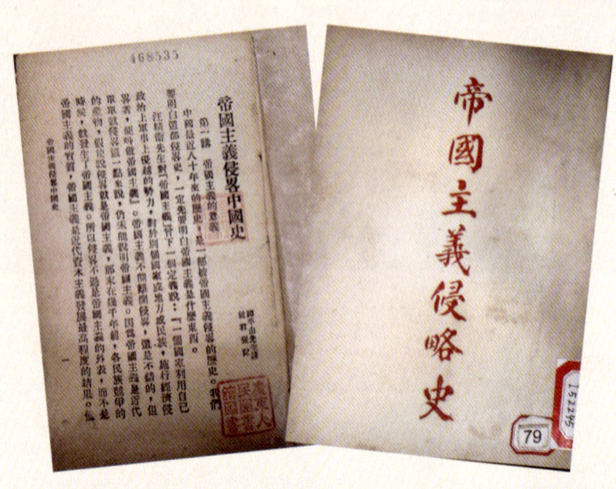
帝國主義侵略中國史

帝國主義侵略史

大革命时期谭平山演讲、饶君强（饶卫华）整理的《帝国主义侵略史》封面及内页。

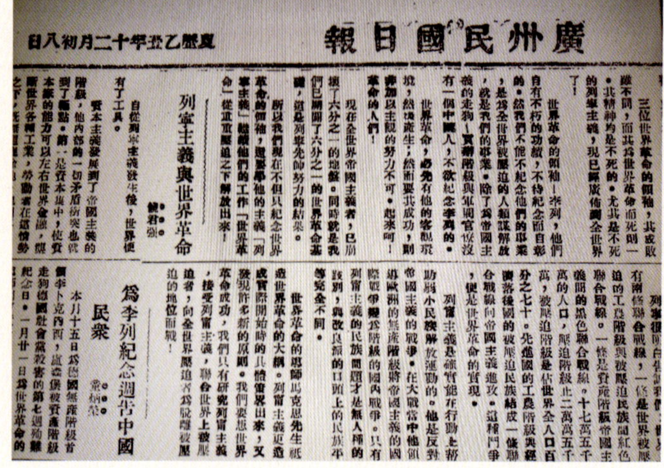
廣州民國日報

夏曆乙丑年十二月初八日

列寧主義與世界革命 饒君強

爲李列紀念週告中國民衆

《广州民国日报》1926年1月21日刊登饶君强《列宁主义与世界革命》。

大事年表

1911年5月	出生于广东文昌（今属海南）清澜乡云路村
1926年	加入中国共产主义青年团
1927年	转入中国共产党，任文昌县清澜乡党支部书记
1928年至1934年	任新加坡共青团区委书记、马来亚共青团中央监委书记，马来亚总工会党组书记和青工部部长、中央常委兼宣传部部长、秘书长
1935年至1938年	任广东民众抗日自卫团第十四区统率委员会政训室政训员
1939年至1942年	任广东民众抗日自卫团抗日独立队（原琼崖工农红军）随军服务团团长、琼崖抗日军事政治干部学校教育长兼政治处主任与党总支书记，中共琼崖特委宣传部干事
1942年至1944年	任广东省琼崖抗日游击队独立总队第三支队（神勇支队）政治处主任
1945年至1949年	任琼崖抗日公学任政治处主任兼校党总支书记，琼纵第一次全军代表大会秘书长，琼崖区党委民运部副部长兼琼崖农民协会筹备会副主席，新区土改工作团团长，中共琼崖北区地委常委兼府海特区党委书记兼宣传部部长。海南解放前夕，领导接管府城、海口两地前的准备工作，并成功策反文昌县国民党林荟材团长带领全团官兵起义
1950年至1953年	任海口市军管会秘书处第一副主任秘书兼人事科科长，海口市政协副主席，广东省人民法院海南分院副院长兼审判长，海南土改委员会办公室主任，海南行署文教处处长
1954年至1957年	任中共中央华南分局统战部第四处副处长兼广东省华侨事务委员会党组成员，中共港澳工委办公室主任，广东省高教局办公室主任兼中专处处长
1958年至1968年	任广东华侨中学校长兼党支部书记
1973年至1982年	任广州教育学院副院长
1983年	在广东省高等教育局办理离休
1991年7月	在广州逝世

祝菊芬

只留足印传后人

1911—1991

祝菊芬是大革命时期入党的共产党员，也是战争年代长期从事琼崖军政干部培训工作的教育者和领导者。中华人民共和国成立后，在统战、侨务和文教岗位上兢兢业业，桃李满天下。“一生革命两袖清，只留足印传后人”，是这位老共产党员高风亮节的真实写照。

祝菊芬（右）和符荣鼎（左）是自1926年就并肩战斗的老战友。这是1973年在广东省干部（温泉）疗养院的留影。

投身于大革命

祝菊芬早年在家乡创办平民夜校，传播革命思想。1927年大革命失败后，因白色恐怖他被迫撤往香港，经中共广东省委介绍到了新加坡，在中共南洋临时委员会（中共海外派出机构）领导下继续从事地下革命活动。1932年夏，在马共中央主抓宣传工作，并主编在当地颇有影响的革命刊物《青工儿童》画报和《列宁青年》小报。1934年英国殖民当局将其逮捕入狱，次年将其驱逐出境，当时同船被押解出境回国的还有符荣鼎、朱曼英两同志。

1928年至1934年，祝菊芬在新加坡中共南洋临时委员会做地下工作时，与女华侨、共产党员陈惠珍假扮夫妻。后经组织批准二人结为夫妻，生有一子。1938年经马共中央的安排，陈惠珍带领一批海外爱国华侨青年经广州回国北上参加新四军，在武汉保卫战中英勇牺牲。

1983年，民政部发给陈惠珍的革命烈士证明书。右下角为祝菊芬和陈惠珍于1934年在新加坡生的儿子的照片。祝菊芬为让他记住牺牲的妈妈而起名祝珍的。

革命烈士证明书

陈惠珍同志 在保卫武汉战役中 壮烈牺牲，经批准为革命烈士，特发此证，以资褒扬。

中华人民共和国民政部

一九八二年 五月 九日

1954年，任中共华南分局统战部四处副处长、中共港澳工委办公室主任的祝菊芬。

父辈的岁月影像

林霞是祝菊芬的夫人和战友，1923年出生在海南文昌头苑村蓝图村一个贫苦家庭，1937年加入中国共产党，1939年加入琼崖人民抗日独立队，先后任独立总队政治部政工队队长、琼山县妇救会常委组织部部长，中共乐万县委、澄迈县委民运部干事兼区委常委民运部部长等职。1947年在执行任务时，林霞为掩护战友突围壮烈牺牲。

琼崖纵队领导机关担负保卫电台任务的琼纵女战士。右起：符美娥、林霞、冯月平、符月英。

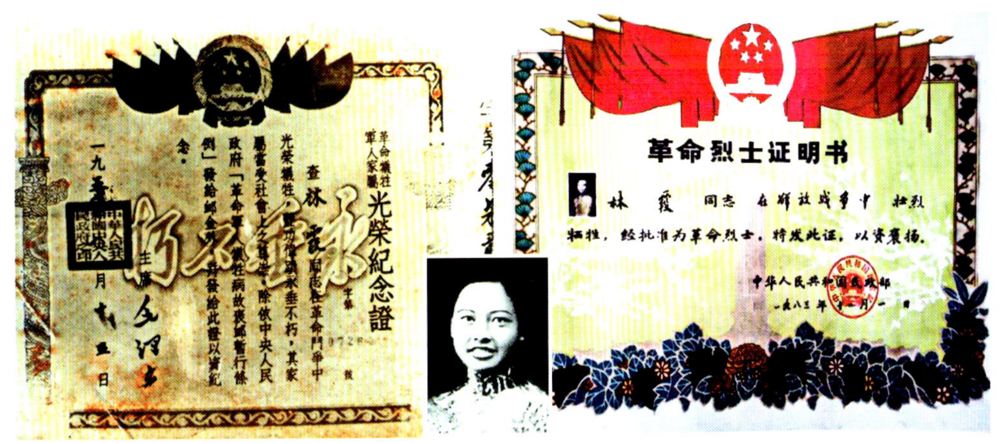

1950年，中央人民政府颁发的林霞“革命牺牲军人家属光荣纪念证”。

1983年，民政部颁发的林霞“革命烈士证明书”。

在林霞牺牲40周年时，祝菊芬赋诗深情怀念共同战斗和生活、在枪林弹雨中牺牲的夫人和战友：

当年战火乱纷纷，才结丝罗袂又分。
志洁心丹肝胆照，情深义重苦甘亲。
暂离只望凯旋聚，将捷何堪噩耗闻。
梦里音容如可见，枕边知有旧啼痕。

20世纪80年代，祝菊芬回到林霞烈士当年战斗牺牲的地方海南万宁，思绪万千。

战斗在琼崖抗日公学一线

祝菊芬在琼崖革命战争中长期从事党的干部培训和教育工作。1935年被新加坡英国殖民当局驱逐出境。回国后，祝菊芬先后任琼崖抗日游击队独立总队政治部政训室股长、政治指导员、政治委员、民运科科长兼《战斗生活报》总编辑、琼崖抗日军事政治干部学校教育长兼政治主任等职务。

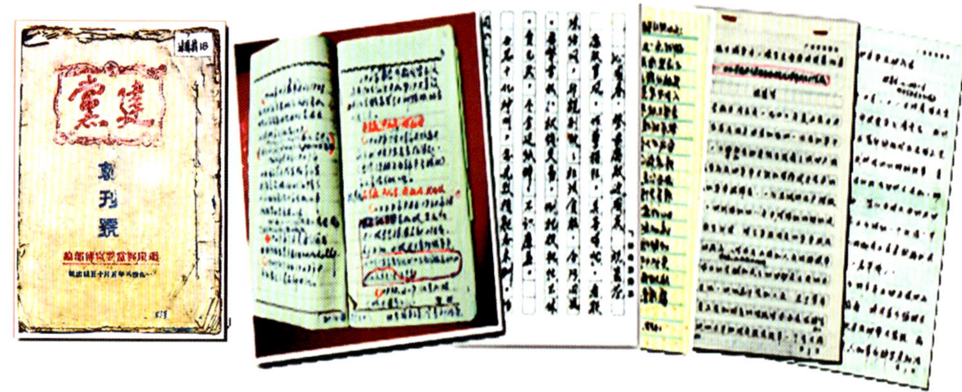

祝菊芬参与主办的琼崖独立总队《党建》和《战斗生活》等刊物，以及他保留的当时备课和写作的手稿。

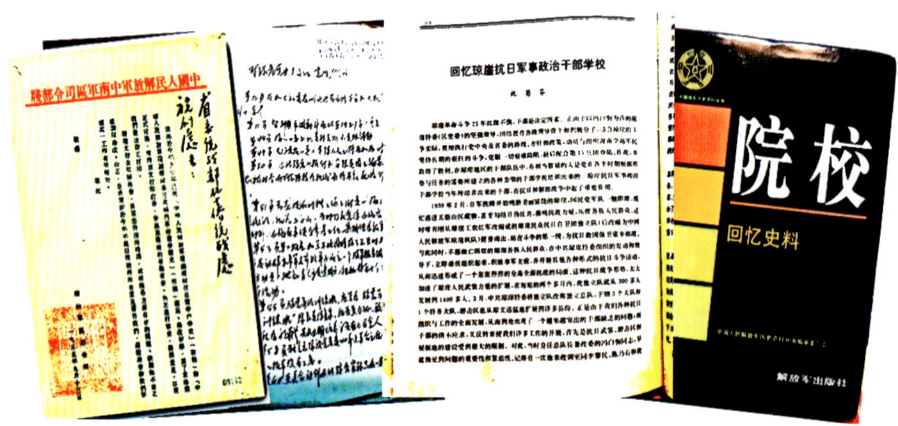

1955年，祝菊芬为全军院校丛书撰写的《回忆琼崖抗日军事政治干部学校》一文，这是全军院校研究海南琼崖军政革命史的最早论著之一。

解放战争中，祝菊芬（右二）与战友在行军途中休息。

海南解放前夕，祝菊芬（右一）和战友在警卫员护送下渡江。

1981年，参加“广东革命文物展览”审查会的部分在广东工作的海南老同志合照。前排左三为祝菊芬。

1982年9月，出席海南文昌县委组织“一、二战”党史座谈会的老同志合影。前排左二为祝菊芬。

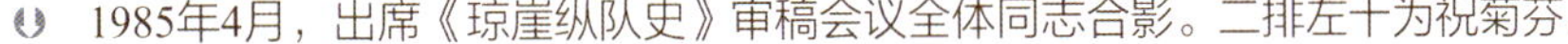

1985年4月，出席《琼崖纵队史》审稿会议全体同志合影。二排左十为祝菊芬。

1986年，广州地区部分琼纵老同志参加编修《文昌县志》座谈会合影。前排左五为祝菊芬。

战友情深

1973年春，琼纵老战友相聚在天涯海角。左起：李黎明、祝菊芬、陈健、王仲民、肖焕辉、王超。

1988年，琼纵老战友相聚在广东省干休所（永红新村）。前排左二为祝菊芬。

在统战、侨务、文教岗位上

中华人民共和国成立后，祝菊芬参与人民政权的建设，先后在海南行署、中共中央华南分局和广东省的统战、侨务、文教岗位上工作。

1957年，祝菊芬抽调到省委高教党委办公室参与筹建广东省高教局的工作，次年任广东华侨中学校长兼党支部书记。多年来，他不顾反“地方主义”错误给他造成的压力和委屈，全心全意投入归国侨生的教育工作中。他生活清廉俭朴，作风谦逊、热情，平易近人，无论上级还是下级，一律平等相待。他如慈父般体贴和关心归国侨生，特别是对那些因海外排华被迫离开父母回到祖国的归侨学生更是给予无微不至的关怀，受到广大海内外侨胞、港澳人士和华侨学生的尊敬。如今，当年的归侨学生无不深情地怀念祝菊芬老校长对他们的关心和教导。

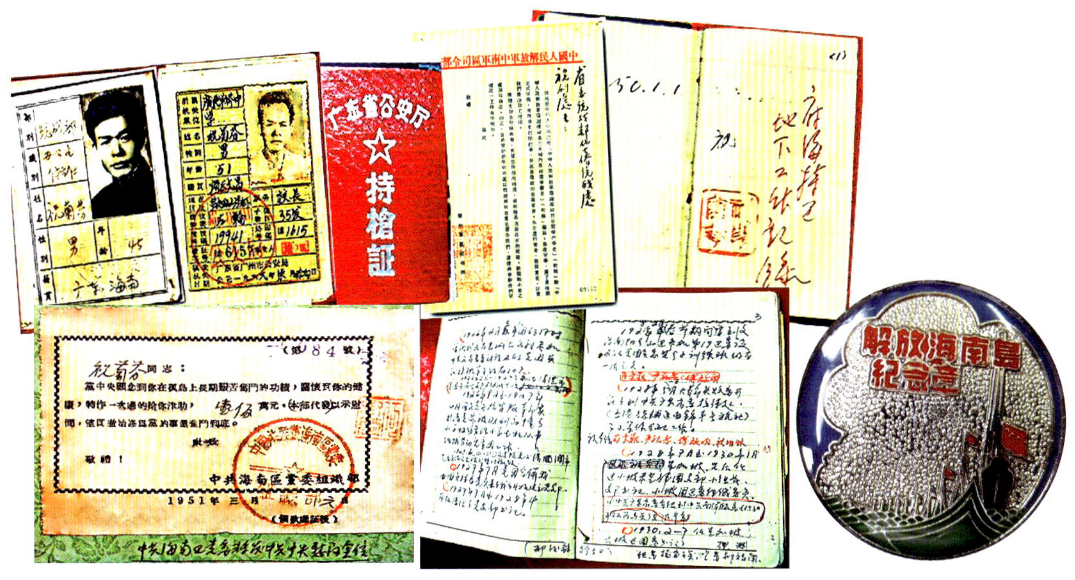

1950年海南解放前夕，祝菊芬在府海特区地下工作时的记录本；1951年3月，中共中央对在孤岛上长期艰苦奋斗的同志发健康津贴的慰问函及工作证件、解放海南纪念章。

原广东华侨中学老三届归侨学生珍藏的当年与祝菊芬老校长（左图左二，右图中）亲切交谈和一起劳动的照片，并在2016年制作日历时特别选用了这两张图片。

20世纪80年代初，祝菊芬（前排左五）和原广东华侨中学的老师应邀到香港，参加广东华侨中学校友会欢聚活动。大批当年该校的侨生到香港火车站迎接老校长。

淡泊明志，宁静致远

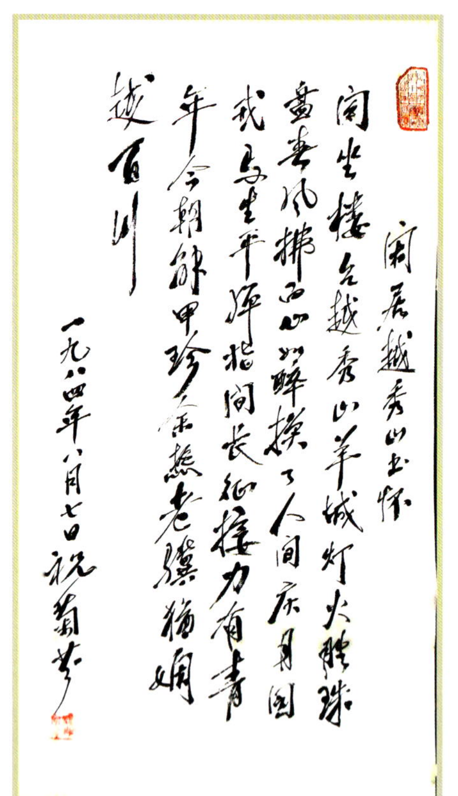

祝菊芬在1984年离休后写的一首抒怀诗。

祝菊芬在琼海红色娘子军塑像前留影。

1986年，祝菊芬（左）回到家乡的清澜海边。

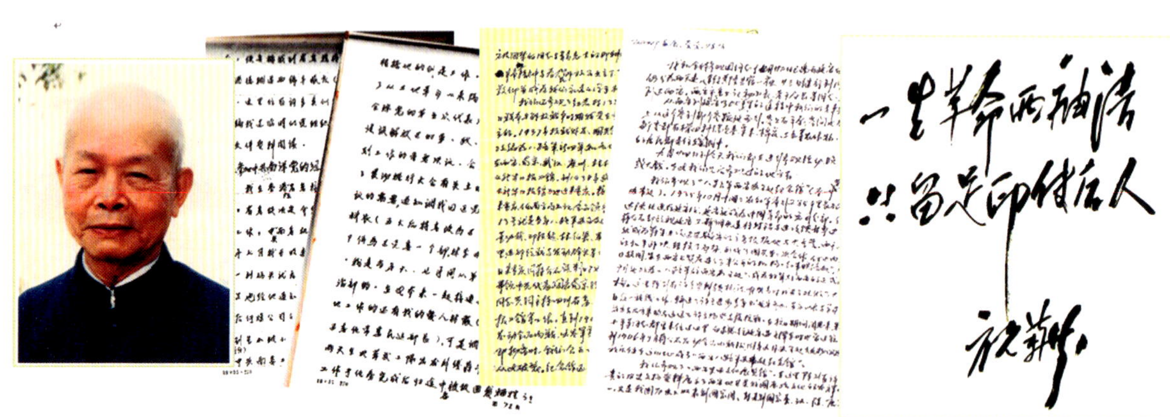

祝菊芬及其部分手稿和家书。

笔耕不辍

祝菊芬离休后，仍然刻苦学习，继续积极为党的教育事业努力工作，根据自己长期的革命斗争经历，撰写革命回忆录和有关的党史、军史，为海南党史撰写了大量的资料。老战友李独清惊闻祝菊芬逝世，赋诗悼念：惊闻君病逝，不禁泪沾衣。廿载义旗举，一生廉政施。从戎同伏虎，解甲共吟诗。高洁如松竹，堪为来者师。

只留足印传后人

祝菊芬和符荣鼎是并肩战斗65载的亲密战友，还结为儿女亲家。

1990年祝菊芬生日时，符荣鼎赠词：“淡泊明志，宁静致远。”

1991年7月，祝菊芬病逝，符荣鼎悲痛赋诗深情悼念：矢志相期六旬前，千回百折亦坦然。飞霜四月离人泪，系狱周年逐客船。孤岛始终同尽瘁，特区策划共凯旋。艰辛苦辣同尝遍，何遽先凋噩耗传。

1958年在反“地方主义”运动中，祝菊芬受到不应有的“处分”，夫人傅淑娟也因此受到牵连失去工作，她以一个战士的坚强意志和海南妇女特有的善良勤劳，支持丈夫并担负起照顾孩子和家庭的重担。

1950年海南刚解放。祝菊芬与夫人傅淑娟、儿子祝珍的在海口合影。

祝菊芬夫妇与子女在广州合影。站立者左起：苏展、曼曼、珍的、丽娜、红军。

1989年10月，祝菊芬与儿孙们的合照，摄于广州起义烈士陵园。

黄康

1909—1995

风雨七十载 革命人生路

大事年表

1909年	出生于广东万宁（今属海南）龙滚镇仁造村的一个贫苦农民家庭。原名黄会斋
1923年	辍学往南洋槟榔屿，在酒店当童工，不久当海员工人
1925年年初	在马来亚槟城共产党开办的工人夜校读书，加入赤色工会（共产党领导的工人组织）
1927年1月	加入共产主义青年团，不久任槟城团市委组织部部长
1929年	在新加坡转为中共党员
1930年春	当选为中共新加坡东令区区委委员，后被选为东令区新桥学校司理
1931年10月	受党组织派遣，从新加坡回国到上海沪西区区委工作。在一·二八事变后负责发动上海纱厂工人和当地学生支援十九路军进行淞沪抗战
1932年5月	被党组织送到苏联莫斯科国际列宁学院学校学习
1935年3月	毕业后回上海工作
1937年5月至1940年底	在闽西南游击区工作。历任中共闽西南潮梅特委宣传部副部长，闽南漳州中心县委组织部部长
1941年年初	任粤北省委宣传部部长
1942年2月	“南委事件”后安全转移至后东特委。同年8月，到东江纵队游击区工作，协助党政军开展整风学习
1945年夏	任中共广东区党委委员
1946年2月	到达琼崖传达中央指示后留在琼崖工作
1947年5月	任琼崖区党委副书记
1947年10月	任中国人民解放军琼崖纵队副政委兼政治部主任
中华人民共和国成立后	历任华南军区政治部秘书长、广东省委委员、粤西区党委书记兼行署主任、广东省委组织部副部长兼广东省委党校党委书记兼校长、海南区党委书记兼行署主任、广东省农垦厅副厅长兼直属农场管理局局长、广东省农林水五七干校副校长、广东省委统战部副部长、广东省政协副主席兼广东省民族宗教事务委员会主任等职
1985年	离休
1995年11月	在广州病逝

20世纪20年代初，少年黄会斋（黄康）跟随叔父漂洋过海到马来西亚谋生，在当时风起云涌的国际共产主义运动中受到思想洗礼，并成为一名中国共产党党员，从此坚定地走上革命道路。他从海外到回国，从闽西到粤北，从东江到琼崖，浴血战斗，百折不挠。在社会主义革命和建设时期，虽蒙受冤屈，但初心不改。可谓风雨七十载，革命人生路。

挫折浇不灭革命热情

1931年春，党组织派黄会斋回国到上海进行地下工作。他和同志们坚定不移地坚持与反动派作斗争，经受了腥风血雨的考验。后来，组织派他到莫斯科国际列宁学院学习，1935年春毕业回国。

1939年春，经党组织批准，时任中共闽西南特委宣传部副部长的黄会斋与陈康容结婚。陈康容是福建省永定县岐岭乡人，为缅甸华侨，是中共党员。次年，时任岐岭乡党支部宣传委员的陈康容不幸被敌人逮捕，由于宁死不愿交出党支部名单，竟被敌人残忍活埋。夫人牺牲后，出生仅6个月的儿子因无人哺育不幸夭折，黄会斋的母亲也因为悲痛过度而魂断异乡。经历了丧妻、丧子、丧母三重打击，黄会斋把悲痛藏在心底，继续坚持抗日斗争。为了纪念逝世的夫人陈康容，他改名为黄康。

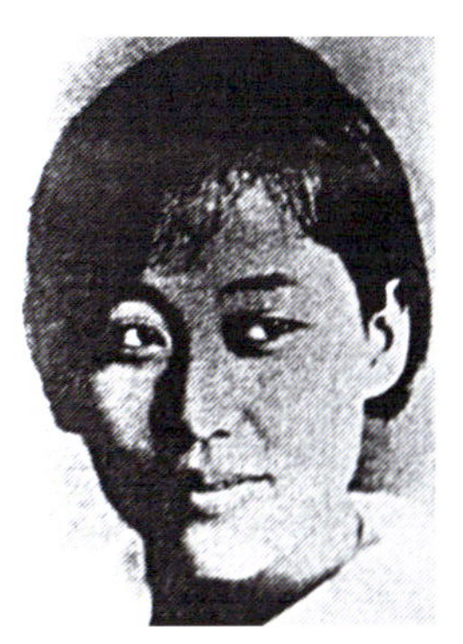

陈康容烈士。

回琼工作，传达党中央指示

1945年8月日本投降后，党中央电示广东区党委和东江纵队：切莫抱和平幻想，要充分做好战争准备。还要求广东区党委派一名领导同志到海南向琼崖特委、琼纵传达中央指示，并帮助琼纵建立电台与中央直接联系。黄康肩负着这一使命，辗转香港、澳门、广州湾（湛江），偷渡琼州海峡，于1946年1月回到家乡海南，在澄迈县加乐镇的一个村庄与冯白驹、庄田、林李明等领导同志会合。

黄康到达后紧急传达党中央的指示：“双十协定是一纸空文。蒋介石的内战方针已定，对我是势在必打，志在消灭。由于敌强我弱，我方应分散斗争、避实就虚、坚持长期斗争、精简部队轻装作战。”党中央的英明预见指导了琼崖党组织和部队的行动，冯白驹带领海南党组织和部队迅速进行布局调整。1946年2月底，琼崖党政军机关及部队部署完毕，全部跳出国民党的重兵威胁之外。

此后黄康加入海南党、政、军领导层，辅助冯白驹工作、战斗。他作为琼崖纵队的主要领导人之一，凭借着个人的斗争经验和一腔革命热血，为琼崖的解放斗争做出不可磨灭的贡献。

1950年海南解放前夕，琼崖纵队领导在一起。左二为黄康。

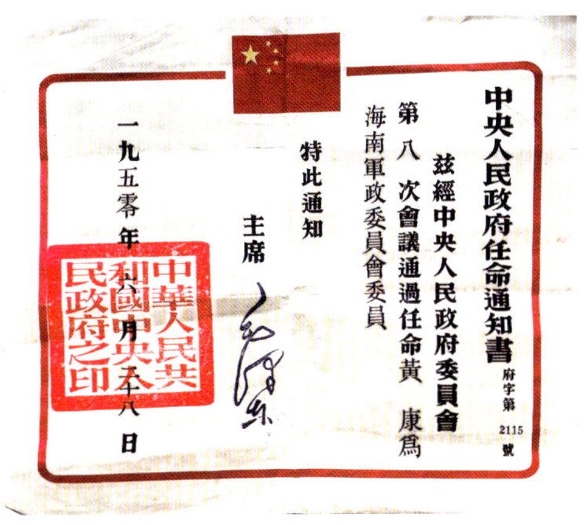

中央人民政府任命通知書 府字第2115號

茲經中央人民政府委員會第八次會議通過任命黃康爲海南軍政委員會委員

特此通知

主席 毛澤東

一九五零年六月二十八日

中華人民共和國中央人民政府之印

1950年6月28日，由毛泽东主席签署的中央人民政府任命黄康为海南军政委员会委员的任命通知书。

海南解放初期，马白山（右一）、黄康（右二）、吴克之（左二）、符振中（左一）合影。

在解放海南的战役中，黄康（左）、冯白驹（中）、吴克之（右）研究琼崖纵队配合解放大军渡海作战的问题。

在广东省委工作

1956年，黄康（左）任广东省委组织部第一副部长兼广东省委党校书记、校长。

20世纪50年代，黄康出差武汉在东湖留影。

平反冤案

1958年，黄康在广东反“地方主义”中，与冯白驹一同被打击。随后，1958年至1962年，他被下放到广东省番禺万顷沙珠江农场挂职副场长。

20世纪50年代的黄康。

20世纪70年代后期，在广东省委召开的一次会议上。正面左三为黄康。

1979年11月18日，黄康（左二）陪同国家民族宗教事务委员会主任杨静仁（右二）往海南视察工作。

20世纪70年代后期，黄康（前排左二）在一次会议上。

战友情深

1987年，黄康（右二）与琼纵老战友符荣鼎（右一）、陈青山（左二）在冯白驹将军雕塑前合影。

1993年，黄康为了纪念在大革命时期在龙滚被国民党杀害的黄会雅烈士建立的纪念亭落成仪式上讲话的照片。

1987年9月，黄康（前排左二十一）在海口参加琼崖纵队成立60周年纪念活动与到会人员的合照。

省政协工作

1985年，黄康（前排左五）率广东政协视察组往海南了解革命老区及少数民族地区情况，在万宁老区与当地干部合影。

20世纪80年代，黄康在一次会议上讲话。

黄康（右二）与东江纵队老战友梁威林（右三）等人合影。

1980年年初，黄康（左）在海南通什与自治州政协负责人李明天合影。

20世纪80年代，广东省政协副主席黄康（右一）出访港澳，与港澳政商界人士合影。

1988年5月，中山大学海南研究会庆祝海南省成立大会全体到会人员与琼纵老首长代表的合照（前排左二起：陈冰萍、刘青云、祝菊芬、符荣鼎、陈青山、黄康、李独清、蔡仲淑等）。

离休后

1941年，黄康与杨文结成革命伴侣。图为退休后黄康夫妇在家中合影。

黄康离休后的悠闲生活。

黄康（右）在家中会见老战友。

黄康参观中共中央南方局八路军重庆办事处旧址。

全家福

20世纪70年代“文化大革命”后期黄康全家福。

大事年表

1917年	出生于广东番禺（今属广州）。曾用名黄承煊
1935年	在中山大学工学院机械工程系读书
1938年	担任香港《大公报》助理编辑。在香港《星岛日报》等报刊发表文章，表达了向往新社会的理想信念
1940年	由杨康华介绍加入中国共产党
1941年	参加东江纵队，任政治部宣传科副科长、科长、第一期青训班主任
1946年	任香港正报社社长兼主编
1948年2月	任中共粤赣湘边区（临时）委员会委员
1949年1月	任中国人民解放军粤赣湘边纵队秘书长
1950年至1954年	任新华通讯社广东分社副社长、社长。1953年12月被中央人民政府政务院任命为广州市文化教育委员会委员
1954年2月至1966年8月	任南方日报社社长、总编辑、广东省委宣传部副部长。其间，筹办《南方日报》（农民版）、《广东画报》；1957年任《羊城晚报》创刊人及总编辑
1970年	任广东省平远县革委会副主任，在广东省大批判写作组工作
1971年	任广东省委宣传部副部长，广东省新闻出版局局长、党组书记。筹建广东省唯一的美术出版社"岭南美术出版社"，兼任社长
1988年	离休后任广东省顾问委员会委员
1996年	在广州逝世

黄文俞

南粤新闻出版界前辈

1917—1996

黄文俞一生与“报”结缘。学生时代从优等生到香港《大公报》助理编辑，抗战时期从爱国热血青年到东江纵队政治部宣教科科长，解放战争时期从任职广东区党委在香港的机关报《正报》总编辑，到中华人民共和国成立后任南方日报社社长、总编辑，《羊城晚报》首任总编辑，他的一生尽显一代报人的情怀与使命、光荣与梦想。

爱国青年

1935年的黄文俞。

黄文俞出生于广州一个教师家庭，其父亲（黄焕琪，号璇卿）在中山大学附小任教。他就读于中山大学附小、附中，直升大学，而且是优等生。高中毕业后怀着“科技救国”的理想，报读了中山大学工学院的机械工程系。

1938年4月6日，黄文俞的第一篇短文《龙船鼓》发表在香港《立报》上。“我们当更恋爱这有悠长的文明历史的祖国，更关怀她的命运，更悲惜她的苦难，把这鼓音作为战斗的催促的号角吧！”作者的爱国主义情怀跃然纸上。

战斗中的姻缘

1943年，广东人民抗日游击队总队机关报《前进报》设在敌占区的东莞河田乡一个地主家里，为了掩护身份，黄文俞（时任政治部宣教科科长随报社行动）作为开商行的“老板”，而“老板娘”是原籍东莞的油印能手黎笑，杨奇则扮成办货的“行商”，涂夫、徐日青、石铃等都是这家商行的“伙计”。就这样瞒过了房东和邻居。同年黄文俞与黎笑结婚。

日本投降后，黄文俞夫妇在香港合影。

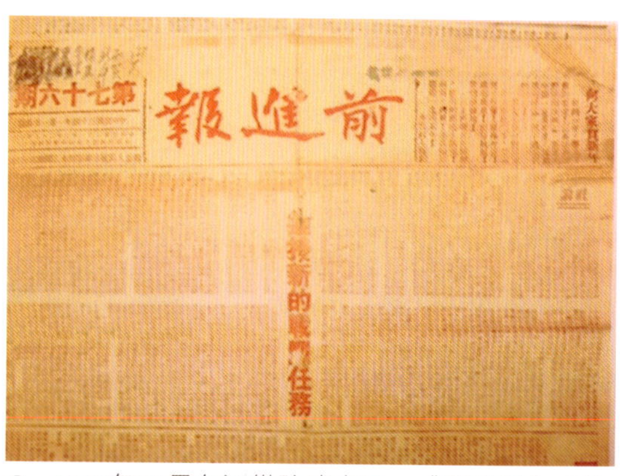

前進報

第七十六期

1943年12月东江纵队成立后，《前进报》成为东江纵队的机关报，由纵队政治部直接领导。

在香港办《正报》

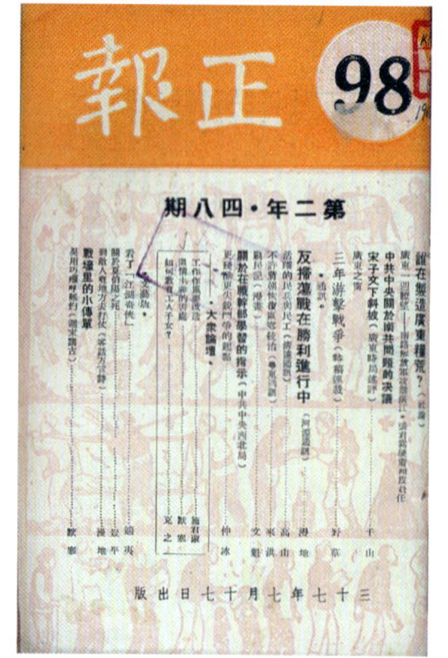

正報

98

第二年・四八期

誰在製造廣東糧荒？（社論）

中共中央關於南共問題的決議

宋子文下斜坡（廣東時局述評）

三年游擊戰爭

反掃蕩戰在勝利進行中

關於在職幹部學習的指示（中共中央西北局）

戰壕里的小傳單

三十七年七月十七日出版

1946年东江纵队北撤时，党组织调黄文俞到香港工作，任正报社社长兼总编辑（1946年7月至1948年年初）。《正报》是广东区党委机关报，创刊于1945年11月，是香港战后首家采用延安新华社电讯的报刊，鲜明地宣传中国共产党的政治主张，在广东以及南洋各地引起热烈的反响。至1948年11月休刊，《正报》出版整整历时三年。《正报》作为华南人民斗争的一翼，喊出了人民的呼声，又研究了敌情，在宣传上起了相当的作用。

当时的香港《正报》。

重返游击区前线

1948年5月1日，黄文俞随尹林平驾一叶轻舟，从香港新界一个小村庄渡海而北，登上东江游击区的土地，重返部队，协助尹林平工作。

1948年12月，中共粤赣湘边区党委在惠阳县安墩镇（今属惠东县）召开第一次全体会议。左起：黄文俞、左洪涛、林平（尹林平）、黄松坚、梁威林。

1948年，黄文俞在游击区。

1949年年初，粤赣湘边纵队领导与江南地委成员于海丰大安洞合影。前排左二起：刘宣、刘志远、黄国伟（黄华）、黄文俞、王鲁明；后排左起：蓝造、左洪涛、祁烽、林平（尹林平）。

解放战争时，黄文俞（中）与警卫员在东江游击区。

中华人民共和国成立后再办新闻

1951年，黄文俞在新华通讯社华南总分社办公时的照片。

中央人民政府
政務院
任命通知書
政字第9650號

茲經政務院第一百九十六次政務會議通過任命
黃文俞爲廣州市人民政府文化教
育委員會委員

特此通知

總理 周恩來

一九五三年十二月十七日

1953年，周恩来签发的黄文俞职务任命通知书。

20世纪50年代初，黄文俞（中）与王匡（左）在广州的三元里人民抗英烈士纪念碑前。黄文俞在新华通讯社华南分社工作期间，与王匡一起工作，常以“匡文”署名发表文章。

办“南方”策“羊城”

1954年至1966年，黄文俞一直任南方日报社社长。《南方日报》的政策宣传和批评报道，一直为同行所称道。这主要由于他身体力行地贯彻与发扬党的理论联系实际、密切联系群众、开展批评和自我批评的优良传统，牢牢把握实事求是的思想路线。

1957年，中共广东省委决定出版《羊城晚报》，并把这个任务交由《南方日报》编委会负责。黄文俞后来曾说：“晚报，策划于我，实施于李超，定型于杨奇。”

1959年6月，王匡曾对杨奇说过：“中央领导同志很重视《羊城晚报》，毛主席来广州时天天看。周总理在南宁会议上说：《羊城晚报》可以出口。”

陶铸曾经对黄文俞说：“我去看毛主席。主席和我说起广东的报纸。我问主席有什么意见，主席没说话。过一会，主席说：我看《羊城晚报》。”

1991年，南方日报社历届编委合影。前排左三为黄文俞。

羊城晚报

庆祝国庆和欢呼五年計划的成就

首都今午五十万人大游行

广州的狂欢队伍浩荡前进

制止美国挑衅行动

創刊的話

庆祝中华人民共和国成立八周年

《羊城晚报》创刊号。黄文俞撰写创刊词。

讲真话做实事

关山月曾经书赠黄文俞一张条幅：“讲真话，做实事”，这六个字，高度概括了黄文俞为人、为文的实事求是思想作风。黄文俞非常喜欢这幅字，一直挂在沙面家中，作为中堂。

敢于讲真话，认真做实事，是黄文俞出自于对社会的责任感，对党的事业忠诚的初心。当意识形态领域出现历史虚无主义、拜金主义、低俗文化等乱象时，已退休的他写信给省委宣传部提出自己的思考和意见，希望能采取措施加以纠正。他是一位敢于独立思考、勇于担当，勤奋认真，善于做实事，对社会有责任心的忠诚于事业的新闻出版工作者。

关山月书赠条幅。

20世纪70年代后期，黄文俞（前排右二）深入基层，在宝安县农村调研。

1982年春，与百岁艺术家冯钢百亲切交谈。左起：冯钢百、洪斯文、关山月、黄文俞。

20世纪80年代，黄文俞（前排中）与新闻界的同仁合影。

不在其位仍“谋其政”

1988年秋离休后，黄文俞不在其位仍“谋其政”；身居斗室却胸怀全局。他为广东新闻出版事业的发展和进步而鼓掌，为解决新闻出版事业出现的问题而进言。

他在病重住院期间，仍然十分关心全省的新闻出版工作，提出许多建设性的意见，包括向省新闻出版局领导提出的“重振雄风”“期以三年，集资千万，支持重点图书的出版”的建议。

20世纪80年代初期，黄文俞（左）与王匡亲切交谈。

20世纪80年代后期，黄文俞（右二）与杨康华（中）、杨奇（左二）在广州。

1990年，黄文俞（左）、许实（中）、吴彩章（右）于珠海白藤湖合影。

夫人黎笑

黄文俞的夫人黎笑，是澳洲侨领黎和兴的女儿。当年她放弃去澳洲与家人团聚的机会，很早就参加广东抗日游击队，并加入中国共产党。

1934年参加“正路社”后并入中国青年同盟（党的秘密外围组织）。1938年参加东莞抗日模范壮丁队，后在八路军驻港办事处、东江纵队工作。

中华人民共和国成立初期，黎笑在广州。

版画。

反映抗战时期《前进报》的工作人员在密林深处紧张工作的情景版画中女印刷手的原型就是黎笑，她当时创下一张蜡纸印刷7000份的最高纪录。地点在东莞河田乡地下党员“阿芳”的家里。当时，黄文俞坐在黎笑身旁，一张一张地拈纸，当印到一万份的时候，黄文俞决定停下来不继续印了，创造了最新纪录，打破所有旧纪录。

20世纪90年代，黄文俞与黎笑于西樵山合影。

20世纪50年代初的黎笑。

家人

黄文俞的岳父黎和兴，东莞莞城人，澳洲爱国侨领。从20世纪30年代起多次解囊为家乡赈灾和支持抗战，长期捐助资金给宋庆龄的中国福利基金会。中华人民共和国成立后，被选为全国首届人民代表大会30位华侨代表之一，1964年受邀上北京天安门城楼观礼。

1965年，黎和兴（二排左三）等在黄文俞家门前合影。

《黄文俞选集》封面。

还了“心愿”

很多老同志晚年纷纷出版回忆文章，但黄文俞云不愿“随大流”。直到1996年他去世，杨奇、微音（许实）、黄每等一群老报人决定为这位老友出版文集。经过多方搜寻资料、编辑，在他去世一周年时，这群七八十岁的老友气喘吁吁爬上楼梯，来到黄家，把新鲜出版的《黄文俞选集》放在他的遗像前，三鞠躬，“报人以文传世，总算替他还了一个心愿”。

大事年表

1904年9月	出生于广东文昌（今属海南）新桥镇古城村
1926年9月	加入中国共产党
1927年	任中国共产党文昌地委清澜支部、新桥支部书记，第十九区区委委员、第十八区区委书记
1928年	任琼崖琼东县苏维埃政府秘书
1929年至1935年	前往马来亚，先后任马来亚总工会秘书，马来亚共产党中央委员会常委、秘书、宣传部部长。1932年在新加坡遭英国殖民当局被逋入狱三年，1935年被驱逐出境回国
1936年至1937年	回国后与党组织失去联系。1938年4月在海口恢复党组织关系
1938年至1940年	历任广东省民众抗日自卫团独立队第一中队（琼崖红军改编）中队副，独立总队第一大队大队副，特务大队政训员，琼崖游击队独立第一总队副总政委，中国共产党琼崖特别委员会宣传干事兼抗日新闻社社长
1941年	历任文昌县抗日指挥部政治主任、党团书记，文昌县民主政府副县长、党团书记，琼崖东北区抗日民主政府委员兼军事科科长、党团成员
1942年至1947年	任广东省琼崖抗日游击队独立总队第四支队政治委员，第二支队支队长兼政治委员，第一总队挺进支队政治委员，中共琼崖区委员会委员兼秘书长
1948年至1950年	任中国人民解放军琼崖纵队政治部第一副主任
1950年至1952年	任海南军区政治部第一副主任兼军区军法处处长、干部管理部部长兼第四十三军干部管理部部长
1953年至1957年	历任北京马列学院第一分院办公室主任、副教育长，在中央高级党校学习
1958年至1966年	任国家华侨事务委员会国外司副司长、人事司副司长、国内司代司长、党组成员
1978年至1985年	任广东省归国华侨联合会副主席、侨务机关党委副书记
1985年5月	离休后任广东省归国华侨联合会顾问
1996年9月	出版诗集《心声留影》
2001年4月	在广州逝世

符荣鼎

儒将风范　心声留影

1904—2001

符荣鼎是大革命时期的中共党员、归侨老战士，经历了琼崖长期的革命斗争。中华人民共和国成立后，在统战、侨务战线上工作多年，深得海内外归侨尊敬。他一生酷爱学习，即便在战事频繁的岁月里，都挤时间看书，坚持写日记，注重提高文化修养成为习惯与品性。战友们称他：“琼崖革命不老松，坚信马列自始终。丛林游击有佳句，盛名不负‘圣乃公’。”

参加打响琼纵抗战第一枪

20世纪50年代的符荣鼎。

1939年2月10日，日军占领海口、府城后，当日就派出飞机轰炸潭口渡口东岸，企图渡江向东进犯。当时，国民党军主力已撤到定安县腹地，而参加云龙改编[①]后的广东民众抗日自卫团第十四区独立队正驻扎在离渡口东南10千米的云龙墟。为了阻击日军东进和掩护群众撤退，独立队第一中队奉命赶到潭口东岸。符荣鼎回忆：“为避免被敌机发现，战士们各自折下一把带叶的树枝放在头顶作为伪装，在中队长黄大猷和我的带领下，拉开距离成一列纵队行进，在最短时间内全员抵达潭口渡口。战士们不顾敌机的狂轰滥炸，与日寇鏖战了一天。黄昏时分，武器精良、人数众多的日军在一中队的顽强阻击下不敢渡江，狼狈而去。”

消息传开，人人都知道在国民党军队大溃败的时候，是共产党军队打赢潭口阻击战，打响琼纵抗战第一枪，吹响唤起海南人民抗战热情的号角。

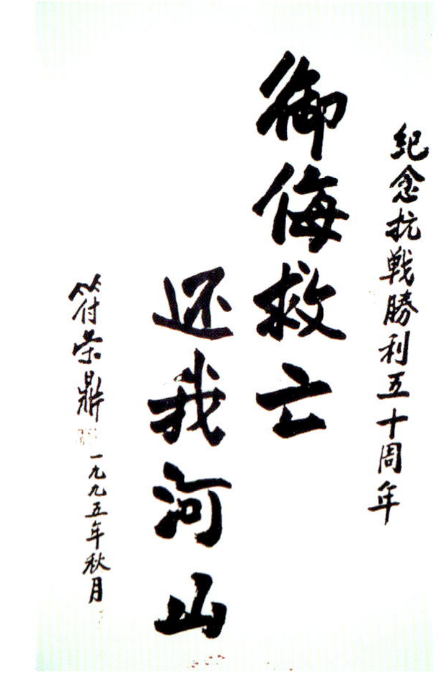

1995年，符荣鼎为纪念抗战胜利50周年题词。

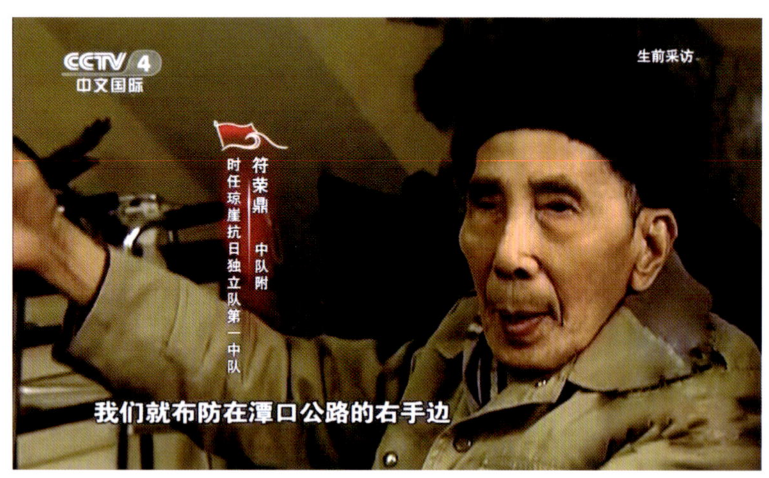

90年代中期，符荣鼎接受央视采访，回顾琼纵打响抗战第一枪的潭口战役的战斗经历。

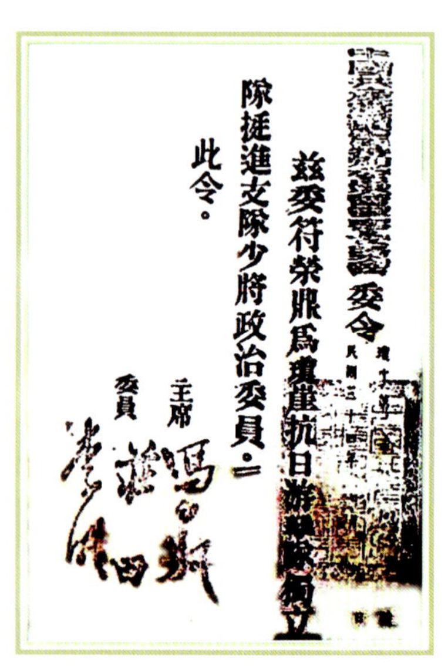

委令

兹委符荣鼎爲瓊崖抗日游[illegible]獨立隊挺進支隊少將政治委員。

此令。

主席 [illegible]

委員 [illegible]

1945年，中共琼崖特委军委会对符荣鼎挺进支队少将政治委员的任命书。

① 云龙改编：1938年12月，中共琼崖特委对琼崖地区革命力量进行调整和充实，改编后的部队番号为“广东民众抗日自卫团第十四区独立队”，冯白驹为独立队队长。改编为进一步开展发展壮大革命队伍、抗击日寇奠定了基础。

浴血琼崖

1940年至1945年在琼崖抗战中，符荣鼎担任中共琼崖特委宣传干事兼抗日新闻社社长、琼崖抗日游击队独立总队第四支队政委等职，协同地方党委坚持反蚕食斗争，参与指挥和率领部队不断以伏击战、袭击战频频打击日军，先后开辟建设了琼西南、白沙、五指山抗日根据地。1948年至1949年在解放战争中，任前线指挥部副政委兼政治部主任、琼崖纵队政治部第一副主任，在秋季、夏季和春季攻势中，与战友们共同指挥并取得了战斗胜利，解放区进一步得到扩大。

1948年秋攻作战胜利结束后，前线琼纵部队部分领导在石壁市合影。二排左二为符荣鼎。

1950年海南解放前夕，琼崖纵队领导在进行作战部署。左起：琼崖纵队政治部副主任符荣鼎、副政委兼政治部主任黄康、司令员兼政委冯白驹、副司令员吴克之、副司令员马白山。

迎接海南解放

1950年5月10日，海南岛全境解放祝捷会在海口市召开。参会战役指挥员们在苏公祠前留下历史性的合影。一排左起：四十三军政委张池明、琼纵司令员兼政委冯白驹、十五兵团司令员邓华、十二兵团副司令兼四十军军长韩先楚、四十三军军长李作鹏。二排左起：四十军政治部主任李伯秋、十二兵团参谋长兼四十军副军长解方、四十军参谋长宁贤文、琼崖区委副书记兼组织部部长何浚、十五兵团作战科科长杨迪。三排左起：琼纵政治部第一副主任符荣鼎、四十军政委袁升平、琼纵副政委黄康、琼纵参谋长符振中。四排左起：琼崖区委副书记肖焕辉、四十三军副军长龙书金、琼崖区委秘书长陈乃石、琼纵副司令员吴克之、四十三军参谋长黄一平。

1988年8月，为缅怀琼崖纵队副司令员李振亚烈士，琼纵老战士来到李振亚纪念碑前。后排右三为符荣鼎。在李振亚同志铜像前赋诗：
受命驱顽开五指，跋山涉水共干戈。
指挥若定人称善，辟土开疆君劳多。
奏捷秋攻声桓赫，捐躯牛漏泪滂沱。
尊前肃静怀先烈，勋业千秋永不磨。

忆峥嵘岁月

在海南革命斗争的漫长岁月里，符荣鼎都是亲历者。无论是大革命时期、抗日战争时期、解放战争时期，还是中华人民共和国成立后的建设时期；无论是在武装战线上，还是在文化战线上，他都战斗在第一线。为留下珍贵的历史资料，他在艰苦的战斗岁月里，仍坚持写日记，留下记录重要事件的日记30多本。他不顾年岁已高，为鉴证党史资料和战友的回忆录，经常深夜挑灯，呕心沥血，一字一句地校对和修改，严谨认真地撰写文章记录琼纵革命的战斗历程。他以饱满的革命热情，撰写诗词缅怀战友，赞美家乡建设，讴歌党和人民的事业。

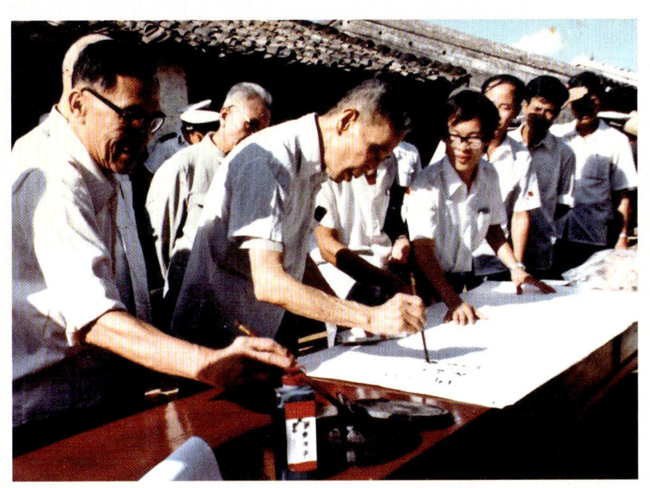

1974年，符荣鼎（左二）与老战友黄康（左一）重回琼崖纵队战斗过的山区访诸先烈埋骨处，并感怀赋诗：
五指风云地，十年弃置身。
沉沙访折戟，埋骨忆故人。
劫后山河在，翳开日月新。
魂兮堪告慰，后死继前仁。

1986年5月26日，符荣鼎（前左五）与参加《琼崖纵队史》审稿会议全体同志合影。

1986年11月15日，广州地区部分琼纵老同志讨论修改《文昌革命斗争史》稿座谈会与会人员合影。前排右四为符荣鼎。

亲人战友情深

战争年代，符荣鼎的夫人、共产党员吕更新，在白色恐怖的险恶环境中，积极协助他进行大量革命工作。不幸的是，吕更新和两个已参军的女儿符爱芳、符爱莲都先后在1945年的抗日战斗中英勇牺牲。符荣鼎把悲愤和对亲人的思念之情深深埋在心中，倾注在他的诗篇中。1984年在《忆旧游·夜宿临高招待所感怀旧事》一词写道：“……当年往西去，誓必灭匈奴，遑恤家园。日寇‘三光’急，叹全家蒙难，埋骨荒山。表彰死节存问，三烈士名传。俟尽此余生，青山岂计同墓阡。”在《忆内十首》中，他对三位亲人先后为革命捐躯做了深情的描述，也为自己未能在当时险恶的环境中将她们的遗骨安顿好而深感遗憾：“御侮息争景不长，有顽肆虐敌披猖。捐躯殉职姊先逝，弱妹慈亲俩后亡。半世孤身鳏且独，一门三烈感还伤。未收枯骨长抱憾，永怀斯人志不忘。”

1952年，符荣鼎在海南军区的照片及胸章。

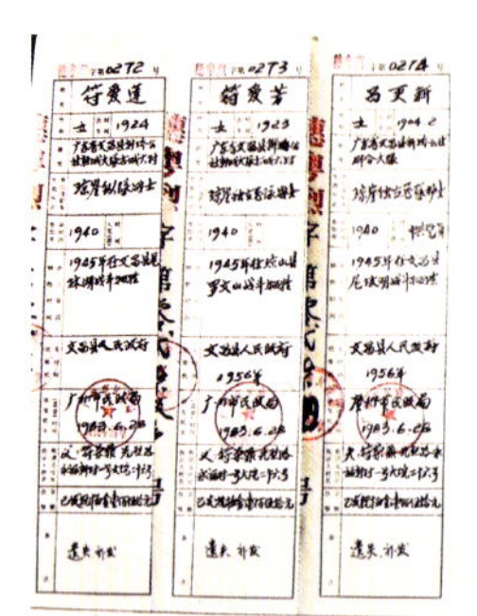

民政部追认吕更新、符爱芳、符爱莲为革命烈士。

1981年，琼纵老首长相聚在广州永新村（广东省干休所）。前排左起：符哥洛、庄田、符荣鼎、陈石、史丹；二排左起：李黎明、×××、罗文洪、陈求光；后排左一：李独清，右一：江田。

1988年，琼纵老首长相聚在广州。前排左起：陈求光、江田、符荣鼎、陈青山、潘江汉；后排左二吴方定，右二符志洛。

在新中国统战和侨务战线上

从20世纪50年代起，符荣鼎先后任北京马列学院第一分院办公室主任、副教育长，国家华侨事务委员会国外司、人事司和国内司领导。1978年10月，任广东省归国华侨联合会副主席。在统战和侨务战线上工作多年，他深刻领会并认真执行党的侨务方针政策，团结广大归侨、侨眷为振兴中华、建设祖国做贡献，深得海内外归侨尊敬。

1953年，符荣鼎（前排左五）在北京马列学院第一分院任办公室主任、副教育长时，与院领导等合影。

1954年，符荣鼎（后排右三）在北京马列学院工作时与苏联专家等在颐和园合影。

1984年6月，符荣鼎（前排右三）出席海南省侨联第三届委员会议时同与会人员合影。

老骥伏枥

符荣鼎一生廉洁奉公，生活俭朴，无私奉献，索之甚少。20世纪80年代离休后，他任中共海南省党史资料征集研究委员会委员、中共海南省委党史研究室顾问组顾问。1989年，担任广东省老干部大学副校长、岭南诗社名誉社长，以饱满的革命情怀，用诗词抒发情感。他为省老干大学建校五周年赋诗："万木从中一树嘉，时和景泰发千花。夕阳无限留余热，世道有心爱晚霞。如坐春风新大地，好施化雨老人家。文明建设参行列，五载勤耕满簇葩。"

符荣鼎在读报。

1991年，符荣鼎在琼纵史剧讨论会上。

符荣鼎在挥毫及他的部分书法、国画作品。

1988年，符荣鼎（前排左六）与部分当年琼崖纵队老首长应邀出席香港海南同胞为海南建省举办的庆祝活动。

琼纵军中“圣乃公”

符荣鼎总结自己的一生时说道：“从1927年4月到1950年5月全部的生活时间，都是在严肃的政治斗争和紧张的军事斗争中度过。……在伟大的革命岁月中，一幕幕可歌可泣的壮丽图景长久不能忘怀地成了诗的素材……以感事怀人的形式展现出来，感事是感革命之事，怀人是怀革命之人。……所作三百多诗词，时间跨度六十多年，政治色彩比较浓厚，这是出自长期从事革命斗争的人之口的一种自然流露。”

他在琼崖纵队里担任领导职务，但从不摆架子，对部下对战友生活上关心，政治上严格要求。残酷的对敌斗争磨炼出他刚正不阿的一身正气，深得战友们尊重。大家亲切地称他为琼纵军中“圣乃公”。有诗曰：人称“圣乃公”，谨厚又从容。归国谋兵运，沙场立战功。椰林怀老将，岭海失诗翁。仙逝威仪在，俨然长者风。

符荣鼎长期坚持写战斗、工作的日记。

2000年，96岁的符荣鼎。

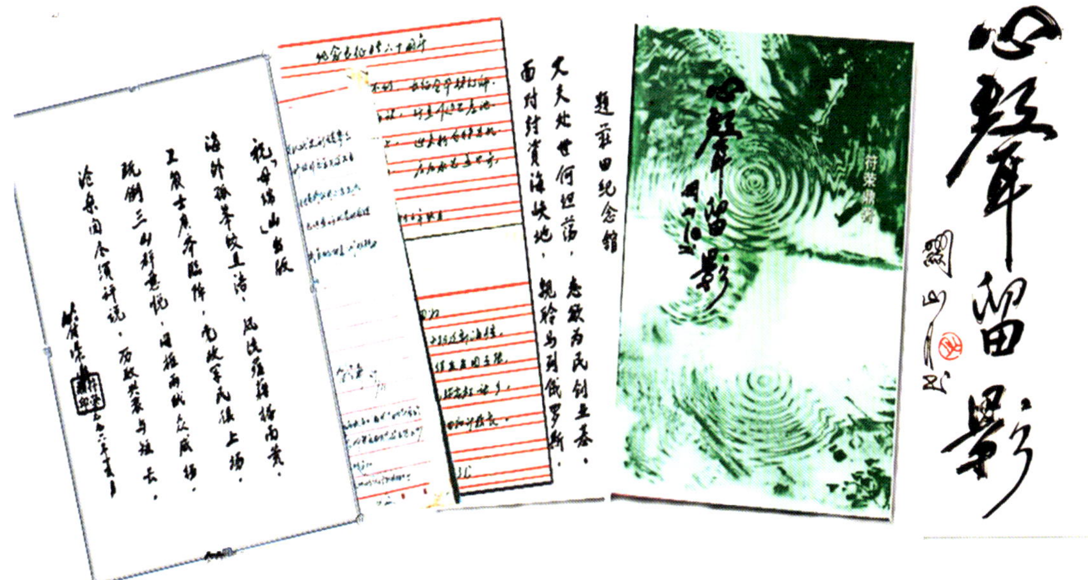

符荣鼎的部分手稿及所著诗集《心声留影》，关山月为诗集题写书名。

至爱家人

符荣鼎的夫人、战友庄菊（1925—2016）于1941年加入中国共产党，曾任琼崖纵队一支队善战队护士、琼崖纵队司令部通讯科报务员。在枪林弹雨的战争年代和建设新中国的激情岁月里，符荣鼎、庄菊同甘共苦、风雨同舟60余年。

中华人民共和国成立初期，海南军区司令部通讯科（电台）机要报务员合照。后排左二为庄菊。

1996年符荣鼎92岁生日，与夫人庄菊双手紧扣合照于广州。

2011年，庄菊为新出版的《琼崖红色记忆》一书题词“琼纵精神永存”。

2015年9月3日，庄菊荣获中央军委、国务院颁发的中国人民抗日战争胜利70周年纪念章。

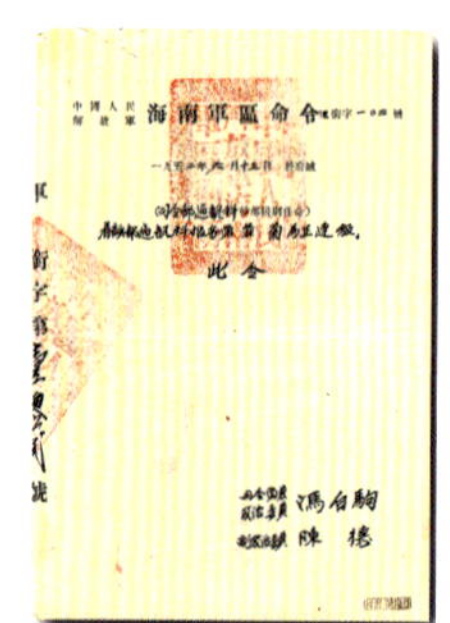

中國人民解放軍 海南軍區命令

此令

馮白駒

1952年6月，中国人民解放军海南军区司令部任通讯科报务员庄菊正连级的命令。

20世纪70年代，符荣鼎夫妇与分散在各地回到北京的子女合影。后排左起：淑如、小民、小平、淑媛。

1996年春节，符荣鼎夫妇与儿孙们在广州的全家福。

大事年表

1910年	出生于广东文昌（今属海南）昌洒镇庆龄乡宝兔村一户贫苦人家。原名符树英，曾用名何和平
1927年5月	加入共青团
1930年	加入中国共产党
1931年5月	进入广州燕塘军官教导队，后到广东燕塘军官学校（黄埔军校广州分校）学习
1932年6月至1933年秋	在军事教导队当助教，在第八集团军第三独立团六连当司务长
1936年5月	在海南澄迈县被当局逮捕入狱，1939年2月获释出狱。改名为符哥洛
1939年2月至1940年2月	历任广东省十四区人民抗日自卫团独立总队第二大队五中队副队长，广东省琼崖抗日游击队独立总队第四大队副大队长、第一大队政训员（后改为政委）
1940年	历任琼崖独立总队第二支队、第三支队支队长，琼崖东区军政委员会副主席、边海地区地委书记兼粤江支队政委
1948年9月	任琼崖南区地委书记兼琼崖纵队第五总队政委
1950年	历任海南榆、亚军管会主任，海南军政委员会交通处处长，文昌县委书记兼县长
1951年4月	任海南行政公署秘书长
1954年2月	任广东省政府办公厅副主任兼直属机关党委书记
1957年2月	任中央水利部广州水利勘察设计院党委书记兼广东省直属机关党委第二书记
1958年	受“冯白驹‘海南地方主义头子’案”株连。冤案于党的十一届三中全会后平反
1962年	任汕头市政协副主席等职
1980年	离休，享受副省级待遇
2000年9月	在广州病逝

符哥洛

琼岛征战　丹心永存

1910—2000

符哥洛在大革命失败的白色恐怖时期投身革命，在残酷的对敌斗争中锻炼了意志，培养了能力，积累了经验。他善于组织发动群众，建立革命武装，带兵有方，能征善战，被琼崖国民党反动当局列为重金捕杀的共产党要犯。长期的革命生涯造就了他刚毅坚强的性格，他坚持实事求是，不畏艰难，将自己的一生奉献给了党和人民。

黄埔生中的中共党员

符哥洛早在读书期间就接受进步思想，17岁便积极投身于革命活动。1930年5月，中共文昌县委派共产党员的他到国民党军队中负责党的地下兵运工作，他在此时期改名为何和平，进入广东燕塘军官学校（黄埔军校广州分校），成为第七期的学员。

1931年，符哥洛在广东燕塘军官学校第七期学习，他与陈彭治等同学组织"汇众社"并发展吴克之同学入社，开展抗日爱国运动。1937年夏，吴克之在琼山县政警队任队长，当得知老同学、共产党员符哥洛等被关押在琼山县监狱的消息后，便设法同符接触，给他传送进步书刊和外面的情报，支持他们在狱中开展对敌斗争。经过符哥洛介绍，吴克之于同年9月加入中国共产党。

符哥洛

1950年，文昌县委、县政府领导集体合影。前排坐者左一至左四：何如伟、李光邦、杨中民、符哥洛。

1974年，符哥洛（左）到北京，与已30年未曾见面的吴克之（少将，时任解放军总参谋部防化部副部长）重逢，两位老战友一起游长城。

1974年，符哥洛（右三）、吴克之（左三）与吴克之的女儿（左一、左二、右一）游长城合影。

“美合事变”斗顽敌

1940年12月16日拂晓，琼崖国民党反动军队有预谋地调集数千兵力，分数路向琼崖特委和总队部的驻地美合抗日根据地突然发动进攻，制造震惊全岛的“美合事变”。为保护琼崖特委和总队部安全转移，时任琼崖独立总队第二支队政委的符哥洛与支队长马白山率二支队奋起，与来犯之敌血战了三天三夜，给敌以重大杀伤。与敌苦战三个多月后终于击退敌军并创立了清平、洛基、和舍、木排为中心的游击根据地。到1941年3月迫使围攻我美合根据地之敌全部撤退，特委和总部在我二支队掩护下撤出美合根据地，转移到琼山、文昌抗日中心地区。

1977年，符哥洛（左）在离开海南23年后，回琼与马白山（中）、冯白驹夫人曾惠予（右）一起环海南岛到昔日革命老区、共同生活战斗的地方，探望昔日的老战友。

1977年，符哥洛（左）旧地重游，在东方县与原二支队部特务连连长林鸿盛合影。

发挥军事才能

1942年冬琼文抗日中心地区军民的反“蚕食”“扫荡”的斗争中，支队所处的斗争环境非常残酷，部队伤亡较大。冯白驹欣赏符哥洛的军事才能及组织能力，调他去任第三支队长。几次战斗的胜利，大大鼓舞了六连岭地区军民抗日胜利信心，抗日情绪更为高涨。此时，六连岭一带地区在琼崖纵队控制之下稳定下来。

1977年，原琼崖纵队第三支队长符哥洛（中）、政委陈武英（左）、副支队长林和平（右）三位老战友分别23年后相聚于海口。

1983年，符哥洛回海南参加琼崖纵队军史会议，和原琼崖纵队第三支队在自治州工作的同志合影。前排左三为符哥洛，后排左三为李蔓（符哥洛夫人）。

抗日战争期间，日本特务机关专门训练了一批青少年特务混入琼崖纵队内寻机会毒杀首长。这是琼崖纵队第三支队战士们为保护首长的安全，用长臂猿臂骨加白银制作给支队长符哥洛的防食物被敌特投毒吃饭用的筷子。

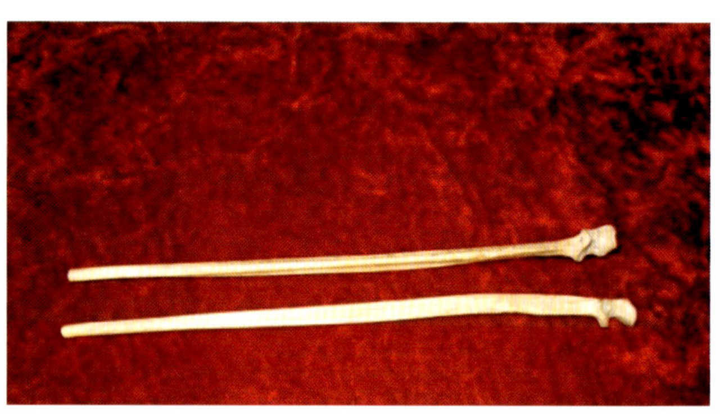

1984年，参加海南党史会议时与原琼崖纵队第五总队同志合影。左二起：张开泰夫人、符哥洛、陈武英。

接收城市

1950年4月22日海口解放。5月中旬榆林、三亚军管会成立，符哥洛为榆亚军管会主任，随即开展对榆亚地区的公安、交通、文教、财经等工作接管，维持社会秩序和治安工作。

1950年，符哥洛担任文昌县委书记兼县长时留影。

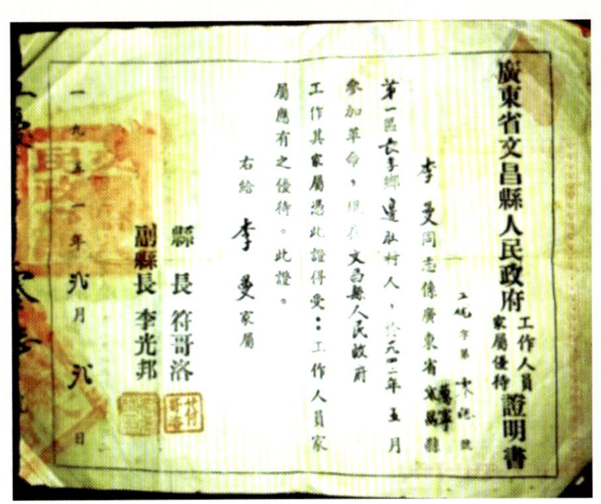

廣東省文昌縣人民政府工作人員家屬優待證明書

李爰同志係廣東省文昌縣第一區……村人，於一九四二年五月參加革命，現在文昌縣人民政府工作，其家屬憑此證件受：工作人員家屬應有之優待。此證。

右給 李爰 家屬

縣長 符哥洛

副縣長 李光邦

一九五一年九月八日

1951年实行供给制时，县长符哥洛签发的政府工作人员家属优待证。

坚持实事求是

符哥洛在维护党和人民利益的原则问题上，尤其在处理琼纵部队存在问题、救济老苏区恢复和重建家园等问题上，他坚持实事求是，不畏权势和艰难，顶着压力拒绝某高官的封官许愿和诱惑，不怕丢乌纱帽，敢于坚持原则。1958年，符哥洛受“冯白驹‘海南地方主义头子’案”株连。冤案于党的十一届三中全会后平反。

20世纪60年代的符哥洛。

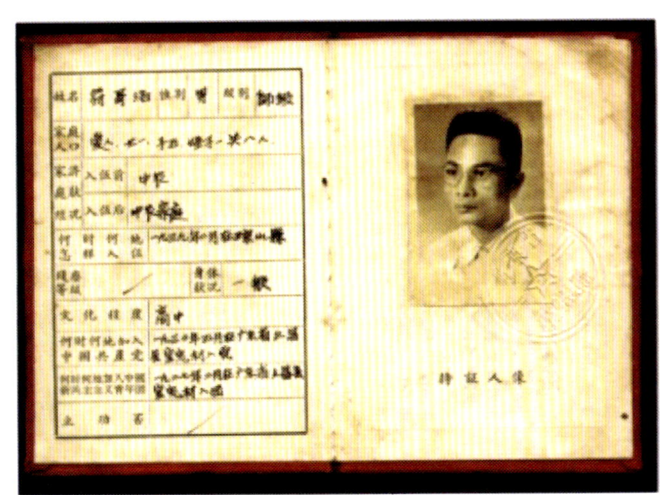

姓名 符哥洛

文化程度 高中

持證人像

1957年，符哥洛的军人转业证。

1982年冬，琼纵老领导于东山岭合影。前排左起：何秀英（陈青山夫人）、曾惠予（冯白驹夫人）、祝萍（庄田夫人），右一是李蔓（符哥洛夫人）。二排左四起：符荣鼎、符哥洛、庄田（中将）、陈青山（少将）、罗文洪。

1984年，在穗居住的琼籍老战友在广州永红新村符哥洛家门前合影。前排左起：王月波、祝菊芬、庄田、符哥洛、符荣鼎、梁国栋；后排左起：陈球光、李黎明，右一为徐清洲。

1984年，符哥洛回海南参加海南党史会议时与琼崖南区地委同志合影。前排左起：林庆墀、符哥洛、史丹、赵光炬、符史；后排左二为李蔓。

1988年1月琼纵老战友在广州探望符哥洛（前左三），前排左一符荣鼎、左二林克泽、左四陈球光、左五吴之，后排左起：×××、文度、×××、符史。

1987年9月30日，海南海口市党史审稿会与会琼纵老同志合影。前排左一符思之、左三冯尔迅、左四王月波、左五符哥洛，左七起：马白山、祝菊芬、陈石、林诗耀、徐清洲。

1989年5月，参加广东省民政厅会议后琼纵老战友合照。右二起：文度 、李独清、符荣鼎 、符哥洛、陈石、刘清云、祝菊芬、黄康、王月波 、云翔天。

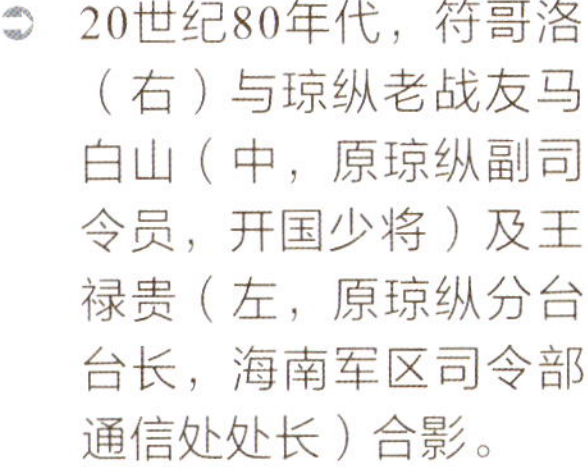

20世纪80年代，符哥洛（右）与琼纵老战友马白山（中，原琼纵副司令员，开国少将）及王禄贵（左，原琼纵分台台长，海南军区司令部通信处处长）合影。

许如梅烈士，原琼崖独立队随军服务团副团长。1940年，符哥洛与许如梅结为伉俪。因被叛徒出卖，1943年被日本侵略者残酷杀害。

符哥洛夫人、琼崖纵队抗战老战士李蔓2015年9月授领中国人民纪念抗日战争胜利70周年纪念章时留影。额头上的伤疤是抗战时的一场战斗中被敌机枪击中所留下。

1983年，符哥洛、李蔓夫妇在广州家中。

晚年符哥洛。

1997年春节，符哥洛夫妇在家中和孩子们合影。前排左为国精，后排左起：忠贤、国能、国干、国基、风云。

大事年表

1911年	出生于广东文昌（今属海南）抱罗镇大学村
1927年5月	参加中国共产主义青年团及文昌县农民自卫军，同年转为中共党员
1929年	任文昌冯家坡小学中共党支部宣传委员
1931年冬	被派往广州寻找地下党组织，因广州党组织遭破坏失去联系，后进入广西陆军军官学校步兵科学习军事
1938年1月	重新加入中国共产党
1939年2月	参加广东省琼崖抗日游击队独立总队，任副总队长
1940年至1950年6月	历任琼崖独立总队军事特派员、支队长，琼崖抗日公学副校长，琼崖纵队司令部参谋处处长、副参谋长、参谋长等职
1950年7月	任中国人民解放军海南军区副参谋长
1952年2月	任粤北军区参谋长兼韶关市警备司令部司令员
1954年2月	任粤北军区副司令员兼代司令
1956年2月	任韶关军分区司令员
1959年6月	转业到广东省林业厅任副厅长
1984年12月	离休，享受正厅级待遇
1989年2月	在广州病逝

符振中

碧海丹心

1911—1989

符振中在长期的革命斗争中锤炼出果敢敏捷的军事才干。抗战中率队参与反击日军对根据地的“蚕食”“扫荡”，穿越枪林弹雨，迎来抗战胜利。1950年1月，这位琼崖纵队参谋长奉命秘密渡海，将海南岛上的重要情报带给解放大军，对整个渡海登陆作战起到了举足轻重的作用。符参谋长就是1962年拍摄的电影《碧海丹心》中“黄参谋长”的原型。

碧海丹心

1949年11月下旬，琼崖纵队司令员兼政委冯白驹指派符振中到广州向兵团首长汇报海南情况。临行前，冯白驹将海南岛的作战地图及琼纵的联络密码交给他。化装成商人、身负特殊使命的符振中在地下交通员掩护下从马村乘船，成功穿越琼州海峡，到达雷州半岛，再前往广州。

20世纪40年代烽火岁月中的符振中。

1948年，浴血奋战老战友留影。左起：符振中、吴克之、黄康、马白山。

1950年5月10日，海南岛全境解放祝捷会召开后，战役的指挥员们在苏公祠前合影留念。三排右一为符振中。前排左一至左五：张池明、冯白驹、邓华、韩先楚、李作鹏。

1950年2月1日至2日，琼崖纵队参谋长符振中在广州出席由叶剑英主持召开的海南岛战役作战会议。符振中在会上传达了冯白驹关于大军渡海解放海南岛的两条建议，并汇报琼崖纵队的组织、装备和迎接大军渡海作战的准备情况以及敌人的设防情况。1950年4月，符振中与韩先楚同乘指挥船参加解放海南岛战役，为海南的解放立下了卓越的功绩。

20世纪50年代的符振中。

1950年2月，琼崖纵队派往协助野战军渡海作战的同志在广州合影。前排右二为符振中。

粤北守土

1952年2月，符振中任粤北军区参谋长兼韶关市警备司令部司令员。1956年3月粤北军区番号撤销，成立韶关军分区，符振中任军分区司令员。

符振中在1955年荣获中国人民解放军二级自由勋章（右）、中国人民解放军二级解放勋章（中）。为了表扬符振中对林场发展的贡献，中国林学会在1984年科技大会给符振中颁发劲松奖奖章（左）。

1954年9月，粤北军区副司令暨代司令符振中（二排右三）、粤北军区主要领导与参加国庆活动并进行国事访问的苏联政府代表团军事专家顾问团合影。

1958年，韶关军分区领导与清远民兵文艺宣传队合影，二排右六为符振中。

1959年，符振中转业到广东省林业厅任副厅长。

20世纪70年代，符振中在广东省林业厅小礼堂作工作报告。

符振中参加在杭州召开的全国林化现场会议会议期间，考察西湖园林绿化。

20世纪60年代符振中在省林业厅工作时，经常到林场了解生产及职工生活问题。

精神长存

符振中一贯保持做事低调、知足常乐的作风。

1984年离休后，他积极参与琼崖纵队史料的整理和编撰工作。他不顾年迈多病，经常往返广州、海南两地拜访战争年代的老战友，但从不为自己写传记。他常说：很多人没有看到解放那一天就牺牲了，他们才是真正的英雄，应该大力宣传他们。

符振中常对儿女们讲述一个令他念念不忘的故事：抗日战争时期，符振中和他的警卫员被日军穷追不舍，这时，符振中的脚扭伤了行动不便，眼看敌人就要追上来，警卫员催他先走，自己留下来阻击敌人。符振中不同意，警卫员一把推开他，大叫："部队需要你指挥，快走啊！"并掏出随身携带的一把小刀，留给符振中作纪念。这把小刀是警卫员从战场上缴获的，十分精美锋利。符振中成功突围，警卫员壮烈牺牲。后来，符振中将这把小刀转赠给女儿符红妹，并嘱咐说："这是先烈用鲜血换来的，你要珍藏好它，继承他们的遗志。"

1954年，符振中夫妇与子女合影。

1986年11月，参加编撰"文昌革命斗争史"的部分琼纵老同志合影。前排左四起：陈求光、符振中、祝菊芬、符荣鼎、符哥洛、王月波等。

20世纪50年代的符振中。

20世纪50年代的王秀鹏。

革命家庭

战争年代符振中长年在外革命，敌人抓不住他，恼羞成怒。1948年8月，国民党一个连的兵力包围了符振中的家，将他母亲以及夫人王秀鹏和三个孩子全部被抓。王秀鹏1946年加入中国共产党，是文昌抱罗乡地下党负责人、乡长。在狱中，她受尽拷打折磨，然而始终没有透露党的机密和丈夫的行踪。幸运的是，在全岛解放前几天，王秀鹏和家人终于脱离虎口。中华人民共和国成立后，王秀鹏曾任韶关军分区政治干事等职。

符振中经常给三个子女讲述革命故事，告诉他们幸福生活来之不易的道理，要他们发愤图强，为国家为社会做出贡献。

20世纪70年代初的符振中。

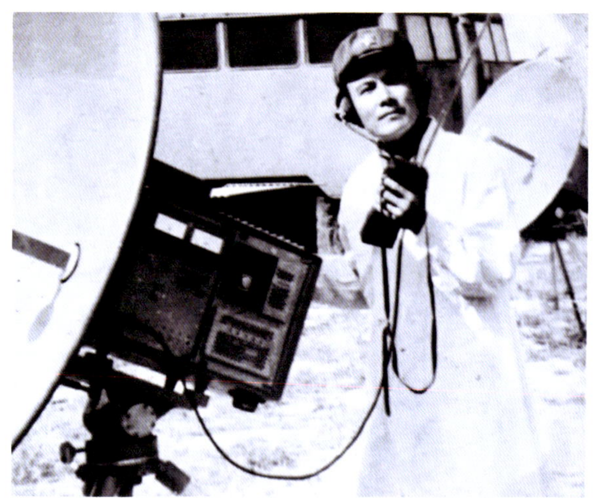

1978年3月，符振中儿子符红铁在核试验工作现场。

1972年，符振中与孙女、外孙女在文昌抱罗乡故居合影。

战友情深

琼崖纵队司令员冯白驹是符振中在战争年代的老领导。

1973年，这两位亲密的老战友成了儿女亲家。1988年，符振中专程从广州返回海南参加冯白驹故居重建落成仪式。

1988年，符振中（右一）与琼纵老战友参加冯白驹故居落成典礼。右二起：黄康、符荣鼎、马白山、陈青山。

1976年，符振中夫妇与子女、孙辈合影。

冯白驹妻子曾惠予与二女儿冯尔敏、女婿符红铁（符振中之子）及外孙在冯白驹雕塑前留影。

1987年9月，符振中（二排中）参加海口市党史审稿会，与琼崖纵队老同志合影。

1988年4月海南建省，符振中（左二）与部分当年琼崖纵队老首长应邀出席香港海南同胞为海南建省举办的庆祝活动，左一曾惠予。

浓浓乡情

符振中的兄弟姐妹在日军侵琼时逃亡到泰国打工。1986年6月，符振中与女儿赴泰国探亲访友，与亲人合影。前排左二为符振中。

1986年6月，符振中到泰国访亲，受到泰国海南商会的热烈欢迎。图为符振中在欢迎会上致辞答谢琼籍同胞。

1988年，符振中（右）赴香港参加旅港海南同胞庆祝海南省成立酒会。

1987年10月1日，符振中、谢飞、祝菊芬、马白山、符哥洛、符荣鼎（二排右一起）观看家乡海南文昌中学文工团演出后，与师生们合影。

大事年表

1912年10月	出生于广东开平月山镇联兴里。原名梁荣生，字绍基
1934年9月	从中山大学附属中学高中毕业，直升中山大学文学院社会系
1935年冬	在中山大学加入中国共产党的外围组织“中国青年同盟”和抗日社团“中国反帝反法西斯大同盟”
1936年秋	加入中国共产党。1938年8月从中山大学毕业，随后从事秘密抗日斗争活动。历任中山大学学生党支部书记、广东省青年委员会副书记兼广东省青年抗日先锋队任总队部副总队长
1938年10月	历任中共西江特委组织部部长、中共南路特委书记、中共中区特委副书记、中共珠江三角洲特委书记等职
1944年11月	任东江（广东省）军政委员会委员
1945年1月	任广东人民抗日游击队珠江纵队政治委员
1945年7月	任中共广东区党委委员，并兼任中共西江特委书记
1947年7月	任粤桂湘边区工委书记，边区人民解放军政治委员，并代理司令员
1949年7月	任中国人民解放军粤桂湘边纵队司令员兼政治委员
1949年10月	任中共西江地委书记、广东军区西江军分区政治委员
1952年12月起	历任中共粤中区党委副书记、广东省委宣传部副部长、文教部常务副部长、广州市委书记处书记、中共中央中南局组织部常务副部长
1970年起	历任广州中医学院院长、党组书记、广东省科委副主任、广东省教育局局长，中国科学院广州分院、广东省科学院首任“两院”院长、党组书记。是第一、第五届广东省人大代表，第二、第四届中共广东省委委员，第四届广东省政协常委和第六届全国政协委员
1984年5月	享受国家机关副部级待遇
1986年	离休
2002年1月	享受部长级医疗待遇
2009年9月	在广州逝世

梁　嘉

赤子情怀　戎马儒将

1912—2009

20世纪30年代名校高材生梁嘉投身革命，从此世间少了一位渊博学者，多了一名疆场志士。在漫长的革命生涯中，梁嘉先后参加和领导青年运动、武装斗争、地方建设、综合科研等工作。他身上既有文人的书卷气，又有军人的刚毅与顽强；既有知识分子的儒雅，又有领导者的魄力。坚定、睿智、从容处世，使这位儒将富有独特人格魅力。

活跃在广东青年抗日救亡前线

1934年，梁嘉以优异的成绩免试直升中山大学文学院社会系。不久，在大学加入中共的外围组织“中国青年同盟”和抗日社团“中国反帝反法西斯大同盟”，并参加中国共产党，积极从事党的青年工作，担任领导职务，逐渐成长为广州青年抗日救亡运动的中坚力量。

他按照党的部署，积极地发动广大青年学生投身抗日救亡运动，通过各种社团活动向广大青年学生宣传党的抗日主张，争取他们加入抗日队伍。1938年10月21日，广州沦陷。梁嘉带领“抗先”战时工作队分赴各地，深入农村宣传抗日救亡思想，把农民团结到抗日的阵营，有力地推动了广东抗日救亡工作的开展。

1938年7月，梁嘉的中山大学毕业照。

2003年2月19日，梁嘉（前排中）在中山大学与当年参加广东青年运动的部分老同志相聚。

足智多谋的司令员

1940年5月至1942年3月，梁嘉任南路特委书记，分管高州地区。这时，国民党反动派实行白色恐怖，梁嘉积极贯彻“隐蔽待机”的方针，稳中求进。当年冬，在国民党进行选举乡长时，梁嘉派出地下党员分别竞选当上陈垌、飞马乡长，组成了白皮红心的乡政权，掌握了乡自卫班的武器，为日后的武装起义打下基础。次年，民主人士江柏劲任《高州民国日报》总编辑，中共茂名县委利用这个机会，先后派数名党员进入报社工作，把国民党的喉舌变为共产党抗日的宣传阵地。

1945年1月，广东人民抗日游击队珠江纵队宣告成立，梁嘉任珠江纵队政治委员。珠纵粉碎了日伪的“万人大扫荡”，积极开辟西北江地区抗日游击区。

2000年12月，曾经参加过“一·二九”爱国学生运动的部分老同志合影。右二为梁嘉。

南路特委书记梁嘉旧居遗址——高州市曹江镇凤村杨飞家。

1983年春，珠江纵队老战友在佛山合影。后排左起：罗章有、杜先烈、吴子仁、肖志刚、简洁；前排左二起：梁奇达、严尚民、梁嘉、陈翔南、郑少康。

1995年1月15日，梁嘉（前排中）在广州纪念珠江纵队成立50周年大会上讲话。

2000年1月，梁嘉（左二）与老战友、曾任珠江纵队副司令员、原福州军区空军司令员谢斌（右二）在广州合影。

1949年7月，中国人民解放军粤桂湘边纵队正式成立，梁嘉任司令员兼政委，领导边纵部队配合南下大军解放粤桂湘边地区。

1996年5月3日，《粤桂湘边纵队史》首发活动。右起：梁威林、梁嘉、刘田夫、黄业。

2005年7月23日，梁嘉在纪念粤桂湘边纵队成立56周年大会上讲话。

2002年3月，重返原粤桂湘边纵队司令部旧址——广宁交赞村。梁嘉（前排右）和当地群众在一起。

中华人民共和国成立后开展地方建设

1949年10月，梁嘉被任命为中共西江地委书记、广东军区西江军分区政治委员，在西江地区开展镇反和剿匪等一系列斗争和土地改革运动，大力恢复生产，改善人民生活，使新生红色政权迅速得到巩固和加强。

1949年11月，梁嘉在肇庆解放庆功大会上讲话。

1949年12月，中共西江地委书记、西江军分区政委梁嘉。

2000年3月9日，梁嘉（中）与儿子梁适（右）、女儿梁琼芳（左）在原西江地委办公地翕庐门前合影。

1959年9月，梁嘉以广东省体育代表团团长身份率广东运动员赴京参加第一届全国运动会，出征前在广州越秀山体育场门前留影。

1964年，梁嘉率队出访东欧。图为梁嘉与苏联儿童合影。

1994年，原中共西江特委领导刘田夫（中）、梁威林（左）、梁嘉（右）于四会贞山合影。

20世纪60年代初，梁嘉调任中共广州市委书记处书记，主要负责宣传、文教工作。他积极投身社会主义建设事业，为广东的社会发展尤其是广东省文化教育事业的发展做出重要的贡献。

20世纪60年代，梁嘉于广州。

出任中国科学院广州分院院长

1978年，为尽快打开广东省科技工作新局面，中共广东省委和中国科学院分别决定建立广东省科学院和重建中国科学院广州分院（下称两院）。同年8月，梁嘉受命担任“两院”首任院长、党组书记。到任后，他带领“两院”领导班子认真贯彻落实党的各项方针政策，围绕中心与大局，做了大量基础性和开创性工作，为“两院”后来的发展奠定了坚实基础。

1978年5月复建的中国科学院广州分院

1980年1月，中国科学院主办的广州粒子物理讨论会在广东从化举行。会上梁嘉（中）与专家在一起。

"三兵"之家

1993年9月，梁嘉夫妇合影。

在革命战争年代，梁嘉不仅自己投身革命，还言传身教带领夫人、弟弟、儿子陆续走上革命道路。

"夫妻兵"：梁嘉和夫人许桂生的结合完全是旧时代父母的"媒妁之言"，当年直到结婚时夫妻双方才看见对方的模样。没想到这一牵手结合，夫妻俩竟同甘共苦、相亲相爱地走过了60多年的岁月。当年，许桂生很早就主动跟随丈夫参加地下党，做过情报、联络、妇女等工作。

"兄弟兵"：梁嘉的弟弟梁寒光，原名梁荣林，少年时就时常跟随乡中的"八音锣鼓柜班"到处演出，后来从事抗日救亡活动。1937年年底由梁嘉通过八路军驻广州办事处介绍，梁荣林辗转到达延安，在延安鲁迅艺术学院冼星海门下学习音乐创作，梁寒光的名字就是冼星海给他起的，后来成为新中国第一代著名音乐家，话剧《王贵与李香香》就由他作曲。

梁寒光

1983年，梁嘉（左）、梁寒光兄弟俩在广州合影。

"父子兵"：在抗日战争时期，梁嘉率领部队艰苦征战。在险恶的战斗环境中，他忍痛将当时只有9岁多的大儿子梁适送到新会一家孤儿院寄养。那里的条件很差，梁适得了重病，被送回老家。特委书记刘田夫得知后，派人去探望并把梁适接出来，送到游击队。从此，11岁的"适仔"就成为珠江纵队里年纪最小的游击队员。梁嘉半年后才知道这事，他只说了两个字："好啊"。

梁适

2005年9月，梁嘉、梁适父子在抗日战争胜利60周年时合影。

书法：致信致诚

梁嘉一辈子都没有离开过笔。战争年代环境最紧张时，他随身带着两支枪（一杆二十响驳壳枪、一支小左轮枪），但也始终没有放下手中的笔。他认为革命斗争是要靠笔和枪同时进行的，有时候笔的作用更大！他终生偏爱书法，喜欢写字。离休之后，十分重视党史、军史的研究、编写和宣传工作，热情参加各项有关活动。他追忆过去，缅怀战友，泼墨挥毫，留下了许多墨迹。

梁嘉挥毫泼墨。

2005年，肇庆市委宣传部等编辑出版梁嘉书法集《翰墨飘香》。

2008年，97岁的梁嘉为广州地区老游击战士联谊会题词“永不离休的老战士”。

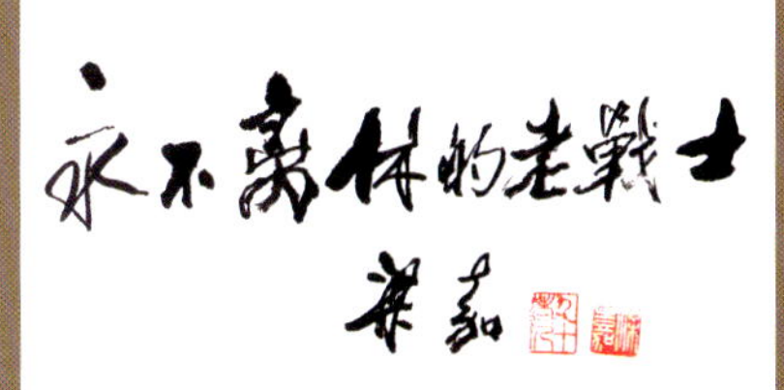

儒将寿星

2008年夏，梁嘉97岁时为位于广宁县的粤桂湘边纵队纪念馆建成题词。

98岁的梁嘉。

梁嘉、许桂生夫妇和子女们。

梁奇达

一生只为信仰

1915—2002

大事年表

1915年7月	出生于广东开平月山博健乡会龙里。曾用名梁浪舟、梁瀚华
1931年起	在广州私立大中中学念书，与同学秘密组织读书会
1935年夏	由王均予介绍加入中国青年同盟。任省立第一师范学校中青组织负责人
1936年10月	转为中共党员。随即受命任高要党支部书记
1937年起	历任中山县五区工委书记，中山县委组织部部长、县委书记，番禺县工委副书记兼宣传部部长、番禺特派员，南番中顺游击区指挥部党总支副书记、中区纵队第一支队政委、党委书记，广东人民抗日游击队珠江纵队第一支队政委、党委书记，东江纵队江北指挥部政治部副主任、中共江北地委委员等职
1946年7月起	东江纵队北撤山东后，任广东北撤部队新编干部大队政委，在华东党校参加整党学习，在华北军政大学学习、毕业后留校任政治教员
1949年秋	奉命南下广东，任珠江地委委员、宣传部部长、珠江公学校长
1949年10月起	历任粤中区党委常委、宣传部部长兼党校校长，任广东省高教党委第二书记、书记，教育厅党组书记兼第一副厅长，高教局党组书记兼第一副局长
1957年9月起	暨南大学筹委会成立，历任筹委会委员兼办公室主任，党委代书记、书记、副校长
1971年	下放肇庆地委任宣传办副主任
1973年	任广东省教育厅副厅长，广东体委副主任兼广州体育学院党委书记、院长
1978年	任复办暨大领导小组副组长兼办公室主任，党委副书记、副校长
1983年	任中共广东省顾问委员会委员
1989年	离职休养
2002年9月	在广州病逝

20世纪30年代，梁奇达成为大革命失败后广东恢复党组织的第一批党员，其时立下为共产主义奋斗一生的信仰，虽经诸多磨难而初心不改。在珠江三角洲坚持抗战，中华人民共和国成立后两次受命主持暨南大学的复办工作，把后半生奉献给高教事业。他一生只为信仰，可谓：打江山铮铮铁骨，办教育沥沥肝胆。

为救国而求索

1931年，梁奇达在广州私立大中中学念书时，与同乡、同学梁柏生（即梁湘）秘密组织读书会，追求进步思想，参加抗日救亡运动。1933年，读书会与共产党员王均予（中共上海临时中央局发行科科长）取得秘密联系。1935年夏，梁奇达由王均予介绍参加中国青年同盟。1936年10月由王均予介绍转为中共党员，随即受命重建中共高要地区党组织，任党支部书记。

青年梁奇达。

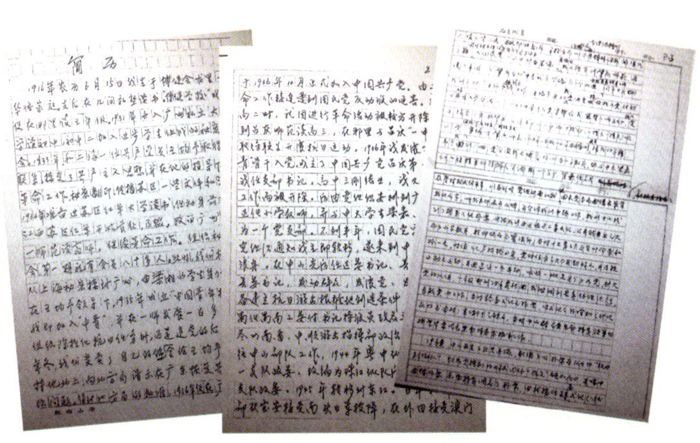

梁奇达于1968年冬写的“自传”手稿，其中讲述了他的家庭和他参加革命一生的基本情况。

“开平三梁”

开平博健乡“博健小学”培养的梁奇达、梁湘、梁嘉三位少年到广州后都参加了中国青年同盟，同在1936年转党，成为广东党组织重建的骨干。中华人民共和国成立后，他们都成为党的高级干部。“开平三梁”的英名，饮誉乡梓。

“博健小学”理事会成员合影。前排右五为梁奇达，中为梁嘉。

抓好中山党建的日子

1938年，经中共广东省委批准成立中共中山县委，不久梁奇达任县委组织部部长。他尽职尽责，为发展、巩固与壮大党的组织做了大量的工作。至1939年10月，中山有中共党员500多名，为全省之冠。当时的县委机关设在石岐民生路太原第，常驻机关的县委副书记孙晖如（化名李国霖）、组织部部长梁奇达、宣传部部长徐云（原名钮昭）。为避免暴露和敌特追捕，互相以兄弟相称作掩护，孙晖如为大哥、梁奇达为二哥、徐云为老三。他们之间延续了一生的革命兄弟情谊。梁奇达十分重视培养干部。1938年冬至1939年年初，县委利用放寒假期间，先后在石岐莲塘街县立第一小学、崖口村、贝头里村举办了3期党员骨干学习班，时任县委组织部部长梁奇达从筹备开班到讲课都亲力亲为。

20世纪30年代中期中山县重建党组织时的首任县委书记孙康（中），与梁奇达（左）、徐云（右）在20世纪60年代合影。

1990年，李国霖（左）、梁奇达在广州合影。

1962年，在中山南朗石门贺杨村的抗战时期中山人民抗日义勇大队队部前合影。二排左一起：刘汉、刘震球、梁奇达、孙一之；三排左三李子英、左五郭大同。

转战珠三角

1945年1月15日，广东人民抗日游击队珠江纵队在五桂山宣布成立，原中区纵队留在珠江三角洲的部队整编成立了广东人民抗日游击队珠江纵队。梁奇达任珠江纵队第一支队政委、党委书记，直接参与了珠江纵队的创立和中山五桂山抗日根据地的建立。

2000年，广州举办庆祝珠江纵队成立五十五周年纪念大会，与会人员合影。前排左起：叶向荣、梁嘉、刘田夫、谢斌、梁奇达、许桂生（梁嘉夫人）。

抗战胜利后，梁奇达随东江纵队北撤山东烟台，任广东北撤部队新编干部大队政委。到达山东后，到华东党校参加整党、学习历时一年，其间参加中央工委工作队，到西柏坡参加土改复查，因工作表现突出，受到刘少奇等中央领导表扬，推荐予叶剑英总参谋长，并由叶剑英亲自安排其到华北军政大学学习，毕业后梁奇达留校任政治教员。

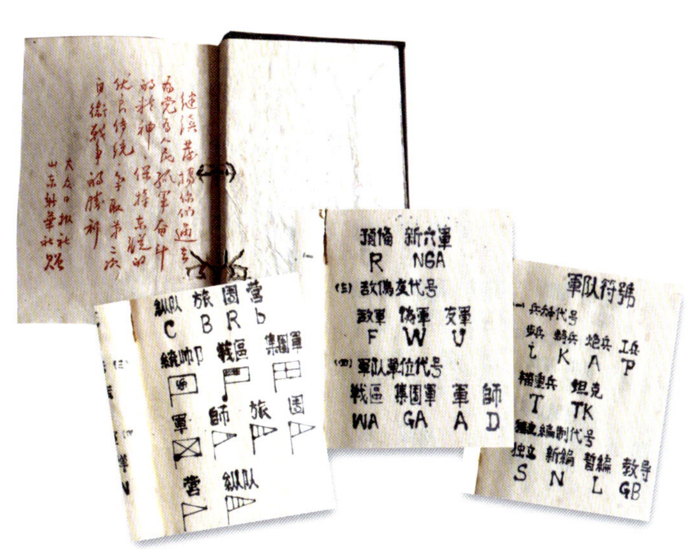

梁奇达珍藏的笔记本。这是1946年7月东纵到达山东烟台后，大众日报社和山东新华社送给北撤将士的珍贵礼物。1948年，梁奇达在华北军政大学高干班学习“战役学”时，用这本笔记本做笔记。

20世纪80年代，梁奇达（右）与原珠江纵队参谋长周伯明合影。

1949年秋，在华北军政大学工作的梁奇达南下广东。图为梁奇达南下前与夫人杨湘（杨霜筠）和二女儿在石家庄合影。

中华人民共和国成立后，梁奇达回到广东工作。尽管公务繁忙，但他依然深深地眷恋着五桂山，怀念根据地的父老乡亲，关心中山革命老区的建设。

20世纪50年代初，与粤中区党委、行署的战友同事合影。前排右起：梁奇达、严尚民、魏南金；后排右起：郑少康、黄友涯。

20世纪50年代初，梁奇达（左五）陪同苏联援华专家参观翠亨村孙中山故居。

两次参与复办暨大

1957年9月，暨南大学筹委会成立，梁奇达任筹委会委员兼办公室主任，争取到省政府和中侨委拨款及香港王宽诚捐款各100万元共300万元的经费。暨南大学于同年9月如期开学，创造了以最短时间及小量经费成功筹建复办暨南大学的奇迹。

1957年暨大复办后的第一个元旦，校领导和师生在暨大北门合影。后排左五为梁奇达。

1958年，梁奇达奉命组建广东省高等教育局，任党组书记、第一副局长。后省高教局与省教育厅合并为省教育厅，任党组书记兼第一副厅长。右四为梁奇达，左二为孙一之。

1959年10月8日，梁奇达主持暨南大学“人工湖”施工典礼。

校领导和师生们一起参加修建“明湖”的义务劳动。右一为梁奇达，右二为副书记朱明，左一为副校长王越。

1978年，梁奇达再次奉命主持暨南大学复办工作。当时杨康华副省长兼领导小组组长。

1978年，梁奇达（右二）接待时任新华社香港分社社长王匡（左一）和香港客人。

1978年，梁奇达在暨南大学南门留影。

晚年余晖

1991年6月26日，广州地区老党员建党70周年座谈会与会人员合影。四排左三为梁奇达，左五为梁嘉；第一排左起：廖似光、薛焰、吴南生、任仲夷、谢非、王德、朱森林、寇庆延、杨应彬、钟明。

1995年春节，暨南大学教授、广东省人大常委会副主任曾昭科（左）到梁奇达老校长家拜年，促膝谈心。

家人

1949年，梁奇达（后排左二）在中山石岐与阔别十多年的家人合影。

2002年7月，梁奇达和儿孙、重孙们欢聚一起高高兴兴地度过了最后一个生日。儿孙们为他送上对联：打江山铮铮铁骨，办教育沥沥肝胆；横批：丰盛人生。

梁金生

国际主义战士

1906—1946

大事年表

1906年	出生于越南东川省南圻。祖籍广东宝安布吉草埔村。父亲因贫穷赴越南谋生，成为华侨
1914年至1919年	回国读书
1919年至1924年7月	在暨南大学师范科读书并自修中医。1924年春加入中国共产主义青年团
1924年至1927年	在广东家乡搞农民运动，1926年出席广东省第二次农民代表大会。1927年3月转入中国共产党
1928年年初至1932年12月	宝安党组织被破坏，上级通知隐蔽，出走越南。1928年4月在越南加入越南劳动党前身共产国际越南支部
1933年至1934年8月	回国在广东、广西寻找党组织。1月任广西果德师范讲习所所长。1934年8月恢复党组织关系，任南宁市支部书记、广西国民基础教育研究院教育指导专员
1934年8月至1936年9月	任广西百色地区教育指导专员等职。在广西南宁、城隍、百色等地开展党的秘密工作
1936年至1938年7月	在深圳创办民族中学，创建我党领导的抗日自卫队，任南头中学校长。在广东宝安、广州、香港从事革命工作，1938年7月经党组织安排去延安
1938年至1939年1月	在延安“抗大”一大队第四期学习，毕业后在中央职委会筹办职工学校
1939年3月至1945年8月	在陕甘宁边区任边区参议员、文协执行委员、中医研究会常委、医药研究会委员、东方各民族反法西斯联盟执委、文协执委、侨联执委。在延安先后任光华制药厂厂长、卫生材料厂厂长、光华制药总厂厂长，边区保育院小学校长（延安保小）。其间，在延安党校学习
1945年8月	受中共中央派遣，与几位同志赴越南支援革命斗争
1946年	受越南劳动党安排与中国国民党谈判，在谈判的宴会上，遭国民党特务用毒药暗杀而牺牲。

梁金生是越南归侨，先后加入中国共产党和越南劳动党。他从海外回国后转战多地从事革命活动，阅历丰富、知识渊博，是一位出色的党的秘密战线工作者、优秀的中医和医药管理人才、理论与实践兼备的杰出教育家和忠诚的国际共产主义战士。他理想信念坚定，奔走在中越两国之间，把自己的生命奉献给了中国的解放事业和越南的民族解放运动。

中、越两国的共产党员

梁金生从小聪明好学，会4个国家的语言，13岁时以华侨学生身份考入南京暨南学校师范专科。他开始抱着“我国是农业大国，我要学农兴国”的志向；后来看到农民身体多病而改报了中医科；接触了一些进步同学，又认识到人的思想是最重要的，于是决定报教育科，并自修中医。1924年，他在毕业前夕加入共产主义青年团。毕业后，梁金生按照组织的要求回到广东搞农民运动，1927年转为中国共产党党员。

1928年年初，宝安党组织被破坏，上级通知隐蔽，梁金生避难越南。同年4月在越南东川省经表弟郑文耀介绍加入越南劳动党前身共产国际越南支部，阮爱国（胡志明）和李贵两同志是领导。

1911年，梁金生居住在越南的外婆家。年长者为外婆，右侧第一个孩子是梁金生。

1926年5月在广州，出席广东省第二次农民代表大会。二排左三为梁金生。

从事党的地下工作

1934年8月底，广西省党组织负责人陈成和范文中找梁金生谈话之后不久，就批准他恢复党籍。恢复党组织关系后，他积极开展党的工作。

1934年，梁金生（右）与王若飞的亲戚黄齐生（民主人士）、黄英伦（共产党员、革命烈士）在广西国民基础教育研究院。

1936年，正值两广“六一”事变，在反蒋高潮中，梁金生（右）在国民党省党部宣传部任科员，以此为掩护，担任中共组织的秘密联络员，收集国民党内部活动情报。

1937年年初，梁金生变卖了深圳老家笋岗的祖田，筹款两千大洋，创办了民族中学，并任校长，聘请多名共产党员任教，成立民族中学党支部，培养抗日骨干，发动群众开展抗日救亡运动，民族中学成为共产党秘密活动联络据点。

1938年，梁金生到深圳南头中学任校长，在学校培养进步青年，在宝安地区开展党的地下工作和农民抗日运动。他在《宝安青年》《宝安抗战周刊》上先后发表《中国教育往哪里去？》《五四与中国教育》《目前中国教育应该走的道路》等文章。

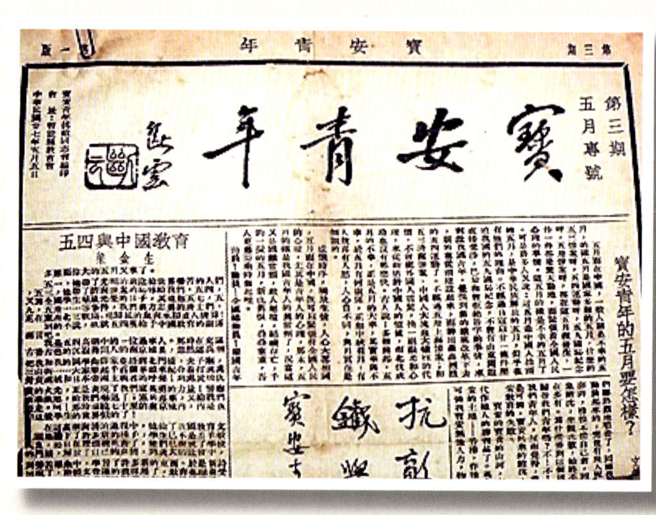

寶安青年

第三期 五月專號

寶安青年

五四與中國教育

梁金生

寶安青年的五月要怎樣？

抗

《宝安青年》。

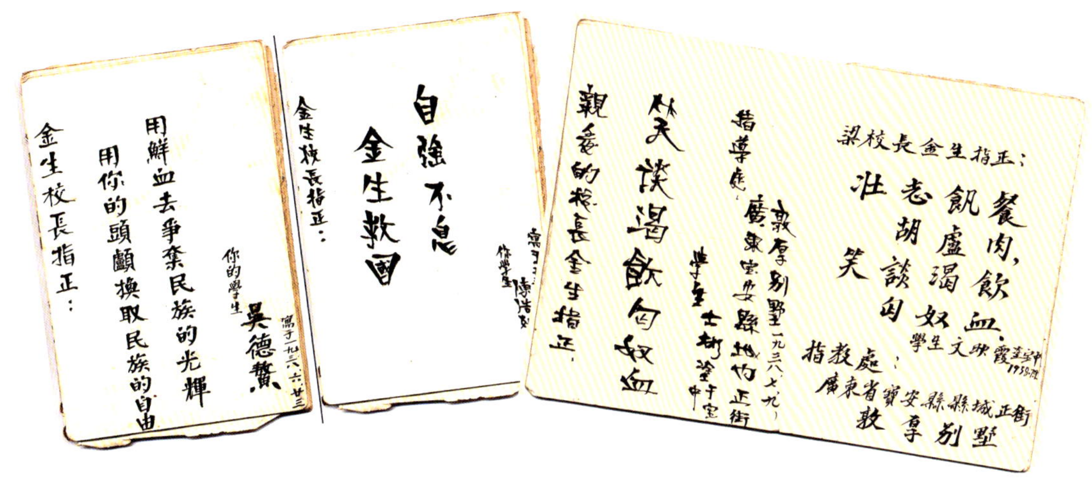
金生校長指正：
用鮮血去爭棄民族的光輝
用你的頭顱換取民族的自由
你的學生 吳德饗

金生校長指正：
自強不息
金生救國

梁校長金生指正：
壯志飢餐胡虜肉，
笑談渴飲匈奴血。
學生 文映霞
指教處：廣東省寶安縣縣城正街 敎亨別墅

笑談渴飲匈奴血
親愛的校長金生指正

1938年10月，梁金生由党组织安排前往革命圣地延安。赴延安之前，深圳南头中学的学生给他的留言。

在延安首倡中西医结合

1939年，在中央职工委员会工作并筹备职工学校的梁金生，为解决学校经费困难和边区缺医少药的问题，出任光华制药厂厂长。光华制药厂研制出30多种中成药，同时增设门诊，梁金生常率医生给军民看病。1941年，在延安召开的中医研究会第二次代表大会上，梁金生公开家传秘方，并被选为陕甘宁边区中医研究会常委以及医药研究会委员，同年被选为陕甘宁边区第二届参议会参议员。1942年5月，他参加延安文艺座谈会，在会上针对辛亥革命后国民党政府曾立法取缔中医的做法，鲜明地阐述“不能忽视中医，中西医应该结合”的观点，得到了毛泽东的赞许。

1938年梁金生到延安后，进入抗大四期一大队学习。图为在抗大学习时的梁金生。

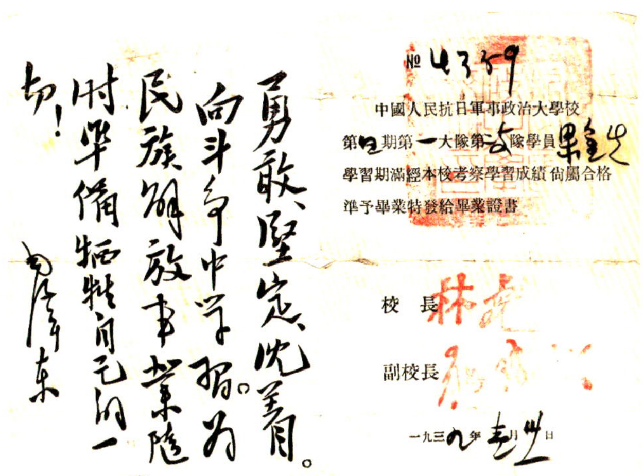
勇敢、坚定、沉着。向斗争中学习，为民族解放事业随时准备牺牲自己的一切！
毛泽东

№ 43759
中國人民抗日軍事政治大學校
第四期第一大隊第六隊學員梁金生
學習期滿經本校考察學習成績尚屬合格
准予畢業特發給畢業證書
校長
副校長
一九三九年元月卅一日

1939年1月31日，梁金生在抗大的毕业证书。

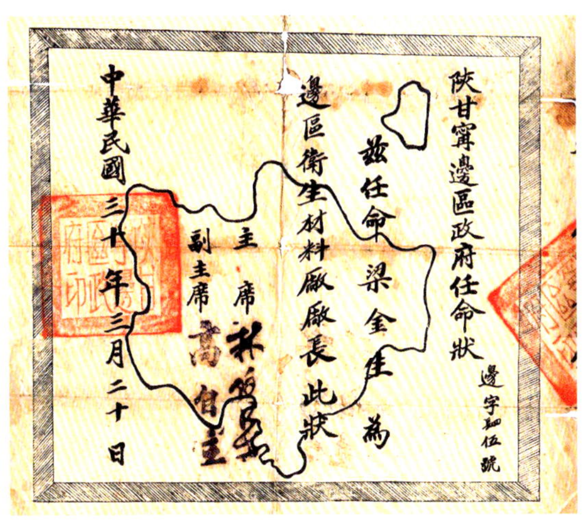
陕甘寧邊區政府任命狀
邊字[illegible]伍號
茲任命梁金生為
邊區衛生材料廠廠長此狀
主席 林伯渠
副主席 高自立
中華民國三十年三月二十日

1941年3月，梁金生被任命为陕甘宁边区卫生材料厂厂长。

1941年11月，延安第二届参议会的部分参议员合影。前排右二为梁金生。

梁金生（左二）在延安带领干部职工兴建光华制药厂。

梁金生的父亲和外祖父在越南都开中药铺行医，他读大学时又取得中医科文凭，曾治好不少老乡和同事的病。他掌握越、法、英三种外语，知识渊博，既虚心博采众长，又勤奋精研中医。在敌人对延安重重封锁药品药源的情况下，他根据实际情况，大量采用中药和草药制汤剂和药丸膏散，对解决战时药品的困难，尽了很大努力并取得积极成效。

出任延安保小校长

1942年2月7日，延安陕甘宁边区教育厅任命梁金生为保育院小学（延安保小）校长。他坚持正确的教育方向，提倡“教学做合一”的方针，大力提高教师素质；改善学生的学习和生活条件，抓学生德、智、体、美、劳的教育，培养抗战建国人才，为延安保小学生的健康成长呕心沥血。

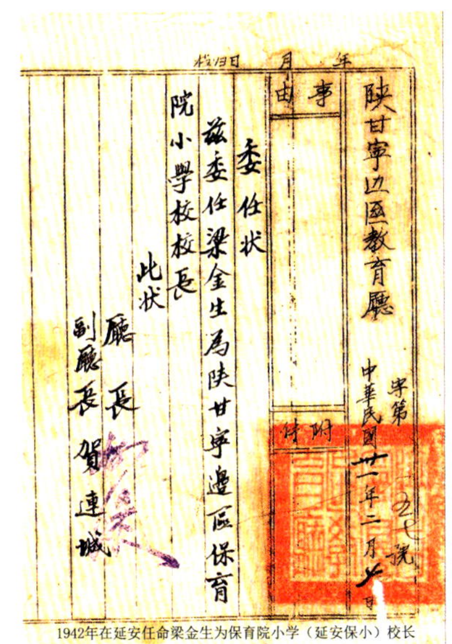

陕甘宁边区教育厅
委任状
字第　　号
兹委任梁金生为陕甘宁边区保育院小学校校长
此状
厅长
副厅长　贺连城
中华民国三十一年二月七日

1942年在延安任命梁金生为保育院小学（延安保小）校长

梁金生为陕甘宁边区保育院小学校长的委任状。

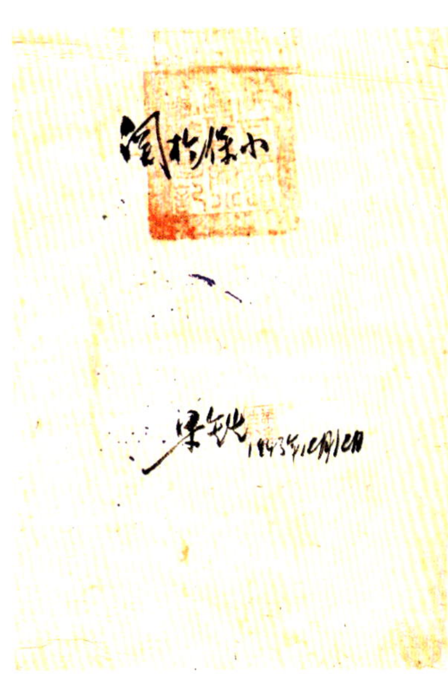

关于保小
梁钦　1943年10月12日

1943年10月12日，梁金生在延安保小写的材料《关于保小》。

当时的延安保小培养出了众多革命领导人才。如李铁映、伍绍祖、廖晖等至今还健在的延安保小的学生都十分怀念梁金生老校长：“他的教育思想就像一条长长的红丝带，系着一代又一代革命接班人的纯洁心灵。”

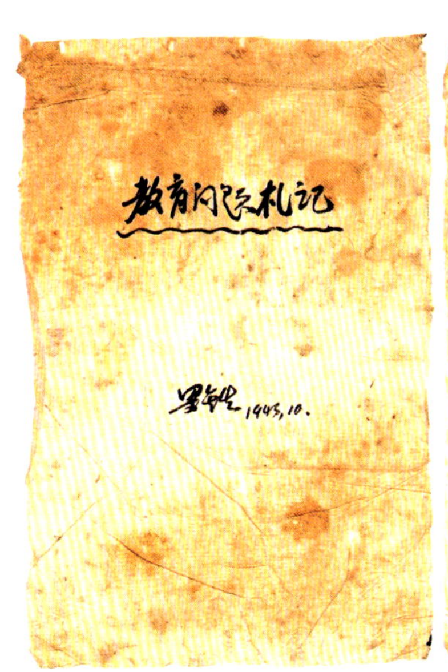

教育问题札记
梁钦　1943，10.

1943年10月，梁金生在延安保小写的《教育问题札记》。

1945年，梁金生摄于延安。

壮烈牺牲

1945年8月，中共中央接受越南劳动党主席胡志明的要求，派洪水、黄正光、梁金生等同志支援越南革命斗争。赴越前，毛泽东、朱德、周恩来分别与各同志谈话。9月到越南后，因梁金生懂中、越、英、法四国文字，故被分配做统战工作。

1946年，梁金生受越南劳动党安排，参加越南劳动党和中国国民党谈判，因国民党特务在宴席间酒中下毒而牺牲，年仅40岁。

梁金生牺牲后，胡志明主席亲致悼词。

1945年，梁金生去越南之前全家在延安合影。

怀念烈士

党和人民没有忘记梁金生。1983年，梁金生被民政部批准为革命烈士。随后出版的梁金生烈士事迹纪念册上，当时的党和国家领导人胡耀邦、杨尚昆等纷纷为他题词留念，寄托对他深深的哀思与怀念。

1983年，民政部为梁金生颁发的“革命烈士证明书”。

梁金生烈士纪念册

胡耀邦题

1986年11月，中共中央总书记胡耀邦为梁金生烈士纪念册题词。

国际主义战士梁金生同志的精神永放光辉。

杨尚昆

一九八七年八月

1987年8月，国家主席杨尚昆为梁金生烈士题词。

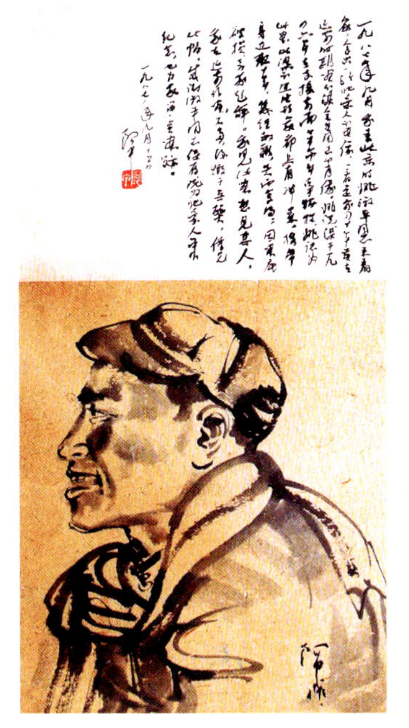

在延安时期，戏曲学家阿甲曾为梁金生画像，梁金生的夫人姚淑萍一直保存。1987年9月19日，阿甲为此画像题词：“一九八七年九月我来北京时，姚淑平同志来看我，拿出一张她爱人的头像，一看是我在延安时期画的梁金生同志的肖像，姚说梁于一九四六年在支援安南革命斗争牺牲。姚认为此画比梁的照片形象都具神采。携带身边数十年，几经劫难，失而复得，因画底破损，令我题词。我见此画，想见其人。我在延安作画不多，后毁于兵燹，仅见此画，感谢淑平同志保存，既为他爱人留作纪念，也为我留一点画迹。”

中华人民共和国成立后，越南首任驻华大使、越南友人黄文欢（右二）到梁金生烈士的家里看望。左二姚淑平，左一、右一分别为梁汉莲、梁汉平（梁金生烈士的女儿、儿子）。

2013年6月13日，洪水、黄正光、梁金生三家人的家属在越南大使馆。前排左起：陈小越（洪水的小儿子）、陈剑戈（洪水夫人）；后排左起：陈小越夫人、刘松柏（梁汉平的夫人）、伍安娜（黄正光的女儿）、梁汉平（梁金生的儿子）、陈寒枫（洪水的大儿子）、林双双（陈寒枫的夫人）。

梁威林

忠诚的战士

1911—2008

大事年表

1911年3月	出生于广西博白沙陂镇八壁乡长田面村。原名梁译晋
1933年1月至1934年	在桂林广西省立师范专科学校读书
1935年1月	改名为梁威林，前往日本留学，在东京入读日本帝国大学；7月参加革命工作
1936年4月	在东京由陈健介绍加入中国共产党，任中共上海文委东京支部宣传委员
1937年	在日本帝国大学毕业，获经济学学士学位；之后回国，党组织关系转到广东
1938年1月	参与组建“广东青年抗日先锋队”，任中共北江区区委书记。
1939年至1945年	先后任中共西江特委宣传部部长、副特派员，东江后方特别委员会书记，东江后东特委特派员、东江抗日武装自卫总队政治委员，东江纵队江南指挥部政委
1946年至1947年	被派往暹罗（泰国），任中共泰国工委秘书、暹共总支部局组织部部长
1948年至1949年	受中共中央香港分局派遣，赴粤赣湘边区指导九连地区的武装斗争，组建“广东人民解放军粤赣边支队”，先后任中共粤赣湘边区党委副书记，粤赣湘边纵队副政委，中共东江地委书记兼东江军分区政委
1957/1958年至1977年	任中共粤北区党委副书记、广东省教育厅厅长
	任新华社香港分社社长、中共港澳工委书记
	当选党的第十次全国代表大会代表
	当选党的第十一次全国代表大会代表；任广东省革命委员会副主任
1979年12月	任广东省副省长
1982年	任广东省副省长并出任白天鹅宾馆董事长至2004年
1983年4月	当选第五届广东省政协主席，任省政协党组书记
1987年	经中共中央批准离休；先后担任广州地区老游击队员联谊会会长、广东省老区建设促进会名誉会长等职
1997年	应邀参加中央观礼团赴港见证香港回归祖国仪式及各项庆典活动
2008年5月	在广州逝世

梁威林是一位从书香门第走出来的革命志士，20世纪30年代在东京求学时参加中国共产党。70多年来，无论是战争岁月还是和平年代，无论是独立隐蔽的地下工作，还是在灯红酒绿的花花世界，他始终保持着共产党人的本色、坚强的党性和艰苦奋斗的作风，对党对国家对人民无限忠诚，为党的事业奉献了自己的毕生精力。

抗战烽火

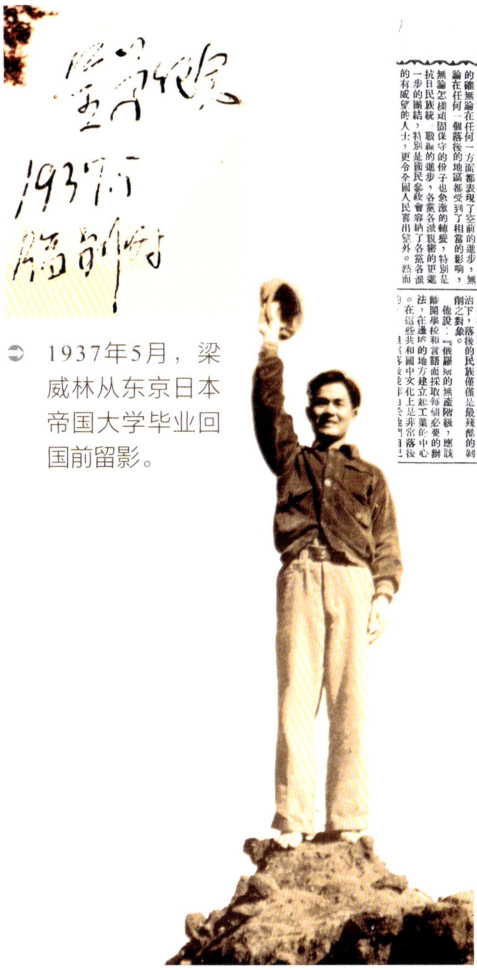

1937年5月，梁威林从东京日本帝国大学毕业回国前留影。

救亡日報　　中華民國二十七年八月二日

第三期抗戰與人才問題

梁威林

目前全國抗戰形勢，已結束了第二期抗戰而展開第三期抗戰序幕了，全中華民族的兒女英雄都應該而且必須用燃眉的急迫性和跑步的速度去迎接第三期抗戰的新時期的到來。

目前日寇一切軍事上和政治上的佈置，一切內政，外交的方針，沒有一件不是環繞着進攻和包圍武漢這個中心目的，爲了武漢是現在全國政治的中心，交通的樞紐，經濟的重鎭，戰略的要點，爲了武漢是我國最後一個最大的經濟政治中心，武漢的得失，不僅對于整個第三期抗戰有極大的影響，而且對于第三期抗戰的成敗有很大關係，而且對于整個內政外交均有相當影響，因此保衛武漢是必須的，同時，爲了保衛武漢可以使我們爭取更多的空間時間來準備自己的力量，可以減少以後抗戰許多不必要的困難，可以給國際人士更好的影響和給日寇更大的困難，所以爲了爭取在第三期抗戰中的一切優勢和勝利，我們目前應集中一切力量來保衛武漢，保衛武漢已不是限于武漢三鎭的地區而是將敵人消滅和擊破于武漢的門戶之外，並不是說不要保衛廣東或保衛西北。

保衛武漢及第三期抗戰在軍事上，政治上，外交上，經濟政策上，民衆運動上，在報章雜誌上，都有了很寶貴的意見，這裡不需多說，但爲了能夠保証上述意見的號召能夠代爲實踐，爲了能夠保証上述意見能夠迅速執行，和在執行過程中，順利無阻，那末人材問題的適當解決是必需的，而且刻不容緩的事情。

目前在戰爭的嚴格批判中，教育中，推動中，的確無論在任何一方面都表現了空前的進步，無論在任何一個落後的地區都受到了相當的影響，無論怎樣頑固保守的份子也急激的轉變，特別是抗日民族統一戰綫的進步，各黨各派親密的更進一步的團結，特別是國民參政會容納了各黨各派的有威望的人士，更令全國人民喜出望外。然而……來還是最中心樞紐的問題人才問題。

目前當第三期抗戰的序幕展開的目……中全國的人才爭取第三期抗戰的勝利的解決是非常必要的。而且必須解決……才決定一切。

然而目前我們還不能好好地利用各……，以致許多人還不能各盡所能各司所……在政治軍事經濟民運各方面感到人才……不當，另一方面，在全國各地還有許……感覺到無事可做或無法做事，這是目前……嚴重的現象，我們能不能說我國根本……呢？不，絕對不能這樣說，我們認爲……代軍事經驗，熟習現代軍事技術和担負……建設的專門人才的感覺不夠外，其他……政治工作的人才，做動員民衆組織民衆……衆的工作的人才，做徵兵役和物質……

民族問題的礼……

——外蒙古就是一個……

五月三十日全蘇維埃的人民，舉行外蒙自治蘇維埃社會主義共和國建立的十五週年紀念。它在和蘇聯其他民族的兄弟般的友誼之中，及在蘇維埃權力的領導之下，已經從一個以前是極端落後的地方，變爲一個進步的社會主義的共和國了。

這個共和國的建立，發展及成長之歷史，正證明着一個奇蹟，這奇蹟只有在一個嚴勵地和不斷地推進着列寧史太林的民族政策的國家的人民，才能創造得出來的。

在一九二三年，關於落後的民族的蘇維埃政府的工作，史太林給予一個正確的宣明。在沙皇和資本主義的統治下，落後的民族僅僅是最殘酷的剝削之對象。

他說：『俄羅斯的無產階級，應該離開學校和嘗語而採取每個必要的辦法，在邊疆的地方建立起工業的中心。在這些共和國中文化上是非常落後……

抗战初期，梁威林调回广东工作，积极进行抗日救亡的宣传。这是梁威林当时在《救亡日报》等报刊上发表的部分文章。

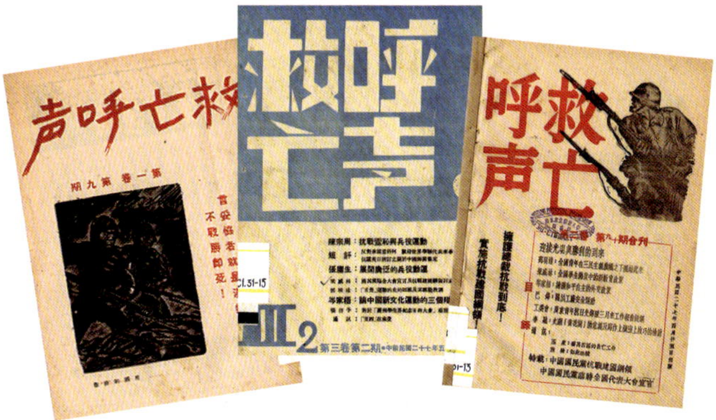

1941年2月，中共东江后方特委在龙川老隆成立，梁威林任后东特委书记。

抗战胜利后，国共两党签订《双十协定》，东江纵队按照协定准备北撤山东。1946年6月26日，分头隐蔽在五华、河源等地的中共后东特委的主要成员陆续抵达香港英皇道的陈汝棠公寓，书记梁威林召开了后东特委历史上的最后一次会议。根据广东区党委的指示，副书记饶璜湘、武装部部长郑群、宣传部部长黄中强随东江纵队北撤；组织部部长钟俊贤回后东坚持隐蔽斗争；梁威林、青年部部长卓扬、妇委书记徐英、五华县委书记张日和等到

1938年4月17日，梁威林、徐英结婚照。

泰国做华侨工作。当时，大家都拉着最年长的“梁哥”（梁威林）的手不愿分离，真的不知何时才能再相会。于是，这帮战斗在后东的生死兄弟姐妹在香港留下了下面两张珍贵的老照片。

前排左起：梁威林、郑群；后排左起：钟俊贤、卓扬、黄中强。

前排左起：饶璜湘、梁威林、黄中强；后排左起：杨绮、卓扬、张日和、钟俊贤、徐英。

转战粤赣边

1948年4月，梁威林奉命到九连地区指导武装斗争，于同年8月成立“广东人民解放军粤赣边支队”，取得白马战斗、大湖狮子塅战斗、鹤塘战斗、骆湖大坪战斗、大人岭战斗五战五胜的重大胜利，从根本上扭转了九连地区的战局。

解放战争时期的梁威林。

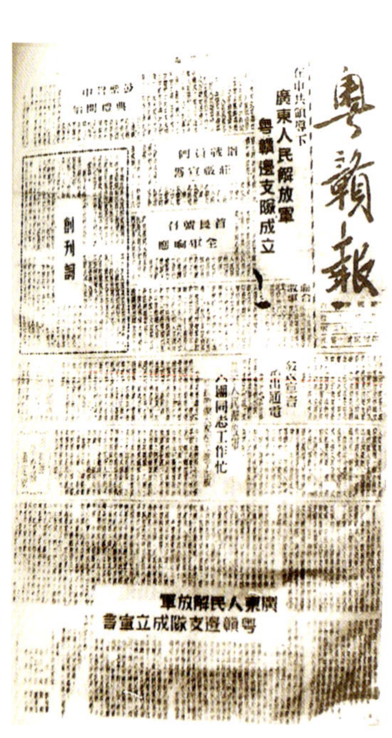

粵贛報

在中共領導下 廣東人民解放軍粵贛邊支隊成立

創刊詞

《粤赣报》。

1948年12月，中共粤赣湘边区党委在惠阳县安墩镇黄沙村（今属惠东县）召开会议。图为与会的领导人合影。右起：区党委副书记梁威林、区党委副书记黄松坚、区党委书记尹林平、区党委委员左洪涛、区党委委员黄文俞。

1949年5月，梁威林率领部队解放五华。粤赣湘边区党委副书记兼纵队副政委梁威林（前排中）与五华县军管会负责人张日和（前排左）、魏麟基（前排右）、郭汉邦（后排中）、李明宗（后排左）、邓其玉（后排右）合影。

中华人民共和国成立初期

中华人民共和国成立初期，梁威林先后担任中共东江地委书记等职。他带领东江地方党组织，广泛发动群众，轰轰烈烈地开展剿匪和镇压反革命运动，彻底肃清了匪患，粉碎了反革命分子妄图复辟的阴谋，安定了民心，稳定了社会秩序，巩固了新生的人民政权；同时进行了土地改革等一系列的社会改革运动，采取积极措施恢复国民经济，使国民经济得到迅速的恢复和发展。

1951年5月，东江地委书记梁威林在地委干部扩大会议上作报告。

1950年，徐英（二排左二）任中共东江地委妇委书记时与战友们合影。

1950年，徐英（前排左四）任中共东江地委妇委书记时与战友们合影。

情系香江

1957年梁威林在中央党校学习期间，中央政治局决定派梁威林担任新华社香港分社社长、中共港澳工委书记，提出“长期打算，充分利用”的方针，发展境外关系和对外贸易，打破西方阵营对新中国的封锁禁运。为贯彻中央的战略方针，梁威林在香港以主要精力做统战工作，广交朋友、团结和依靠爱国爱港力量，建立了较好的群众基础。

1958年4月，梁威林与夫人徐英在香港合影。

在香港工作期间，梁威林（前）与同事们经常深入木屋区、工厂区了解劳工大众情况。

1964年4月22日，粤港再次达成由东江—深圳每年供水给香港150亿加仑。这是签署协议时的留影。站立前排右五为梁威林，中为曾生副省长。

1971年，梁威林（前排左三）会见访问北京路经香港的美国国务卿基辛格（前排中）。

1977年12月离任新华社香港分社社长时，与前来车站送行的香港各界朋友话别。

1997年7月1日，与新华社香港分社历任正、副社长参加中华人民共和国香港特别行政区成立暨特区政府宣誓就职仪式。右二为梁威林，左四叶锋，左六至左八：陈达明、祁烽、李菊生。

1982年，参加中央港澳工作会议，研究制定香港、澳门回归祖国、实施“一国两制”工作思路。邓小平（前排右八）、廖承志（前排左八）、梁威林（前排右三）、王匡（前排右七）、李菊生（前排左七）、李启新（前排左四）、祁烽（前排左二）、叶锋（前排右一）、柯正平（二排左六）、鲁平（三排右五）等参加会议。出处：《岁月留香——梁威林图片选集》编委会编：《岁月留香——梁威林图片选集》，中共党史出版社2008年版，第121—122页。

公仆情怀

1979年秋，梁威林（正面中）到紫金革命老区与干部、群众座谈。

20世纪70年代末，梁威林（二排右二）与国务院侨务办公室副主任林修德（前排右一）、广东省华侨农场管理局局长陈贤（二排左）视察越南归国难侨的安置情况。

白天鹅情结

改革开放之后，梁威林和其他领导同志一道开风气之先，最早引进外资，首创中外合作模式，建成我国第一个五星级酒店——白天鹅宾馆，并应霍英东的邀请亲自出任白天鹅宾馆董事长。

"白天鹅"成为"中国人自己设计，自己施工、采购和自己经营管理"的"白天鹅管理模式"，它的成功不但使广东旅游宾馆走在全国的前列，而且赶上世界先进水平，令世人刮目相看。

1983年2月6日，梁威林（前排讲话者）在白天鹅宾馆正式开业典礼上致词。前排右一曾生。

晚年的梁威林担任广州地区老游击队员联谊会会长、省老区建设促进会名誉理事长等多个职务，为祖国的现代化建设发挥余热。正是“老牛明知夕阳短，不用扬鞭自奋蹄”。他参与《东江纵队史稿》讨论，并主持《粤赣湘边纵队史》《九连武装斗争史》及《尹林平》等书的编写工作。

梁威林与参加编写工作的部分老战友合影。前排左起：吴震乾、魏南金、梁威林、郑群、严尚民、黄中强、吴毅、张华基、叶惠南；后排左起：钟俊贤、王彪、林镜秋。

梁威林回到广东工作后与省里的主要领导一起为平反冤假错案、解决历史遗留问题做了许多鲜为人知的工作。其中经中央批准的有：广东反“地方主义”冤案；为方方、冯白驹、古大存等平反；为谢育才、李大林、关山、饶卫华等落实政策。

1994年，为方方平反后召开研讨会前合影。右起：苏惠（方方夫人）、梁威林、罗天、刘田夫、庄世平。

1995年为纪念中国人民抗日战争胜利和世界反法西斯战争胜利50周年，梁威林率广州地区老游击战士联谊会积极筹款协助省委宣传部等单位拍摄电视剧《东江纵队》。

梁威林（前排中）与电视剧《东江纵队》顾问组的“老东纵”合影。

晚年的梁威林一直关心“东纵”“边纵”老领导及老战友的遗孀和子女，经常与他们聚会，嘘寒问暖，解决实际问题。

梁威林（前排右二）与东纵、边纵老领导及老战友的遗孀和子女合影。前排左起：余慧（原东江纵队政委、边纵司令员兼政委尹林平的夫人）、徐英、梁威林、阮群英（原东江纵队司令员曾生的夫人）；后排左起：何瑛（原东江纵队副司令员王作尧的夫人）、刘智莹（原东江纵队政治部主任杨康华的夫人）、曾克南（曾生的女儿）

著名旅美油画家何岸为梁威林、徐英绘画——《红梅树下》。

曾生

东江赤子　抗日名将

1910—1995

大事年表

1910年12月	出生于广东惠阳坪山（今属深圳）石灰陂村一个华侨家庭。原名曾振声
1928年年底	从澳大利亚回国读书
1932年春	在中山大学附属中学参与组织进步学生组织“读书会”
1933年	在中山大学读书
1934年冬	参加中共外围组织“中国青年同盟”。同年年底，参与发动和组织广州地区的“一二·九”抗日救亡运动，被推举为中山大学员生工友抗日救国会主席团主席和广州学生抗日联合会主席
1936年10月起	加入中国共产党。同年12月起，先后任香港海员工会组织部部长、中共香港海员工委组织部部长、工委书记
1938年10月	广州沦陷后，主动请缨回东江建立抗日武装，任中共惠（阳）宝（安）工作委员会书记
1941年12月起	香港沦陷后，遵照中共中央南方局指示，参与组织营救滞留在香港的民主人士、文化界人士、盟军及国际友人；成功在香港开展大城市的抗日武装斗争；同时开展国际情报及与盟军的合作等工作
1942年至1943年	任东江军政委员会委员、广东人民抗日游击总队副总队长、总队长；东江纵队司令员、广东军政委员会委员
1946年	参与军调部第八小组东江纵队北撤谈判；奉命率领东江纵队主力等广东抗日武装北撤山东解放区，任华东军政大学副校长
1947年8月起	任两广纵队司令员、党委书记。率部参加鲁南、豫东、济南、淮海等重要战役。1949年夏秋率队南下，两广纵队与粤赣湘边纵队组成南路兵团参与指挥广东战役
1949年9月	任中共中央华南分局委员。11月起，任广东军区第三副司令员
1952年至1953年	任华南军区第一副参谋长、中国人民志愿军第十二军副军长；入中国人民解放军军事学院海军系学习
1955年	被授予少将军衔
1956年7月起	先后任海军党委委员、南海舰队第一副司令员
1960年10月起	任中共广东省委常委、广州市委第三书记、广东省副省长兼广州市市长、广州军分区（后改称广州警备区）第一政委等职
	“文化大革命”中遭受残酷迫害，1967年2月至1974年7月被关押、审查、入狱。后平反
1975年春起	任交通部副部长、部长，兼任香港招商局董事长
1981年	任国务院顾问
1982年	任中顾委委员。第一、第二、第三、第四、第五届全国人大代表，第四、第五届全国人大常委会委员
1995年11月	在广州逝世

早年曾生是一位归侨、一介书生，初不谙军事。在国家危急存亡之秋，以一腔热血主动请缨在东江燃起烽火，在中国波澜壮阔的抗日战争中，领导了一支孤悬敌后的抗日武装劲旅——东江纵队，并受到党中央的高度评价，被誉为华南抗战的一面旗帜。多年战火的洗礼，他成长为一名让敌人胆寒的抗日名将。

20世纪30年代，就读于广州中山大学的曾生。

广州“一二·九”运动急先锋

20世纪30年代，从澳大利亚归来的曾生考入广州中山大学附中，不久就读于中山大学。中大这所富有革命传统的高校，激发了曾生的革命热情。1935年7、8月间他加入了中共外围组织“中国青年同盟”。“一二·九”运动时，曾生担任广州市学生抗敌联合会主席，参与带领学生、市民2万余人游行示威，被当局通缉。为躲避追捕，他到了香港，去寻找党组织，进行新的工作和战斗。

1936年1月9日，广州大中学生在声援北平“一二·九”运动的大巡行中，曾生（右边举旗者）、杨康华（中间举旗者）和钱兴（左边举旗者）等人高举着“抗日示威大巡行”的门旗，走在队伍的前列。

扛枪扬威华南战场

1938年10月，曾生奉命回到坪山，秘密主持召开党员会议，成立“中共惠宝工作委员会”，做出建立敌后抗日武装的部署。惠宝人民抗日游击总队（东江纵队前身）从此拉开序幕。

1944年2月11日，美国飞虎队员克尔率领20架战斗机从桂林起飞，护卫12架轰炸机袭击日军在香港的机场。空战中，负伤的克尔弃机跳伞，降落在香港观音山的半山腰，大批日军前往搜捕，克尔最终被东江纵队成功营救。后来，克尔由港九大队队员突破日军重重包围乘船护送到驻扎在深圳坪山的东江纵队司令部疗伤，后送返桂林飞虎队基地。

1938年冬，曾生与夫人阮群英在坪山合影。

获救的美国飞虎队飞行员克尔中尉为曾生司令员拍照留念。

1943年，党中央指示把广东人民抗日游击总队的番号改称广东人民抗日游击队东江纵队，公开宣布接受中国共产党的领导，当年12月2日东江纵队正式成立，曾生任司令员，林平（尹林平）任政委，王作尧任副司令员兼参谋长，杨康华任政治部主任，部队发展到1.1万余人，建立了大片抗日根据地。据战后统计，东江纵队先后作战1400多次，毙伤日、伪军6000多人，牵制了日军两个半旅团的兵力。1945年8月15日，曾生被朱德总司令指定为华南抗日纵队代表，接受在广东的日军投降。

曾生（左二）与克尔（左一）在东纵根据地合影。

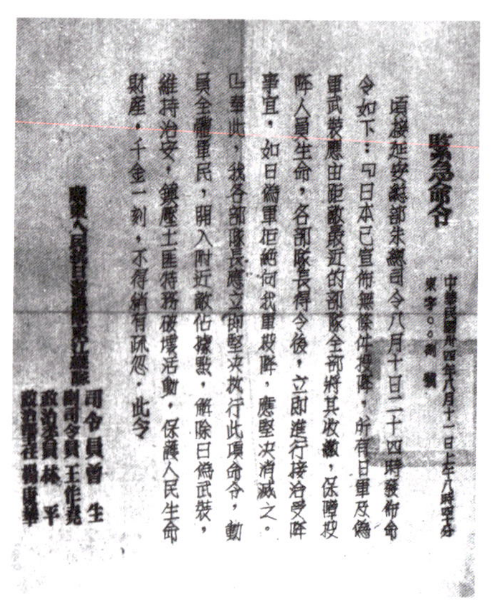

緊急命令

中華民國卅四年八月十一日上午八時零分
東字〇〇[illegible]號

頃接延安總部朱總司令八月十日二十四時發佈命令如下：『日本已宣佈無條件投降，所有日軍及偽軍武裝應由距敵最近的部隊全部將其收繳，保障投降人員生命，各部隊長得令後，立即進行接洽受降事宜，如日偽軍拒絕向我軍投降，應堅決消滅之。』奉此，我各部隊長應立即堅決執行此項命令，動員全體軍民，開入附近敵佔據點，解除日偽武裝，維持治安，鎮壓土匪特務破壞活動，保護人民生命財產，千金一刻，不得稍有疏忽，此令

廣東人民抗日游擊隊東江縱隊
司令員曾生
副司令員王作堯
政治委員林平
政治部主任楊康華

1945年8月11日，东江纵队发出紧急命令，动员全体军民紧急行动起来，即刻解除日伪武装。

1948年10月，曾生（右）与雷经天在淮海战役前线合影。

1983年12月，广东隆重举行东江纵队成立40周年活动，曾生（中）来到当年战斗过的地方，并在惠阳举行的大会上讲话。左为刘田夫，右为尹林平。

20世纪80年代，曾生（二排左二）在东莞大岭山革命老区。前排左起：黄业、王作尧、邬强；二排右一张英、右二黄庄平。

跟着党中央进北平

1949年，进入北平后，曾生被安排跟随毛泽东、刘少奇、周恩来、朱德等党中央和中央军委领导到北平西郊机场参加阅兵式，场面雄伟壮观，心情十分激动。曾生于1952年春也到朝鲜战场考察学习。回国后，在叶剑英的提议下，调离广州军区转入南京军事学院海军系学习。他以优异成绩毕业，是全系四个优等生之一。毕业后周恩来任命他为南海舰队第一副司令员。

1949年3月25日曾生被安排跟随毛泽东、刘少奇、周恩来、朱德等领导同志到西郊机场参加北平解放入城阅兵式，检阅参加了辽沈战役、平津战役的第四野战军及华北军区部队。图为曾生（右）在阅兵车上，左为李立三。

1951年，曾生、阮群英夫妇合影于广州。

1954年曾生于南京军事学院海军系学习期间在东海舰队的军舰上实习。

主政广州

初上任的时候，正是中国处于暂时经济困难时期，曾生按照国务院“调整、巩固、充实、提高”的八字方针精神，调整广州的经济工作。几年工夫，广州的经济状况好转。他为民办了八件大事：水上居民迁陆和改造木屋区、爱群大厦的扩建和广州宾馆的兴建、珠江两岸的整顿改造、市内道路交通设施改造和建设、园林绿化建设、白云机场扩建工程、新建广州火车站、广州电视塔与人防九号工程等，参与并领导了东江—深圳供水灌溉工程，解决了香港食水困难问题，落实了党中央国务院对香港同胞爱护和关怀政策，受到广大香港同胞的赞誉。

1960年，曾生在广州黄埔港接见担任接侨任务的光华轮船员胜利归来。二排坐者左六至左八：曾生、叶剑英、陈郁。

1962年，曾生（前）在芳村广钢工地上与群众一起劳动。

1967年，曾生全家在广州石榴岗海军司令部照相馆合影。

20世纪60年代，曾生视察流溪河工程时与夫人阮群英合影。

在交通部工作

1975年春，曾生调至国家交通部工作，任常务副部长、部长。在“四人帮”横行时期，交通运输事业和其他事业均遭到很大破坏。他协助叶飞部长抓企业整顿工作，建立强有力的领导班子，对部直属企业分期分批进行整顿，逐步把生产搞上去。

“文化大革命”中，曾生蒙冤被关押在秦城监狱。1973年，曾生出狱后，全家在北京合影。

平反后的曾生与夫人阮群英在住所门前合影。

曾生（左）任交通部部长期间与国防部部长张爱萍合影。

曾生（右二）在交通部工作时的一次外事活动中。

1979年1月，广东省会同交通部联名向国务院报告建设蛇口工业区并获批后，时任交通部副部长的曾生兼任香港招商局董事长，他推荐交通部外事局局长袁庚为常务副董事长，主持招商局全面工作。曾生加强指导蛇口工业区的组建和发展。不到三年时间，有300多家“三资”企业在此开业办厂，使“蛇口模式”成为全国最先改革开放的窗口，对全国的改革开放起到推动示范作用。

1979年1月31日，曾生（右）与袁庚（左）在蛇口工业区合影。

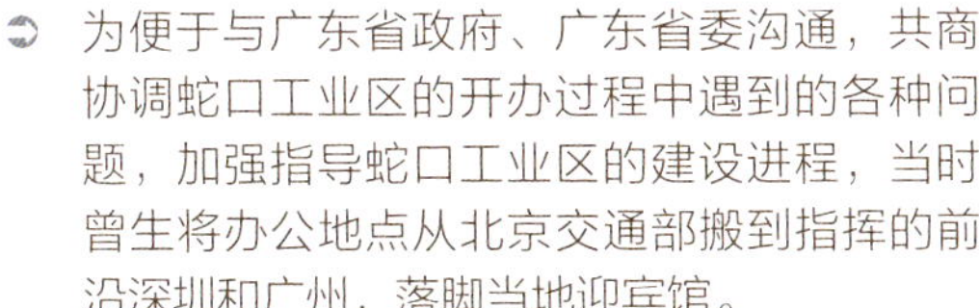

为便于与广东省政府、广东省委沟通，共商协调蛇口工业区的开办过程中遇到的各种问题，加强指导蛇口工业区的建设进程，当时曾生将办公地点从北京交通部搬到指挥的前沿深圳和广州，落脚当地迎宾馆。

1980年，曾生与儿子曾德平在白云宾馆。

晚年生活

1988年夏，曾生从北京回到广州定居养老。他仍然关心着国家改革开放的发展，看到广东和深圳家乡的变化甚为高兴。平时，常有老同志和华侨及港澳同胞来看望他，有时也到革命老区考察。

20世纪80年代，曾生（右二）在东莞黄潭村看望当年抗战堡垒户群众。

1978年，在广州迎宾馆与东纵老战友、时任广东省革委会副主任刘田夫（左）合影，共商蛇口工业区的开发筹建，沟通协调有关用地选址及各项筹建设想的困难。最后一致同意由广东省革委会与交通部联合向国务院报告，送叶飞部长审阅后于1979年1月6日上报国务院。

曾生（左）与梁威林在交通部和平里家中。

1987年10月，曾生（右）与谭天度在广州起义烈士陵园叶剑英墓碑前悼念。

曾生与夫人阮群英在深圳烈士陵园东江纵队纪念碑前。

1990年12月19日，党中央、国务院办公厅送大蛋糕祝贺曾生八十寿辰。在广州美华北家里，曾生与家人共同庆祝生日。

温焯华

广东党史的亲历者和『抢救者』

1914—1991

大事年表

1914年8月	出生于广东东莞南城新基村。原名张寿南，曾用名张仁
1933年9月至1935年7月	入读广州中山大学高中部。先后参加“正路社”秘密读书会、中国青年同盟，任中国青年同盟东莞分盟盟委、广州市委委员等职
1936年8月	加入中国共产党，任中山大学高中部支部书记
1937年8月	任中共广州外县工作委员会委员
1938年4月	任广东省委组织部干事，东南特委委员、组织部干事
1940年至1948年	任南路特委常委兼组织部长，南路人民抗日解放军政治部主任，南路特派员，粤桂边地委书记
1948年5月	任雷州地委书记。同年7月10日奉命组织袭击湛江守敌，任总指挥
1949年3月	任粤桂边区常委兼宣传部部长、粤桂边纵队政治部主任
1950年3月	任南路地委副书记、支前司令部政委；8月任钦廉地委代理书记、第一副书记
1954年10月至1959年2月	任中共中央第五中级党校（武汉）党建教研室副主任、主任，中共中央第五中级党校办公室主任
1959年	任湖北省委宣传部研究室主任、理论教育处处长
1966年6月	任湖北人民出版社党委书记兼社长
1978年12月至1979年12月	任湖北教育学院党委委员兼副院长
1980年1月至1981年6月	任广东省委党史研究委员会副秘书长
1981年6月	任广东省委党史研究委员会、党史资料征集委员会常务副主任，广东省顾问委员会委员
1986年6月	离休
1991年6月	在广州逝世

南路十年，温焯华经历了抗日战争和解放战争，他丰富的革命斗争经验和冷静、干练，给战友同事们留下了深刻的印象。中华人民共和国成立后，他不辞劳苦做好党交给的工作。老战友这样评价他革命的一生：历史且重温，数抗日救亡，斗顽反剿，建根据地，组新政权，较德焯勤垂史册；风华尤奋发，忆进京莅鄂，掌教典文，经动乱冤，回广东省，真知灼见耀春秋。

“中青”主要骨干

1933年，温焯华考入中山大学高中部，认识了东莞同乡张定邦、陈健，遂于1934年参加陈健组织的读书会“正路社”和“社会主义者会议”。1935年8月间由陈健、张定邦介绍加入中国青年同盟，为中大高中部“中青”、广雅“中青”负责人，“中青”东莞分盟的盟委。1936年2月因参加救亡运动而被中大高中部开除，乃转学广州南京中学，任“中青”广州市委委员，负责在广州各校扩大“中青”的组织，发展抗日“五人团”。温焯华参与领导了广州爱国学生声援“一二·九”抗日救亡运动的大游行。

温焯华考入广州中山大学高中部。

1955年的合影，左起：黄荔容（陈健夫人）、陈健、温焯华、苏迈（温焯华夫人）。

当时中国青年同盟活动的地方之一——广州市西华路224号2楼。

改名为“温焯华”

1937年8月，温焯华任中共广州外县工作委员会委员，负责东莞、中山、新会等广州外围各县的建党工作。当时外县工委机关的地址在原广州市德政中路62号二楼，是由地下党员温盛湘以家庭的名义租用来的，温焯华（原名张寿南）在此从事地下工作。为了保证秘密工作的安全，就以温盛湘的堂兄弟的面目出现，以应付房东及邻居。从此他用温焯华名，后来也未恢复原姓名。温焯华是当时广州市委机关刊物《游击队》的主要撰稿人。

中华人民共和国成立之初，温焯华（右）与温盛湘合影。

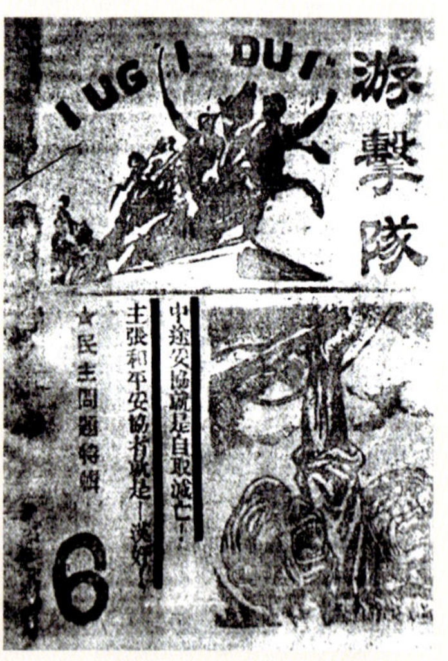

《游击队》封面。

南路烽火

1927年大革命失败后，南路的党组织被破坏殆尽。1938年冬中共广东省东南特委开始重建南路党组织，1939年3月建立中共高雷工委，1940年2月改为中共南路特委，周楠任特委书记，选出陆新、刘谈锋、黄其江、张进煊为特委委员。不久，省委选派温焯华任特委组织部部长。

1940年3月到1946年10月，温焯华领导中共高州六县革命工作长达六年半之久，在高州工作期间对革命做出了很大的贡献。

20世纪80年代在电白县。1939年中共电白县委重建后的历届部分主要负责人和地区级部分负责人在县党史座谈会上合影。前排左起：郑光明、温焯华、黄秋耘、罗文洪、陈华；后排左起：钟永月、杨瑞芬、钟正书、严子刚。

1943年2月，日本侵略者占领广州湾后，吴川处在抗日前线，随时有被日寇侵占的可能，中共南路特委对形势作了分析，决定由分管高州六县的特委委员兼组织部部长温焯华，将特委派出机关从高州搬到吴川县，进驻低岭村在世德学校任党支部书记的杨子儒家书房，成立中共南路特委派出机关抗日前线指挥部，以吴川县为中心，领导吴、化、廉、梅地区等党组织开展抗日武装斗争。

位于吴川县的中共南路特委抗日前线指挥部旧址。

1981年3月20日，南路老一团团史留穗同志座谈会与会人员合影。前排左六温焯华。

1984年6月20日，南路人民抗日解放军军史编写会议与会人员合影。前排左五温焯华。

1945年1月中旬，成立广东南路人民抗日解放军，由周楠任司令员兼政委，李筱锋任参谋长，温焯华任政治部主任。全军约3000人，编为两个支队。

1949年8月1日，经中共中央批准，粤桂边人民解放军在廉江县整编为中国人民解放军粤桂边纵队。

1989年老战友合影。分别为司令员兼政治委员梁广（中）、副司令员唐才猷（右一）、粤桂边地委书记黄其江（右二）、参谋长杨应彬（左一）、政治部主任温焯华（左二）。

1988年，中国人民解放军原粤桂边纵队、粤桂边区在穗老战友春节茶话会与会人员合影。温焯华（中坐戴围巾者）出席茶话会。

任职钦廉地委

1950年，温焯华于广州。

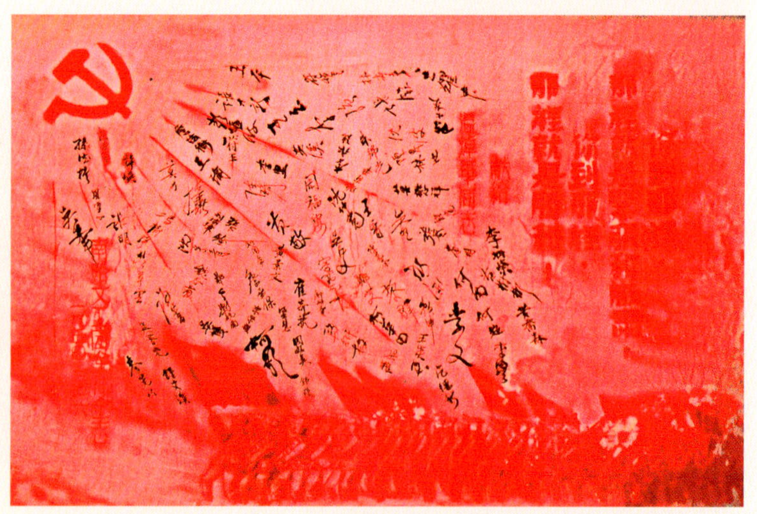

1950年3月16日，南路文工团全体同志赠给温焯华的锦旗。上书：“你到那里，那里就是紧张和严肃。你到那里，那里就是胜利！献给温焯华同志。”

中华人民共和国成立初期，老战友在一起。左起：唐才猷、温焯华、苏迈、支仁山。

中华人民共和国成立初期，温焯华一家合影。

1951年至1954年，在北京中共中央马列主义学院学习时合影。二排左七为温焯华。

温焯华在中央党校毕业时受到中央领导接见并合影留念。

“抢救”广东党史

1980年1月，温焯华从湖北调回广东工作，任中共广东省委党史研究委员会副秘书长（随后任副主任）。从此，他致力于党史征集、研究工作。这位广东党组织重建与恢复历史的见证人，认真贯彻执行党的方针政策，依靠各级党委和老同志，带头深入基层，不顾年老体弱，工作在第一线，不到两年时间，就建立了地（市）、县两级的党史办公室，构成了全省的党史工作网，组成了600多人的工作队伍。他带领队伍了解历史情况，弄清楚历史问题，统一对历史重大问题的认识，征集和整理一大批历史专题资料。此时，他正推动成立广东人民武装斗争史办公室，着手编东江纵队等史料。他主持广东地方党史工作期间，党史工作开展得生动活泼、有声有色，开创了新局面，被党史界称作“黄金时代”。这是他晚年的卓有成效的贡献。

20世纪80年代的温焯华。

20世纪80年代初，温焯华（前排左二）与老战友们开会研究广东南路党史。前排：左一唐才猷、左三王国强；后排右二陈醒亚。

1987年1月22日，中共中央党史资料征集委员会主任冯文彬（二排右十四）、副主任马石江（二排右十二）到广东指导党史工作，并参加中共广东省委党史“两委”会议。温焯华（二排左七）出席会议。

20世纪80年代，温焯华（二排左六）参加广东党史座谈会时同与会人员合影。

20世纪80年代，温焯华（右）与梁广（中）、云广英（左）在广州合影。

晚年的温焯华挥毫练字。

全家福

1972年，温焯华全家福。

赖仰高

1916—1984

初心未变 长征不止

大事年表

1916年10月	出生于江西石城横江镇秋溪村
1931年3月起	参加革命，在乡、区、县苏维埃政府模范少先队（赤卫队）任分队长、中队长并加入中国共产主义青年团。后由赤卫队转入中央红军。投入第四、第五次反“围剿”战斗，参加中央红军长征
1936年3月起	入陕北瓦窑堡军委通信学校学习无线电通信业务，加入中国共产党。毕业后，在延安中央国际电台、红一军团军部电台服役
1938年起	在太原“八办”（八路军办事处的简称。下同）、临汾“八办”、新四军第四支队司令部、武汉“八办”、桂林“八办”任报务员；在广东曲江十八集团军驻粤办事处电台、广东省委电台、粤北省委电台任台长
1944年起	调东江纵队司令部电台，任报务训练班教员；任广东东江纵队司令部电台第二联络台台长。随部队北撤山东解放区。调山东胶东军区司令部任电台区队长，华东党校高干队学员，任两广纵队司令部参谋，司令部通信科副科长兼两广纵队无线电训练班班主任，参加豫东、济南、淮海、解放广东等战役
1949年10月起	任两广纵队兼珠江军分区通信科科长，华南军区司令部通信处业务科科长，第二十七兵团司令部通信科科长，中南建筑工程学校行政处处长，中南工程部队第七、第八师训练总处处长，中南建筑工程第八师基建工程处处长，河南信阳军分区副司令员、代司令员等职
1955年	被授予上校军衔及三级八一勋章、三级独立自由勋章、二级解放勋章
1959年3月	转业至地方工作，先后任江西省人事局（厅）副局长、江西地质学院党委书记、中共赣南区党委监委副书记、江西省民政厅副厅长等职
1983年10月	离休
1984年7月	在南昌病逝

从穷苦长工到红军战士，从保卫中央苏区到万里长征，从前沿阵地到隐蔽战线，赖仰高一路走来，经历了土地革命、抗日战争、解放战争年代的烽火岁月，南征北战多个重要战场，为革命事业默默奉献。中华人民共和国成立后不停歇地反哺着养之育之的百姓和那片红色热土，他一生初心未变。

长征勇士

1933年2月，16岁的赤卫队中队长赖仰高走出江西石城县横江镇秋溪村社公脑村，加入中国工农红军大部队。参军第三天，在广昌县驿前镇第四次反“围剿”的恶战中，被任命为班长。

赖仰高。

1934年10月，赖仰高参加中央红军长征。所在部队归属红一军团红一师二团，他英勇杀敌，多次负伤。湘江战役在红军所有战役中最为惨烈。红一师完成潇水阻击任务后急速赶到，参加并担负起规模最大的脚山铺阻击战。赖仰高在“只差一点就要同归于尽”（军团长林彪对这场战斗的文字描述）的危急关头，顽强地与敌人刺刀拼搏。

长征中，赖仰高在作战间隙兼任宣传员。部队驻扎时，他向民众宣传红军救国救民的主张；行军辛苦或打了败仗时，他为战友们表演苏区时期的歌谣、快板和一路上现学的长征小调。

里来歌

十月里来秋风凉，
中央红军远征忙，
星夜渡过于都河，
古陂新田打胜仗。

十一月里来湖南，
宜临蓝道一起占，
冲破两道封锁线，
吓得何键狗胆寒。

时隔40多年，赖仰高凭清晰的回忆记下的长征小调歌词。

1955年，赖仰高授衔照。

党的通信骨干

中央红军到陕北后，他被选送去中革军委通校第六期（1936年3月至12月）无线电科学习；先后服役于中央对苏联联络台、红一军团军团部电台、新四军第四支队司令部电台和五个地区八路军办事处（简称八办），从华北、华东，到中南、华南，成为党的无线电通信骨干。

抗战时期的赖仰高。

1937年9月，赖仰高在八路军驻太原办事处任报务员，与周恩来、朱德、邓颖超等首长朝夕相处。工作的紧张，责任的重大和领导的教诲，使他更加坚定成熟。1938年3月新四军首赴抗日前线，赖仰高又获临战点将，是新四军派出的第一位电台负责人。12月广州沦陷后，赖仰高再次被点名调任八路军驻粤办事处电台队长。1939年1月，八路军驻桂林办事处派电台台长赖仰高和译电员邱松到韶关为中共广东省委设立电台。

化险为夷　恪尽职守

1939年年底，国民党掀起了抗战时期的第一次反共高潮。韶关八办电台转入地下，被迫多次迁移，到油山隐蔽，使电台转危为安。油山离石城虽然不远，可赖仰高严守地下工作纪律，“坚持战斗，不被活捉，不恋父母，恪尽职守”，他没有去看望双目失明的父亲。

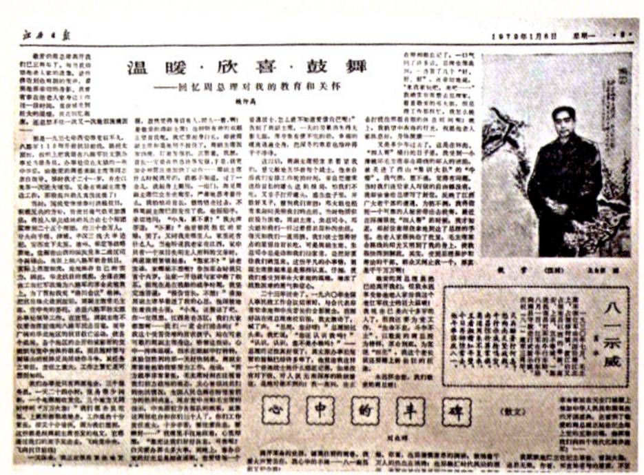

温暖·欣喜·鼓舞

——回忆周总理对我的教育和关怀

八一示威

心中的丰碑（散文）

1979年1月8日，《江西日报》发表赖仰高回忆文章，此后以《周总理还记得“小赖”》为题被多处转载。

1938年11月，桂林路莫村，桂林八办部分战士合影。前排右一为赖仰高。

赖仰高任台长期间，收发电报千百件，在国民党反共高压之下保持连续通报无暴露，直到安全撤离，极不容易。一次在捕捉到敌台侦测我方电台的蛛丝马迹之后，赖仰高奉命把电台秘密转移至韶关始兴红围，可路上在国民党抓壮丁的突发行动中被抓到保公所，幸亏潜伏在国民党县党部的地下党员及时出面斡旋，赖仰高在真实身份没有暴露的情况下得以快速解脱。随后他又乔装成挑夫，沉着应对始兴城守卫士兵的盘查，把电台安全带到红围。

始兴县沈所镇红围——1940年春至1941年春中共广东省委机关所在地。

1942年5月，发生了后果严重的“南委、粤北省委事件”。身处白色恐怖的风口浪尖，赖仰高贯彻“隐蔽精干、长期埋伏、积蓄力量、以待时机”的方针，省委电台人员和设备均未受损。

1945年，国民党为抢夺抗战胜利果实，大举进攻广东革命武装。危急时刻，赖仰高指示连发三次“十万万火急”电报，使大部队及时跳出了国民党的重兵包围。

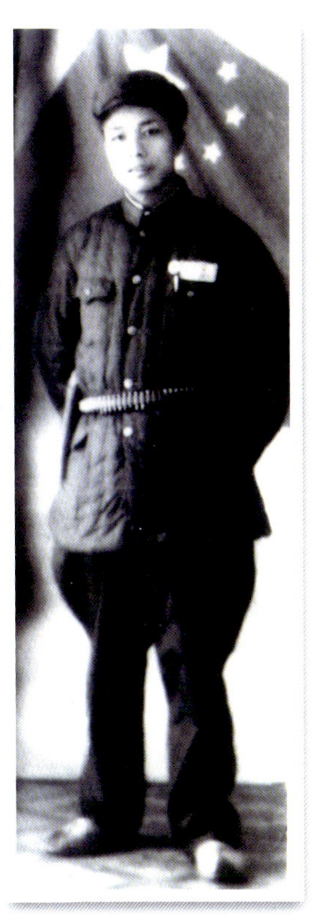

淮海战役时，活跃在前线的赖仰高。

电台小组成员。左起：赖仰高、卢毅、黄楚珊。

1946年3月，赖仰高带领报务员卢毅、黄楚珊和摇机员古玉珍组成精干电台小组，在香港西贡山林里坚持月余，及时向党中央报告了东纵所属部队的整个活动情况，给谈判中的军调小组提供了必需的材料，配合各方力量，迫使国民党不得不在东纵北撤问题上与我方达成协议。

赖仰高运用手中电台与纸笔，参加江淮、豫东、济南、淮海、解放广东等多次战役。处变不惊、主动积极的特点使他屡获荣誉。

新战场

20世纪50年代初期，赖仰高所属第二十一兵团部改编为中南军区荆江分洪工程部队司令部，承担新中国的第一个大型防洪枢纽工程。指战员们把工地当战场，克服重重困难，抢在汛期前完工。

1952年，赖仰高在湖北沙市参加荆江分洪工程。

1953年8月，赖仰高在中南工程部队训练总处（湖北）。

1954年，赖仰高在中国人民解放军建筑工程第八师郑州工地。

1958年4月，信阳军分区公安营授奖大会与会人员合影。前排（坐者）左六为赖仰高。

1961年，赖仰高与江西地质学院毕业生合影。二排（坐者）右五为赖仰高。

有容乃大，无欲则刚

1968年“文化大革命”期间，赖仰高受到诬告身陷囹圄，他不忘共产党员的责任，设法向周恩来总理反映江西情况，得到帮助，先后与一些老战友脱离困境。

赖仰高的几个儿子出生于险象环生的战争年代，都不得不很快送到当地老乡家寄养，其中两个孩子的收养人姓名和地址都来不及记下，至今无法找寻。

解放济南前夕，为了不影响战斗，赖仰高夫妇尽管十分不舍，还是毅然将出生不到三个月的小儿子鲁滨寄养到当地戴姓农民家。几年来戴家对孩子悉心抚养，感情深厚，不舍得将孩子送回。

朱德知道后感慨地说：“老百姓在那样艰苦的条件下，收养并抚育了我们的孩子，这感情确实割不断呀！”赖仰高、刘宛夫妇听从了朱德的劝告，将小儿子留在老乡家。三年经济困难时期，在戴家主动提出后，鲁滨回到父母身边，仍然长期与养父养母保持亲密的往来联系。

1959年赖仰高担任信阳军分区代司令员时，他的职务和级别提升报告已由组织正式上报，可赖仰高决心兑现当初对自己的承诺，完成烈士遗愿，回家乡搞建设。他没有等待，很快回到江西。

刘宛是赖仰高患难与共、感情极深的爱人和战友。她16岁参加抗日战争，在“文化大革命”中被迫害致死。赖仰高身心受到巨大创伤，他化悲痛为忘我工作，以告慰战友，后来党组织为刘宛平反时，对其做出高度评价。

出任江西省民政厅副厅长时，全国有一次大批人员加薪机会，单位上上下下都认为赖仰高资历老，工资多年未涨，加一级理所应当。但他依旧坚持把给他的这一级工资放到基层员工身上。

1949年，赖仰高与同时北撤到山东的大儿子东康在曲阜孔庙合影。

1952年11月3日，山东滨县政府对赖鲁滨抚养事宜的调解公函。

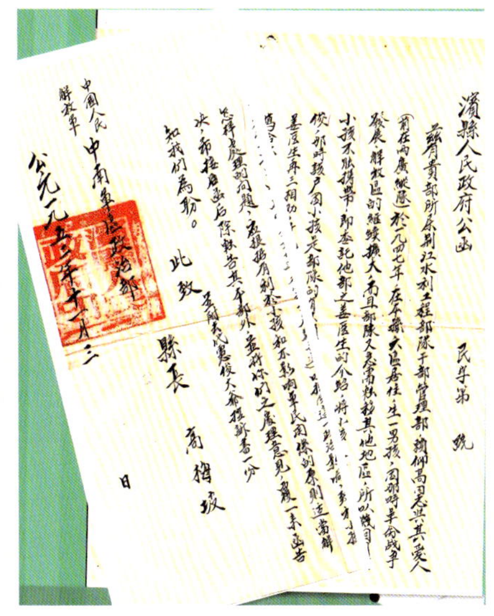

濱縣人民政府公函　民字第　號

此致

中國人民解放軍中南軍區政治部

縣長 商樹坡

公元一九五二年十一月三日

1946年9月，在山东莱阳，赖仰高与刘宛的第一张合影。

红色故土情结

20世纪50年代末，赖仰高满怀激情回到家乡，当知道秋溪同去长征的72位红军中，自己是唯一的幸存者后，他开始一趟趟往家乡跑，他要替壮志未酬的烈士们以及全国各地的石城籍老红军，继续践行任重道远的使命。

赖仰高。

针对当地急需解决的民生问题，赖仰高和当地干部通过实地查看，向省民政厅汇报，批得款项，修建了能并排通过三辆车的横江镇大桥，从此人们过河再无生命危险。

横江镇秋溪有数万亩沙土地，基本没有水利工程，碰到颗粒无收时，只好辅以瓜菜果腹。经过赖仰高的努力，20世纪70年代中期水库建成，各村都有了干渠，粮食大增产，农民都能吃饱饭。这个水库的水还引到了横江镇，成了全镇居民的生活用水。

赖仰高坚持把信念付诸行动，他的努力里透着迫切和悲壮。劳苦大众都过上好日子的目的没有达到，他的长征就不算完。

赖仰高（前排右二）与家乡的干部群众在石城勘测制定扶贫规划。

20世纪70年代的石城。右为赖仰高。

20世纪70年代，赖仰高在南昌市。

1980年，赖仰高在查资料。

赖仰高（右）与老战友登上长城。

赖仰高（左二）与老战友参观井冈山黄洋界。

赖仰高（左二）与老战友相聚在北京。

廖似光

坎坷之路 红军女杰

1911—2004

大事年表

1911年	出生于广东惠阳周田村的一个普通农民家庭。原名廖娇
1929年	加入中国共产主义青年团
1931年春	调往香港，担负掩护共青团广东省委机关工作。与时任共青团广东省委书记的凯丰(何克全)结为伴侣
1931年9月	回上海担任团中央政治交通员，做传递情报文件等秘密联络工作
1933年秋	接到中央苏区工作的命令，调往中央苏区，在少共机关工作，同年年底转为中共正式党员
1934年10月	随中央红军参加长征，次年抵达陕北。任卫生部青年干事、休养连供给部支书等职
1935年10月	先后在陕甘宁边区粮食部工作，任共青团瓦窑堡市委副书记兼组织部部长。在中国人民抗日军政大学学习，任陕甘宁边区总工会劳动保护部部长
1937年12月至1938年	先后任中共中央长江局职工运动委员会副主任、妇女工作委员会委员，中共中央妇女运动委员会委员
1939年	在南方局组织部工作兼从事妇女工作，当选为中国劳动协会常务理事
1942年到1945年	任陇东分区行政督察专员公署秘书室处（科）长，公署副处（科）长，陇东分区公署贸易分局副局长。作为大后方代表团成员出席中共七大
抗战胜利后	任晋察冀分局党校干部处处长兼工人训练班主任，两广纵队留守处政治委员
1948年8月至1949年9月	任中华全国总工会执行委员。后随南下部队进入广州，任第三、第四野战军后勤部政治处副主任，参加城市的接管工作
1949年10月至1951年	任中共广州市委副书记、广州市工委书记和广州市总工会筹委会主任，广州市总工会第一任主席
1953年9月起	任广东省重工业厅厅长、厅党组书记，中共中央华南分局工业部副部长，中共广东省委组织部副部长
1979年12月至1985年9月	任广东省第四、第五届政协副主席
1985年	退居二线
2004年7月	在广州病逝

从童养媳到红军干部，廖似光在敌人的白色恐怖下不畏艰险，风来雨去；挺着大肚子参加长征没掉队，为革命痛失两个亲生骨肉；她还是妇女、工人运动社会活动家。一生经历坎坷，矢志不渝，始终对党的事业忠心耿耿。

从童养媳到红军女杰

廖似光原名廖娇，幼时因家贫，被卖给他人做童养媳。1928年，廖娇加入村里共产党人组织的识字班，次年成为村里第一批共青团员，积极参加地下党团组织的活动。1930年中共惠阳县委组织的暴动失败，她在敌人抓捕时从高窗翻墙逃走，躲过一劫。

1934年10月参加红军长征到达陕北，是中央红军参加长征的32位女红军之一。

在艰苦岁月里，廖似光曾为了革命不幸失去两个孩子。

1933年冬，廖似光刚生下第一个女儿不久，就要随丈夫调到江西中央苏区工作。从上海到瑞金，要通过敌人重重的封锁线。为了保证安全，廖似光忍痛把女儿交给了当时的交通员。后来据说这名交通员又把孩子送到了国际红十字医院，从此便杳无音信。

1934年10月红军开始长征，进入贵州少数民族地区后，廖似光怀孕仅7个月便早产了，生下一个男孩。为了不拖累革命工作，她再次忍痛割爱，用毛巾将婴儿包好，并写明孩子的出生年月和母子分手的原因，交给当地的老百姓抚养。她第二次失去了自己的亲生骨肉。

中华人民共和国成立后，廖似光多次打听两个孩子下落，但均无果。

1948年8月，第六次全国劳动大会在哈尔滨召开期间，与长征战友合影。左起：谢飞、贺子珍、廖似光。

1949年3月，参加全国第一次妇女代表大会期间，参加长征的女战友们合影。前排左起：刘英、陈琮英、魏元德、周月华、危秀英；中排左起：邓六金、甘棠、吴仲廉、李伯钊；后排左起：吴朝祥、何炼芝、康克清、李坚贞、李贞、廖似光、蔡畅。

1982年秋，与长征战友在广州合影。左起：苏枫、廖似光、肖月华、×××。

在重庆中共南方局工作

抗战全面爆发后，1939年1月，中共中央南方局在重庆正式成立，正在武汉国统区从事我党工人运动和妇女运动的廖似光等同志，奉命赴重庆，开展重庆八路军办事处的筹备工作。

南方局正式成立后，廖似光在组织部做具体工作。多年后，廖似光仍清楚地记得当时南方各省党的负责人姓名。

1939年，廖似光奉命筹建重庆红岩村，背景为南方局在建的楼房。建成后廖似光住一楼。

1939年，廖似光（右一）在重庆南方局和同志们合影。

1940年在重庆召开三八妇女节纪念大会，中共妇女代表举旗参加大会并游行。邓颖超（左一）担任团长，成员为廖似光（右二）、张晓梅、张玉琴、卢竟如。

当时南方局进行妇女统战工作的组织是以邓颖超为首的陕甘宁边区各界妇女救国联合会驻渝代表团，廖似光是成员之一。妇委利用各种关系，同各界妇女人士保持广泛的联系，及时把党的统一战线政策和对妇女工作的意见，传达到各个妇女团体。同时还向重庆妇女界的各种组织派人，利用他们的资金、牌子、徽章进行党的工作，发展壮大革命力量，为夺取抗战胜利做出了积极贡献。

1940年，参加三八妇女节纪念大会并游行。举旗者之一为廖似光（右）。

以少将军衔领队撤回延安

1941年1月皖南事变后，为了准备应付国民党顽固派的更大迫害，周恩来决定除南方局机关、八路军办事处和《新华日报》社保留少数人员外，其他人员分别实行分散隐蔽、转移和撤退。最后一批从重庆撤离的干部，是7月间走的，共有200多人，搭乘6辆卡车，组成一个车队。全部人员都用八路军人员的军衔、符号、臂章，由廖似光以少将的军衔领队。

皖南事变后，重庆南方局工作人员回到延安合影。左起：李金德、祝华、邓颖超、边章五、廖似光、孔原、张玉琴、袁超俊、童小鹏、王焕新；左十二起：龙潜、龙飞虎、吴克坚、于刚、戈予。

出发的前一个晚上，周恩来细致地审查了全部准备工作，再三叮嘱廖似光和其他撤退人员，“要保证安全到达延安”。第二天清晨出发前，周恩来紧握着廖似光的手说：“你回到延安，转告毛主席，我们坚决同国民党顽固派斗争到底！”廖似光眼泪不禁夺眶而出，说：“一定遵嘱办理，请副主席多多保重！”

廖似光没有辜负周恩来的瞩望，带领这些人安全地到达了延安。

1945年参加中共七大期间合影。前排左起：李贞（中国第一位女将军）、邓颖超、蔡畅；后排左起：夏之栩（原轻工业部副部长）、廖似光、陈赓。

随军南下建设广东

1949年10月21日，廖似光随同中共中央华南分局机关进驻广州。第二天，华南分局第三书记方方找她谈话，布置工作任务。廖似光任广州市委副书记。方方还特别交给她一个任务是兼任市委工委书记，负责筹建广州市总工会。

1950年，广州总工会机关部分同志三·二九祭黄花岗烈士时合影。二排左三为廖似光。

1954年9月，在海丰县银并山锡矿。站立第一排右三为廖似光。

1960年3月，廖似光作为广东省代表参加第三届全国人民代表大会。

1954年，出席第一届全国人民代表大会广东代表组合影。二排左七为廖似光，一排右一古大存、右二叶剑英；二排右五伍晋南、右十李坚真、右十三区梦觉；三排左七曾生、左九朱光。

实事求是　忠诚不渝

廖似光在漫长的革命生涯中，始终保持一个共产党人的党性原则。在延安整风、广东土改、反“地方主义”运动、“大跃进”、“文化大革命”的各个时期，她都从客观事实出发，讲真话，办实事，即使遇到挫折，她也不妥协。

正是因为有廖似光等一批刚正不阿的同志的长期申诉，自1979年起，中共广东省委决定并报中央，对广东历史上反“地方主义”案件进行复查，1994年复查平反工作终于全部完成，当年受到牵连的众多同志得以平反昭雪。

廖似光在阅读与写作。

廖似光（右）与古大存夫人曾史文

20世纪80年代，廖似光（右）在广东省政协工作期间到四会县参观工厂。

退居二线后

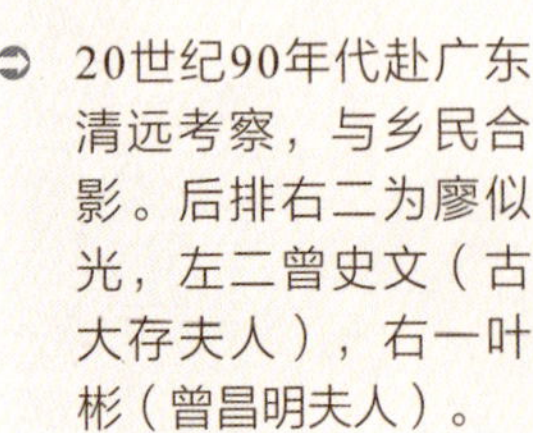

20世纪90年代赴广东清远考察，与乡民合影。后排右二为廖似光，左二曾史文（古大存夫人），右一叶彬（曾昌明夫人）。

1994年12月29日，于广州珠岛宾馆。左起：陈琮英（任弼时夫人）、廖似光、刘英（张闻天夫人）。

1996年8月，参加在广州农讲所举办的广东省纪念红军长征60周年展览，与部分长征老红军和省委党史研究室工作人员合影。前排右起：廖似光、伍晋南、邓逸凡。

晚年的廖似光。

廖似光在一篇回忆录的首段，写下了她践行毕生的理想："我从儿童时代就知道人生的苦难，思想容易接受反帝、反封建教育。在大革命的洪流推动下，十七岁参加革命行列，十八岁加入共产主义青年团，入团时举行宣誓：'永远听党的话，不怕困难，不怕坐牢、杀头，为共产主义事业奋斗终生。'我的一生经历各个时期的各种残酷的斗争，就是按照自己的誓言努力工作的。"

2003年11月3日至5日，廖似光到茂名市参观。

2004年3月4日，廖似光在病危转安后，坚持参观刚建成的广州新白云机场，这是她生前最后一次外出参观。

大事年表

1893年4月	出生于广东高明明城青玉坊。原名鸿基，字振中，1937年秋改名天度
1913年7月	从广东高等师范学校毕业
1919年	在广州参加五四运动。
1920年10月	参与创办后来成为广东党组织第一份机关报的《广东群报》
1921年	参与陈独秀、谭平山创建广州共产党早期组织的部分活动
1922年春	加入中国共产党
1922年5月	参加第一次全国劳动大会和中国社会主义青年团第一次全国代表大会活动
1925年	参加省港大罢工。大革命时期曾任国民政府广东兵工厂训育部主任及该厂中共支部书记、广东农工商学联合会秘书、广东省党政军民各界慰劳东征军总团团长、广东省各界对外协会副主任、国民党广州市党部商民部秘书长等职
1927年4月起	广州国民党右派发动政变后被列为通缉要犯。同年参加八一南昌起义，任革命委员会政治保卫处秘书。同年10月在香港参加中共地下工作，任中共广东省委秘书、省委交通主任、省委宣传委员等职
1929年至1937年	1929年及1931年曾两次在香港被捕，1931年8月获释后被港英当局驱逐出香港，后前往上海，曾在中共江苏省委宣传部编辑省委机关报《真话报》，后调江苏省济难会及中华全国总工会负责宣传工作。1933年3月因叛徒出卖在上海被捕入狱，1937年8月经中共营救出狱
全国抗战初期	在高明县组织青年和妇女的抗日活动。1939年9月后，在韶关任中共广东省委文化工作委员会书记，并任省委机关刊物《新华南》半月刊主编。1941年9月赴东江参加抗日武装斗争，先后任中共惠阳前线工委书记、东江军政委员会委员、惠阳大队政治委员、东宝行政督导处主任等职
1945年8月至1949年	抗战胜利后，受党组织派遣前往香港从事上层统战工作，任中共香港工委统战委员会委员。1949年5月撤离香港，任粤赣湘边区党委委员、东江人民临时行政委员会主任
1949年10月起	任广东省政府西江专署专员，中共西江地委常委，省政府粤西办事处副主任，省民族事务委员会副主任、主任，省委统战部副部长，省华侨投资公司董事长，省政协文史资料研究委员会副主任、主任，省政协第三、第四届副主席等职。是第一、第二、第三次省人代会代表，中共广东省第一、第二、第五次代表大会代表，第六、第七、第八次代表大会特邀代表等
1983年3月	经中共中央批准离休。撰有《南粤风云三十年》《追忆南昌起义》《谭天度诗文集》等
1999年5月	在广州逝世

谭天度

百年豪情咏青松

1893—1999

谭天度曾参与广州共产党早期组织的部分活动，1925年参加省港大罢工，1927年参加南昌起义，一生历经中国革命的各个历史阶段，是地方许多重大历史事件的亲历者和奋斗者。纵使风云变幻，屡经磨难，始终矢志不渝，忠心耿耿地为党的事业奋斗，晚年时被誉为“世纪松”。他的一生，正如百岁大寿时的一首贺诗所写：“阅历三朝臻百春，辛勤默默为乾坤。功名利禄淡如水，亮节高风启后昆。”

在早期建党活动中

1919年爆发五四运动，谭天度在广州参加了这一伟大历史活动。

1920年夏，谭平山奉陈独秀指令从上海回广州，开始了有组织的建党活动。在谭平山领导下，1920年10月20日《广东群报》创刊，谭天度任组稿和征订工作。在创刊号上，谭天度发表了《广东新文化事业之前途》，在文中他大声疾呼：“长夜漫漫梦已甜，雄鸡一声天下白。”革命事业“正如旭日初升，其前途固有无量之希望也”。

建党时期的谭天度。

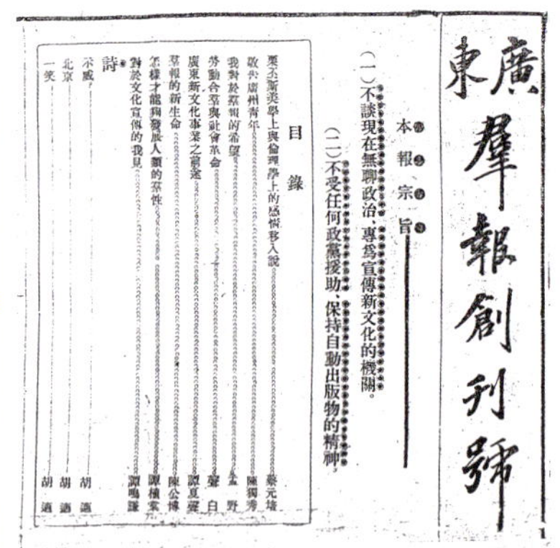

廣東羣報創刊號

本報宗旨

（一）不談現在無聊政治，專爲宣傳新文化的機關。

（二）不受任何政黨援助，保持自動出版物的精神。

目錄

《广东群报》创刊号上，刊登了蔡元培、陈独秀、谭平山（谭鸣谦）、谭天度（谭夏声）、陈公博、胡适等人的文章。

1921年1月，陈独秀到广州，担任广东全省教育委员会委员长，但更重要的则是在广州开展马克思主义的宣传及建党活动。此后，谭天度经常随同谭平山等人到陈独秀住处汇报广东的社会、政治等情况，并聆听他对广东建党的教诲。

谭天度参加广州共产党早期组织和广州社会主义青年团的创建活动。建党期间，谭天度参与创办“广东省立宣讲员养成所”“广州机器工人学校”等机构，跟随领导人积极开展工作。1922年5月，谭天度在广州参加中国社会主义青年团第一次全国代表大会和第一次全国劳动大会等活动。

坐落在广州高第街素波巷第十中学校园内的这栋小红楼，是广州共产主义小组第一个活动场所旧址，当年是广东省立宣讲员养成所。

第一次全國勞動大會籌備處啟事一

第一次全國勞働大會籌備處啟事二

機件出賣價格相宜

中國社會主義青年團第一次全國大會通告

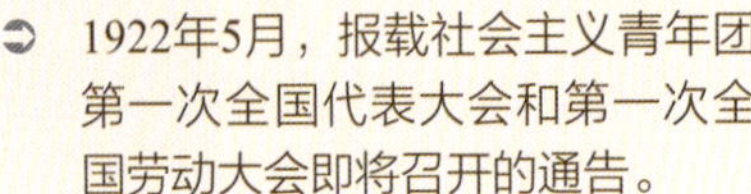

1922年5月，报载社会主义青年团第一次全国代表大会和第一次全国劳动大会即将召开的通告。

党的统战事业的忠诚战士

1923年6月，中共三大在广州召开，开始了第一次国共合作。谭天度作为共产党员在广州加入国民党，任国民革命政府广东对外协会副主任（主任为廖仲恺）及秘书等职，并在农民运动讲习所兼职授课。1924年，为贯彻共产国际关于世界革命战略计划，培养组织亚洲各国共产党，谭天度负责筹建民族解放大同盟。9月，周恩来从法国归国抵达广州，曾兼任该组织负责人，谭天度为副手。参加该组织的有越南的胡志明、朝鲜的崔庸健、印度的艾黎等外国人。

1998年3月7日，广州举办“大革命时期周恩来在广东”的展览，谭天度与广东实验中学的同学一道观看。

从大革命时期到解放战争时期，谭天度一生中从事统战工作的时间最长。他坚决贯彻党的统一战线政策，与许多民主人士成为终生挚友。

20世纪60年代初期，谭天度（后排左一）陪同陈叔通（后排左二）在海南考察热带作物栽培。

20世纪60年代初期，谭天度（左一）与莫雄（中）一同看望已经90高龄的彭湃母亲周凤老人（左二）。

1994年10月30日，广州市委直属机关工委举办《南粤不老松》出版、赠书敬老茶话会。叶选平、任仲夷、林若、朱森林等担任过省、市一级的领导及各界人士（70岁以上）数百人出席。著名粤剧演员红线女（中）问候谭天度（左）。

20世纪70年代末，谭天度（前排左六）带领各民主党派负责人参观孙中山故居。前排左七为罗明。

参与武装斗争和政权工作

1927年，谭天度参加八一南昌起义，任革命委员会政治部保卫处秘书。南昌起义军在广东失败后，谭天度从陆丰撤至香港。

1995年7月28日，中国人民解放军年纪最大的老战士谭天度来到广州军区红一连。他写下“红军精神，代代相传”的题词。

谭天度遵照党组织安排，从事宣传工作。抗日战争时期，谭天度任东江军政委员会委员，参加东江抗日游击战争，先后任惠阳大队政委、东宝行政督导处主任。解放战争时期，谭天度任东江人民临时行政委员会主任。

20世纪70年代，谭天度（左）与尹林平。

1949年夏，谭天度于粤赣湘边区。

1987年10月，叶剑英墓在广州起义烈士陵园落成，谭天度（左）与曾生同去祭奠。

1942年东江地区各游击队整编后，谭天度任惠阳大队政委。1942年秋冬，顽军纠集了一个团的兵力向惠宝边区进攻，企图消灭惠阳大队。谭天度与东江游击队的主要领导人曾生分析了敌情，率领短枪队从盐田顽军及沙头角日军的结合部中间悄悄穿插出去，然后在大鹏湾海边乘船，在九龙新界的榕树坳村登陆，脱离了敌人的包围圈。以后，他们将部队化整为零，采取小部队分头出击的作战方式，终于扭转了被动局面。

东江豪杰

谭天度

谭天度为东纵题词，手书“东江豪杰”。

1995年8月，在抗日战争胜利50周年到来之际，谭天度回到当年打游击时的沙鱼涌，在东江纵队北撤纪念地留影。

谭天度与香港有数十年的革命情缘。早在1922年1月爆发的香港海员大罢工及1925年6月爆发的省港大罢工中，谭天度就参加罢工斗争。1927年大革命失败后，他来到香港从事地下斗争。解放战争中，他在香港从事上层统战工作，协助各民主党派成立或恢复了他们的党中央。并参加秘密输送民主人士北上参加新政协。在香港从事地下斗争过程中，他曾4次被捕，3次入狱，并曾被港英当局驱逐出境。

1948年，谭天度、陈新夫妇与大女儿谭波在香港。

1997年7月，104岁的谭天度站在香港会展中心附近的海边，兴奋地呼喊："我回来了！"

育英——桃李芬芳满园春

谭天度年轻时长期以教师为职业，同时在广州多间中小学任教。他在授课期间，不但给学生们传授文化和科技等知识，还宣传革命思想，引导一大批青年走上革命道路。其中最为著名的有区梦觉、陈铁军、杜君慧、宋维静等。

区梦觉

陈铁军

杜君慧（左）与陈铁军

宋维静

区梦觉（1906—1992），中国妇女解放运动先驱之一，1926 年加入中国共产党。中华人民共和国成立后曾任广东省委常务书记。是中共第八届候补中央委员。

陈铁军（1904—1928），著名革命烈士。1926 年加入中国共产党。曾任广东妇女解放协会秘书长兼第三届委员等职。1928 年2月英勇就义于广州红花岗。

杜君慧（1904—1981），读大学时与陈铁军是同班同桌，1928 年加入中国共产党。中华人民共和国成立后曾任第一届全国妇联候补执委，是中共八大代表，第一至第三届全国政协委员。

宋维静（1910—2001），1927 年加入中国共产党。曾任广州市临委书记、广东省妇委书记。离休前任广州市委顾问组副组长、全国政协委员。

1995年6月25日，谭天度（右）和宋维静于广州起义烈士陵园。

1994年8月14日，谭天度（右三）在广州市第二十九中学（原坤维女中）参加陈铁军烈士塑像揭幕仪式。

1999年4月2日，谭天度（右）参加华南师大附中举行的团代会并题词。

寄望——端赖后昆胜前贤

当谭天度百岁寿辰时，有一首贺诗对他的一生作了这样的概括：“阅历三朝臻百春，辛勤默默为乾坤。功名利禄淡如水，亮节高风启后昆。”谭天度认定“长江后浪推前浪，一代更比一代强”。在他的申请下，1983年3月获得中共中央组织部批准离休。谭天度总是把希望寄托在青年人的身上，他特别喜欢与青年人和孩子们在一起。他被大家尊称为“世纪松”。

1998年1月23日，执信中学初三（8）班团支部向谭老拜年，谭天度给他们讲起了革命先辈们的故事，并一同背起他们学过的古诗词《木兰辞》。

广州市少先队员为百岁谭天度（右）系红领巾。

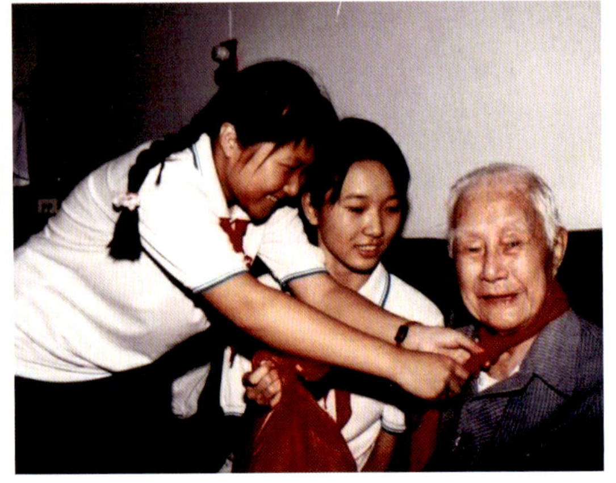

谭天度（二排右二）、陈香梅（二排左二）与孩子们在一起。

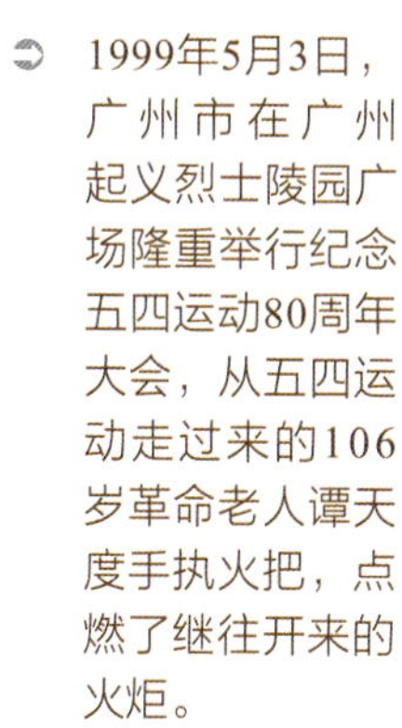

1999年5月3日，广州市在广州起义烈士陵园广场隆重举行纪念五四运动80周年大会，从五四运动走过来的106岁革命老人谭天度手执火把，点燃了继往开来的火炬。

全家福

1965年，谭天度、陈新夫妇及子女在广州合影。

编后语

《父辈的岁月影像》的编写出版，经过近年来几度谋篇布局，反复修改，终于完成，实为幸事。

习近平总书记多次强调，要不忘初心、牢记使命，把红色资源利用好、红色传统发扬好、红色基因传承好。本书正是以这一系列重要精神为指导，深入挖掘父辈革命精神而著，让融入历史长河中的精神血脉和红色基因，成为我们共有的精神瑰宝，引领我们坚定地走向未来。

本书的编辑出版工作，得到中共广东省委统战部、中共广东省委党史研究室、广东省档案馆、广东省老区建设促进会的大力支持和指导，广东人民出版社给予了热情帮助，各有关方面给予了积极关注。编辑过程中，有志愿者组成编务组，不辞辛苦地帮助大家挖掘、整理、编撰。我们对所有关心和支持本书编辑、出版的单位和个人深表感谢！

中共广东省委原书记、省政协原主席吴南生老前辈生前为本书欣然作序。在此特别追忆与缅怀。

本书照片及文字资料主要由家属提供。编者根据史料进行多次核实订正，力求史实准确，评价客观。但由于条件和水平所限，难免还存在错漏等不当之处，敬请读者批评指正。

编　者

2022年9月

供稿名单

王　匡：王晓吟
王　德：王晋鹏
云广英：云泊娟　云奋生　云奋荣
区梦觉：区惠风
方　皋：方鄄平
尹林平：尹素明　尹素玲
邓　发：邓北生
古大存：古延贤　古汉援
左洪涛：左多夫　左小华　左渡江
　　　　左珠江　左约维　左渡海
邝启常：邝晓玫　邝晓珊　邝晓谦
冯白驹：冯尔敏
伍晋南：伍依丽
邬　强：邬　波
庄　田：庄祝胜　庄祝宁　庄祝霞
刘汝琛：刘镇江
祁　烽：祁　莞
严尚民：严海莹
杜祯祥：杜　英
李凡夫：李林英
李云扬：李胜利
李嘉人：李洁珠　李　征　李小颖　李文岳
杨应彬：杨小村　杨小斌
杨康华：虞耀华
吴有恒：吴小坚　吴幼坚　吴卓坚　吴树坚
吴仲禧：吴群继　吴群策
吴伯仲：吴　斯　吴　玲　吴　强　吴　敏
　　　　吴　汉　吴　杰　吴　宪
吴慕奇：吴晓明　吴晓平
沙　飞：王少军
陈　恩：陈国明　陈国辉
陈　健：陈国强　陈国雄　陈国宝　陈国平
　　　　陈茵素　陈穗宁　陈国汉
陈　德：陈东鸿
陈洪潮：陈树清
陈越平：陈士矛　陈芳芳　陈湘湘　陈东东
罗　明：罗小玲
钟　明：钟建民
饶卫华：饶潮声
祝菊芬：祝珍的　祝丽娜　祝曼曼　祝苏展
　　　　祝红军
黄　康：黄捷年　黄幸人
黄文俞：黄梅儿　黄榕儿　黄萍儿　黄庆儿
符荣鼎：符小平　符晓明　符　春　符淑媛
符哥洛：符国基
符振中：符红铁
梁　嘉：梁适然
梁奇达：梁凯明　梁凯鹰
梁金生：梁汉平　刘松柏
梁威林：梁小威
曾　生：曾德平　曾凯平
温焯华：温伟光　温颖群
赖仰高：赖粤华
廖似光：廖庆利
谭天度：谭　霆

沁园春·父辈的风采

穿上戎装，
牢记初心，
奋勇向前。
忆难明长夜，
揭竿而起，
擎旗迈步，
踏遍青山。
风雨兼程，
南征北战，
万苦千辛闯险关。
东方亮，
望长城内外，
地覆天翻。
复兴之路漫漫，
有志气，
图强莫等闲。
为中华盛世，
共筑梦想，
创新发展，
装点江山。
回首当年，
蹉跎岁月，
人尽风流气浩然。
常怀念，
父辈生平像，
光照人间。

词：广东木棉联谊会
书：李卓祺（岭南书画名家）